KLEINE SÄCHSISCHE BIBLIOTHEK

1

1 Meißen, Burgberg von Südwesten

OTTO KAEMMEL

SÄCHSISCHE GESCHICHTE

IN DER ÜBERARBEITUNG VON
MANFRED KOBUCH UND
WEITERFÜHRUNG VON
AGATHA KOBUCH

HELLERAU-VERLAG DRESDEN
1999

.

Sechste, völlig überarbeitete Auflage 1999
Copyright by Hellerau-Verlag Dresden GmbH 1990, 1999
Gesetzt in der Garamond und
gedruckt von PögeDruck Leipzig-Mölkau
ISBN 3-910184-01-4

VORWORT DES VERLAGES

Das Werk Otto Kaemmels (1843-1917) hat bereits zu seinen Lebzeiten Anerkennung erlangt. Seine historischen Darstellungen sind vor allem von pädagogischen Intentionen getragen. Neben der voluminösen »Deutschen Geschichte« (Dresden 1889) und den »Grundzügen zur neueren Geschichte« (Dresden 1884) sind es vor allem die »Grundzüge der sächsischen Geschichte für Lehrer und Schüler höherer Schulen« (Dresden 1892) und eben jene »Sächsische Geschichte« (Leipzig 1899), die als Band 100 der Sammlung »Göschen« erschien und in der Fassung der zweiten Auflage von 1905 den Grundstock für die Ausgabe des Bandes 1 der »Kleinen Sächsischen Bibliothek« im Jahre 1990 bildete. Der Verlag war von der ersten Neuausgabe an bemüht, diesen Text Kaemmels weiterzuentwickeln und die Geschichte Sachsens im 20. Jahrhundert zu berücksichtigen. Dankenswerterweise hatte sich Frau Dr. Agatha Kobuch als ausgewiesene Kennerin der Materie dieses Desiderats angenommen, so daß ihre ergänzende Darstellung in die 5. Auflage des Buches Aufnahme finden konnte und für die vorliegende Auflage noch erweitert wurde. In der gleichen Ausgabe von 1995 hatte Herr Dr. Manfred Kobuch neben einer empfehlenden Bibliographie ein Verzeichnis der sächsischen Könige, der Vorsitzenden des Königlich-Sächsischen Gesamtministeriums und der sächsischen Ministerpräsidenten beigesteuert. Diese verdienstvolle Erweiterung des Kaemmelschen Werkes wurde von den Lesern dankbar aufgenommen, doch die Notwendigkeit einer völligen Überarbeitung des Textes erschien immer dringender. Dieser schwierigen Aufgabe hat sich Herr Dr. Kobuch als Kenner der sächsischen Geschichte mit großer Akribie unterzogen und dabei manchen Irrtum Kaemmels beseitigt und viele neue Erkenntnisse unter Wahrung der Diktion des Originaltextes eingearbeitet. Auch in Zukunft wird daran noch zu bessern sein. Frau Dr. Kobuch hat ihren Beitrag weiter ergänzt und dem Gesamtwerk untergeordnet. Für diese Leistung dankt der Verlag beiden Historikern mit dem Wunsch, daß das interessierte Publikum ihre Leistung aufnehmen und schätzen möge.

Dresden, im Juli 1999

Der Verlag

2 Der Freistaat Sachsen in seiner administrativen Struktur vom 1. Januar 1998

Zur Einführung: Land und Volk

Das Gebiet des jetzigen Freistaates Sachsen liegt in seinem größeren, westlichen Teil auf der nördlichen Abdachung der großen mitteldeutschen Bodenerhebung, die als eine Fortsetzung des hercynischen Zuges, der alten Silva Hercynia, vom Fichtelgebirge aus unter den Namen des Vogtlandes und des Erzgebirges als einförmige, nur von oft tief eingeschnittenen Flußtälern unterbrochene Hochebene von Westen nach Osten streicht und nordwärts allmählich in die norddeutsche Tiefebene übergeht. Nach dieser fällt auch die östliche, kleinere Hälfte des Landes dem zerklüfteten Sandsteinplateau der sogenannten Sächsischen Schweiz und von dem Lausitzer Kammgebirge als ein abwechslungsreiches Hügelland ab. Während das Tiefland bis auf eine Höhe von etwa 100 m herabsinkt, erhebt sich der mittlere Teil des Berglandes, das Erzgebirge, in seinen höchsten Punkten auf mehr als 1200 m, in seiner durchschnittlichen Kammhöhe auf etwa 840 m; alle anderen Teile erreichen auch in ihren bedeutendsten Erhebungen nicht einmal diese mittlere Seehöhe (Kapellenberg 757 m, Winterberg 552 m, Lausche 793 m). Diese Terraingestaltung weist allen Flüssen eine im wesentlichen südnördliche Richtung an, denn sie entspringen fast alle auf den Gebirgshöhen, wo ausgedehnte Hochmoore und große Waldbestände als Sammelbecken die hier weit stärker als im Flachland auftretenden Niederschläge auffangen und bewahren. Nur die Elbe durchbricht schon als schiffbarer Strom in einem tiefen schmalen Felsental diesen Gebirgsriegel und nimmt meist erst in der Tiefebene die Flüsse des Landes mittelbar und unmittelbar auf, mit Ausnahme der Flußläufe des östlichen Teiles, die der Oder zustreben. Diese Terrainbildung bedingt weiter auf engem Raum eine große Mannigfaltigkeit des Klimas und Anbaus. Da der Durchschnitt der Jahrestemperatur von 4,5 °C (im Obererzgebirge) bis zu 9 °C (im Elbtal bei Dresden) schwankt, so gedeiht auf den rauhen, bald kahlen, bald waldbedeckten, windumbrausten Höhen des Erzgebirges kaum noch dürftiges Getreide, auf den sonnigen Rebenhügeln von Meißen reift der Wein.

Natürliche Grenzen hat das Land nur im Süden gegen die Tschechische Republik. Am schärfsten ist sie hier in der höchsten Erhebung, im Erzgebirge. Denn nicht nur fällt dieses nach Süden sehr steil ab, erschwert also den Aufstieg von Böhmen her, sondern es legte auch, besonders in der Zeit mangelhafter Raumbeherrschung, durch ausgedehnte, lange fast unwegsame Waldungen und durch das rauhe

Klima, das im Winter noch heute ungeheure Schneemassen aufhäuft, dem Verkehr überhaupt schwer überwindliche Hindernisse in den Weg. Auch das Elbsandsteingebirge gestattete einen bequemen Übergang nur auf dem schiffbaren, aber leicht zu sperrenden Strom. Wegsamer ist das Vogtland, und auch das Lausitzer Gebirge gewährt, da es mit den benachbarten Bergzügen nur lose oder gar nicht zusammenhängt, mehrere leicht passierbare Straßen, insbesondere durch das Tal der Neiße. Nach Osten, Norden und Westen in der Tiefebene ist das Land offen.

Daher ist denn nun auch die Geschichte des Landes weniger von Süden aus bestimmt worden als von Westen und von Norden her, sobald sich dort eine größere Machtbildung vollzog. Nur der von Süden leichter zugängliche Osten hat lange überwiegend unter böhmischen Einflüssen gestanden, bis auch hier der von Westen her wirksame Zug überwog. Denn die höhere Kultur drang in Deutschland wesentlich vom Rhein her vor, dem alten Gebiet der römischen Eroberung und Kultur, das deshalb auch die Heimat der christlichen Kirche in Deutschland wurde. Während die bequemste der süd-nördlichen Verbindungen, der Wasserweg der Elbe, aus einem Gebiet kam, das der Landesausbau noch ebensowenig erfaßt hatte wie das Land nördlich vom Erzgebirge, die westlichste aber, die Straße aus dem oberen Mainland nach der unteren Elbe (die »Reichsstraße«, »Via imperii«), es nur streifte, durchzog ein uralter Völkerweg, später die »Hohe Straße« genannt, im Gegensatz zu der »Niederen Straße« (von Magdeburg durch die Niederlausitz nach der mittleren Oder), das Flachland in seiner ganzen Länge von der unteren Saale bis zum Queis, von Thüringen nach Schlesien hinein, die erst jene süd-nördliche Straße (bei Leipzig) durchschnitt, dann die Elbe (bei Merschwitz, westlich von Großenhain) überschritt.

Erst mit dem Landesausbau im 12. Jahrhundert gewann eine zweite, von der Reichsstraße ausgehende Straße, die an der nördlichen Abdachung des Erzgebirges hinzog und die Elbe bei Dresden erreichte, Bedeutung. Im übrigen ist die historische Grundlage für alle Landschaften im Osten der Elbe und Saale dieselbe: auf eine oberflächliche, halbnomadische und strichweise altgermanische Besiedlung folgte im 7. Jahrhundert die intensivere, aber auf die Offenlandschaften beschränkte durch slawische Stämme, auf diese im 10. Jahrhundert die deutsche Eroberung und später der Landesausbau, der das Land unauflöslich mit dem Mutterland verband. Doch hatten die Gebiete zwischen Saale und Bober dadurch einen Vorsprung vor den nördlicheren, daß sie nach der deutschen Eroberung im 10. Jahrhundert der deutschen Herrschaft niemals wieder verloren gingen wie jene, daß also der deutsche und christliche Einfluß ununterbrochen auf sie wirkte und daß die Entdeckung des Silberreichtums im Erzgebirge seit dem 12. Jahrhundert eine raschere wirtschaftliche Entwicklung herbeiführte, die sie der Kultur West- und Süddeutschlands früher näherte als jedes andere Territorium des deutschen Nordostens.

So erwuchs aus mittel- und niederdeutschen Elementen mit einer nur in den Altsiedelgebieten des Flachlandes etwas stärkeren slawischen Beimischung eine neue Abart des deutschen Volkstums, zäh, fleißig, genügsam, mehr weich, empfänglich und beweglich als hart und energisch, zu allen Werken der Kultur vortrefflich geeignet.

Auf solchen Grundlagen entwickelte sich die Geschichte dieses Landes und Volkes in acht Perioden. In der *ersten*, die das ganze Mittelalter umfaßt, wird unter mannigfachen äußeren und inneren Hemmnissen die wettinische Landesherrschaft aus einer Verbindung von Amtsgewalt, Lehnshoheit und Grundherrschaft gebildet; in der *zweiten* gestaltet sich daraus ein ansehnlicher ständisch-territorialer Staat, der dem übrigen Deutschland in der Kulturentwicklung vorangeht und eine Zeitlang sogar eine politisch führende Stellung behauptet; in der *dritten* versucht er durch eine dynastische Verbindung mit Polen zu einer selbständigen europäischen Rolle durchzudringen,

3 Blick auf den Fichtelberg (höchste Erhebung Sachsens, 1214m)

vermag aber weder diese festzuhalten noch zu verhindern, daß in seiner Nachbarschaft auf derselben Grundlage einer markgräflichen Gewalt der brandenburgisch-preußische Staat, zur Großmacht erwachsend, hoch über ihn emporsteigt, und verliert schließlich an diesen in schweren europäischen Krisen zwei Drittel seines Territoriums. In der *vierten* fügt sich das früh industrialisierte Sachsen nach mannigfachen Schwankungen in das neue Deutsche Reich unter Preußens Führung ein. Es gehörte auch zu Beginn des 20. Jahrhunderts zu den bevölkerungsreichsten und am stärksten industrialisierten Regionen Deutschlands mit hoher Kulturblüte. Gleichwohl wuchs mit Zunahme sozialer Probleme der Einfluß der Sozialdemokratie beträchtlich. Die Verschlechterung der Lebenslage breiter Bevölkerungskreise während des Ersten Weltkrieges und die sich seit 1917 latent ausbreitende Antikriegsstimmung führten zu einer Radikalisierung der Arbeiterschaft, die in der Novemberrevolution gipfelte und den Sturz der Monarchie bewirkte. Sachsen erlebte eine der tiefsten Zäsuren seiner Geschichte. Das zu Beginn der *fünften* Periode entstandene Rätesystem wurde im Februar 1919 durch die parlamentarische Demokratie abgelöst. Die Sozialdemokraten stellten im Freistaat Sachsen bis 1929 den Ministerpräsidenten. Danach führten die Polarisierung der politischen Kräfte zwischen links und rechts und das Erstarken der NSDAP auch in Sachsen das Ende der Demokratie herbei. In der *sechsten* verlor der Freistaat seine Eigenständigkeit (»Gleichschaltung«). Die Personalunion zwischen dem Gauleiter der NSDAP und dem »Reichsstatthalter als Führer der Landesregierung« prägten die Jahre der nationalsozialistischen Diktatur auch in Sachsen, das im Zweiten Weltkrieg schwere Verluste an Menschenleben und riesige materielle Schäden zu beklagen hatte. Das Ende des Hitlerregimes bedeutete einen weiteren tiefen Einschnitt in Sachsens Geschichte. In der *siebenten* Periode (1945-1952) haben die KPD und danach die SED unter der Losung »Entnazifizierung« und »Demokratisierung« mit Unterstützung der sowjetischen Besatzungsmacht zahlreiche Reformen im Interesse eines gesellschaftlichen Strukturwandels durchgeführt. Die sich entwickelnde antifaschistisch-demokratische Ordnung war eine »Revolution von oben«, die den Weg zur späteren sozialistischen Umgestaltung ebnete. In der *achten* wurde die staatliche Einheit des Landes Sachsen zugunsten des straff zentralisierten Staatsaufbaus der DDR beseitigt und die sozialistische Gesellschaftsordnung unter Führung der SED errichtet. Das Scheitern des sozialistischen Experiments in der DDR wurde durch die friedliche Revolution im Jahre 1989 besiegelt. 1990 wurde der Freistaat Sachsen wiedergegründet.

1. Zeitraum
Die Bildung der Meissnisch-sächsischen Landesherrschaft bis 1485

Die germanische und slawische Vorzeit bis 806

Die ersten Ansiedler während der altgermanischen Zeit waren suebische Stämme, rechts der Elbe die Semnonen, deren Hauptmasse in Brandenburg saß, links des Stroms die Hermunduren (d. h. die großen Duren), deren Hauptland Thüringen (im Mittelalter auch Düringen) noch heute ihren Namen trägt. Von dort aus breiteten sie sich nordwärts bis über die Bode, südwärts über das Maingebiet bis gegen die obere Donau hin aus und bildeten zur Zeit der großen (ostgermanischen) Völkerwanderung als Thüringer ein mächtiges Stammreich. Dies erlag indes unter König Hermannfried 531 in der blutigen Schlacht an der Unstrut (bei Burgscheidungen) den aufstrebenden Franken und den mit ihnen verbündeten Sachsen. An diese fiel Nordthüringen (um die Bode), an die Franken das Mainland, das nun von fränkischen Ansiedlern besetzt und fortan nach ihnen benannt wurde. Das eigentliche Thüringen, auf das Land zwischen der Werra und der Saale, dem Harz und dem Thüringer Wald beschränkt, über dem es indessen im Westen bis Salzungen und Vacha an der Werra hinausreichte, trat als Provinz unter die fränkische Grafschaftsverfassung und kam jahrhundertelang nicht wieder zu wirklicher Selbständigkeit, sondern wurde mehr und mehr ein Anhängsel von Sachsen und nahm sogar das sächsische Recht an.

Während der Völkerwanderung waren die noch halb nomadischen ostgermanischen Stämme bis auf einige schwache Reste nach West- und Südeuropa abgezogen und hatten das östliche Deutschland als eine fast unbewohnte Einöde (Mauringaland, d.h. das Land der wilden Grasnarbe) zurückgelassen, wo nur noch einzelne geographische Namen von Flüssen (Elbe, Mulde, Elster, Havel, Spree, Oder) und Landschaften (Schlesien, der slawische Gau der Slensane, nach dem vandalischen Stamm der Silinger) an die früheren Bewohner erinnerten. Auch die sogenannten Nordsueben, wohl ein Teil der Semnonen, die damals vermutlich zwischen Saale und Elbe saßen, nahmen um 568 vertragsmäßig einen Teil Nordthüringens, den seitdem sogenannten Nordschwabengau zwischen Bode, Saale und Harz in Besitz, als die dort wohnenden Sachsen, angeblich 20000, sich dem Zug der Langobarden nach Italien anschlossen. Da diese damals den nach Westen vordringenden Awaren ihr bisheriges Heimatland Pannonien (Westungarn rechts der Donau) einräumten, so schoben sich auch die den Awaren größtenteils unterworfenen Slawen (Venedi, Wenden), die ursprünglich östlich von der Weichsel und im inneren Rußland gesessen hatten, weiter nach Westen vor und rückten seit dem Anfang des 7. Jahrhunderts geräuschlos in das menschenleere Ostgermanien ein. Während die Tschechen von Südosten her Böhmen und Mähren, die Polen das Tiefland der Weichsel und Oder einnahmen, besetzten die ihnen nahe verwandten Stämme der Polaben (d. h. Elbanwohner, von Labe, der slawisch umgelauteten Form von Elbe) das weite Tiefland zwischen Oder, Elbe und Saale vom Fuße des Erzgebirges bis an die Ostsee, und zwar die Obodriten Mecklenburg und Vorpommern, die Wilzen (Welataben, Liutizen) Brandenburg, die den Tschechen näher als ihren nördlichen Stammesgenossen verwandten Sorben das Land zwischen Bober und Saale, die Lusizer die Niederlausitz (von lužk, sumpfige Wiese), die Miltschaner (Milzener) die spätere Oberlausitz, die Nisaner das mittlere Elbtal, die Daleminzer die sogenannte »Lommatzscher Pflege«, die Siusler den Strich zwischen Mulde und Saale; einzelne slawische Niederlassungen schoben sich später sogar über die Saale nach Thüringen vor.

Die Slawen waren der Hauptsache nach freie Leute mit einer geringen Anzahl unfreier Knechte (Kriegsgefangene, Schuldner usw.). Erst allmählich erhob sich über dieser gleichförmigen Masse ein durch größeren Besitz ausgezeichneter Adel. In streng geschlossenen, gemeinsam arbeitenden Geschlechtern vereinigt, siedelten sich die Slawen im offenen Flachland, das mit Urwald bedeckte Gebirge durchweg vermeidend, in zahlreichen kleinen, nach den Geschlechtsältesten (Župan, sprich shupan) oder nach der Beschaffenheit der Örtlichkeit benannten Dörfern an (z. B. Dahlen, altsorb. *Dol'ane* »Bewohner einer Niederung, altsorb. *dol*; Plauen, altsorb. *plav*, »Schwemme«), deren dicht aneinander gebaute Höfe entweder um einen kreisförmigen Platz mit dem Teich, später auch der Kirche herumstanden (»Rundlinge« wie Leubnitz bei Dresden) oder an einer breiten, kurzen, geschlossenen Gasse geordnet waren (»Straßendörfer« wie Kaditz bei Dresden). Ringsum lag die in einer Art wilder Feldgraswirtschaft (in fortwährend durch die ganze anbaufähige Flur wechselndem Ackerland) mit dem unvollkommenen, räderlosen Hakenpflug (*radlo*) gemeinsam bebaute Flur, jenseits das »Gemeinland« (*obščina*) d. h. Weide und Wald. Bedeutender als der Ackerbau waren Viehzucht, Jagd, Fischfang und mannigfaches Gewerbe, namentlich Leinweberei. Jeder kleine Stamm stand unter einem erblichen Stammesfürsten und fand seinen politischen, militärischen und religiösen Mittelpunkt in einer festen Burg (*grad, hrad*), deren Besitz die Herrschaft über das Land entschied (z. B. Hof an der Jahna bei den

Daleminzern, Bautzen bei den Milzenern); daneben gab es auch kleinere feste Plätze, zu denen auch die zahlreichen »Ringwälle« der Oberlausitz teilweise gehörten.

Im Gegensatz zu den Tschechen und Polen gelangten die polabischen Slawen niemals zu einer die kleinen Stämme zusammenfassenden größeren politischen Einheit und blieben auch militärisch auf leicht bewaffnetes Fußvolk beschränkt, das den offenen Kampf mit schwer gerüsteten Gegnern nicht aufnehmen konnte und sich deshalb begnügen mußte, sie durch Rückzug und zerstreute Gefechte zu ermüden, bis sie das Land aus Mangel an Unterhalt wieder räumten. Ihre Religion war ein polytheistischer Naturdienst ohne Tempel (vgl. die beiden Berge der Oberlausitz, Czorneboh, d. h. der schwarze, böse Gott, und Bieleboh, der weiße, gute Gott) und ohne einen geschlossenen Priesterstand, dessen Funktionen die Geschlechtsältesten und die Fürsten ausübten.

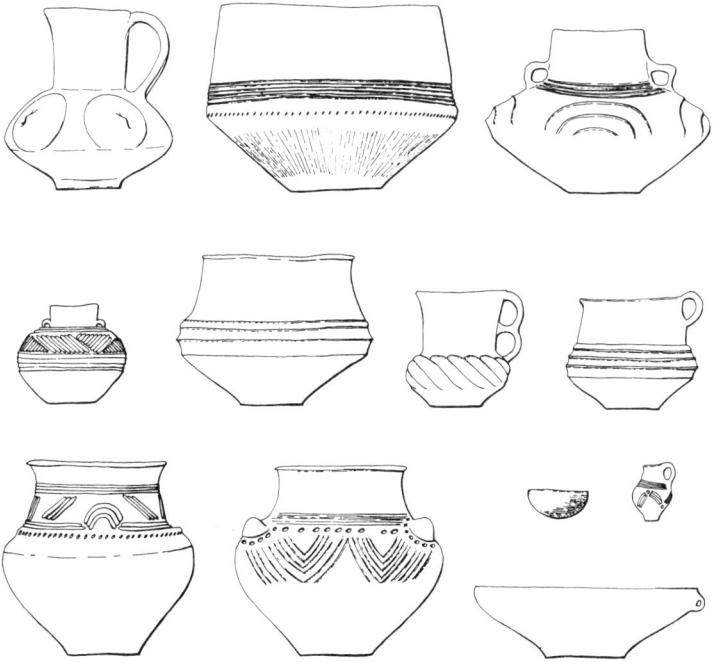

4 Keramik der Lausitzer Kultur von sächsischen Fundorten. 1300 bis ca. 300 v. u. Z.

Die deutsche Eroberung 806-1089

Eine Abhängigkeit der Polaben und der Tschechen von deutscher
Herrschaft stellte zuerst Karl der Große her. Er unterwarf 806 auch
die Sorben und machte solchen Eindruck auf die Slawen, daß sein
Name als Bezeichnung für den König (*kral*) in ihre Sprachen überging. Doch nahm er diese Stämme nicht eigentlich in das fränkische
Reich auf, sondern begnügte sich mit Heeresfolge und Tribut und
ließ ihre inneren Verhältnisse unberührt. Dieses Verhältnis blieb
auch nach seinem Tode 814 im ganzen aufrecht; erst mit der zunehmenden Schwäche der ostfränkischen Karolinger löste es sich auf.
Eine entscheidende Wendung brachte die Entstehung der deutschen
Stammesherzogtümer, die das ostfränkische (deutsche) Reich allerdings tatsächlich in fünf geschlossene Herrschaftsräume unter erblichen Fürsten auflöste, aber wenigstens den einzelnen Stämmen eine
kraftvolle, einheitliche Organisation sicherte. In Sachsen und Thüringen begründete der Ludolfinger Otto (verkürzt aus Otbert oder
Otfried) der Erlauchte die herzogliche Gewalt auf den militärischen
Oberbefehl in Thüringen, den ihm König Arnulf (†899) übertragen
hatte, und auf seinen ausgedehnten Grundbesitz in Westfalen, um
den Harz, in der Goldenen Aue und längs der Elbe.

Als sein Sohn Heinrich I. zum deutschen König erhoben wurde
(919-936), behandelte er doch Sachsen stets als sein Hauptland und
errichtete, um es gegen die verwüstenden Einfälle der Magyaren
(Ungarn, seit 908) zu schirmen, nicht nur besonders in den östlichen
Grenzgebieten nach der Saale und Elbe hin eine Reihe fester Plätze
(Quedlinburg, Merseburg) mit einer stehenden Besatzung aus seinen
ringsum angesiedelten Lehnsleuten, sondern aus denselben Elementen auch ein Heer schwerer Panzerreiter. Mit diesem unterwarf er
928/29, um den unaufhörlichen Grenzfehden ein Ende zu machen,
die liutizischen Heveller um Brandenburg, die sorbischen Daleminzer
um Lommatzsch (Burg Gana) und die Tschechen in Böhmen, legte
929 im Gebiet der Daleminzer die deutsche Burg Meißen an der Elbe
an und brachte von dort aus 932 auch die Milzener zum Gehorsam.

Doch erst sein Sohn Otto I., der Große (936-973), der im engsten
Bund mit der Kirche eine neue leistungsfähige Reichsverfassung
begründete und, um sie zu befestigen, Italien mit der Kaiserkrone
erwarb (962), verwandelte die Länder der Polaben in wirkliches
Reichsgebiet durch die Einrichtung der Markenverfassung und die
Gründung der Sorbenbistümer. Während Hermann Billung (seit 953
mit dem Titel eines Herzogs von Sachsen) den Raum der unteren Elbe
übernahm, sicherte Markgraf Gero von Magdeburg aus in blutigen

Kämpfen (bis 955) die Länder zwischen Elbe/Saale und Oder und unterwarf 963 auch noch die bis dahin unabhängigen Lausitzer. Das Sorbenland völlig dieser neuen Ordnung einzufügen gelang erst nach der Überwältigung der abtrünnigen Tschechen (950). Nach Geros Rücktritt (†965) traten an Stelle seines großen Markbezirks fünf Marken: die Nordmark (Brandenburg), die Ostmark (das Land zwischen der unteren Saale und der Elbe mit der Niederlausitz), für die Sorben zwischen Saale und Bober die Marken Zeitz (von der Saale bis zur Chemnitz), Merseburg (zwischen Saale und Mulde) und Meißen (die Gaue der Daleminzer, Nisaner und Milzener). Indem Otto in der Hauptfestung jeder dieser drei Marken 968 den Sitz eines Bistums errichtete und diese Stiftungen unter das neue Erzbistum Magdeburg stellte, legte er zugleich den Grund zur kirchlichen Organisation, also zur Christianisierung der slawischen Bevölkerung.

Die Mark war erobertes Reichsland unter der militärischen Befehlsgewalt des Markgrafen, der zur Verstärkung seiner Stellung meist auch über einige deutsche Grafschaften diesseits der alten Reichsgrenze (also hier westlich von der Elbe und Saale) verfügte. Daher standen Land und Leute im Eigentum des Königs, und die Herrschaftsorganisation war zunächst rein militärisch ausgerichtet. Die Mark zerfiel in Gaue (oft die alten slawischen Völkerschaftsgebiete) unter Grafen, der Gau in Burgwardbezirke unter örtlichen Befehlshabern. Diese zugleich militärischen, politischen und kirchlichen Bezirke hatten ihre Mittelpunkte in festen Burgen, die das ganze eroberte Land mit einem dichten Netz überspannten und an beherrschenden Punkten, namentlich an den Flußläufen, angelegt waren, so daß, da diese überwiegend von Süden nach Norden gehen, das Sorbenland in eine Anzahl leicht zu verteidigender Flußabschnitte zerfiel. Das noch fast ganz unbewohnte Gebirge wurde von diesem System nicht berührt.

An der Saale lagen Nienburg, Bernburg, Wettin, Giebichenstein und Merseburg, an oder unweit der Elster: Schkeuditz, Leipzig, Taucha, Zwenkau, Groitzsch, Zeitz, an der unteren Mulde: Düben, Eilenburg, Püchau, Wurzen, Döben bei Grimma, an der Zwickauer Mulde: Rochlitz, Colditz, an der Freiberger Mulde: Leisnig, Döbeln, zwischen Mulde und Elbe: Oschatz, Gana, Lommatzsch, an oder unfern der Elbe: Wörlitz bei Dessau, Torgau, Mühlberg, Strehla, Boritz, Zehren, Zadel, Meißen, der Burgward an der Weißeritz, Briesnitz, Dohna (das zugleich den Aufgang zu dem wichtigsten Erzgebirgspaß über Nollendorf deckte), im Milzenerland vor allem die alte Landesfeste Bautzen (Budissin) an der Spree und einzelne der alten Ringburgen wie die bei Göda.

Gesichert wurden diese Plätze nach dem ostsächsischen System Heinrichs I. durch Ansiedlung deutscher Vasallen und Ministerialen aus Ostsachsen, Thüringen und Franken, die in der Nähe der Burgwardmittelpunkte Güter von 3 bis 6 Hufen mit der Verfügung über die darauf wohnenden Slawen zu Lehnsbesitz oder als Eigentum vom König erhielten und sich auch nach ihren slawischen Herrensitzen nannten. In den Burgwarden wurden auch die ersten Kirchen erbaut, schlichte Anlagen aus Holz oder Feldsteinen (daher altsorb. *kostel*, »Kirche«, abgeleitet aus lat. *castellum*, »Burg«), und an sie schloß sich auch der erste geschützte Marktverkehr nach deutschem Marktrecht an (Giebichenstein 987, Nienburg 993, Strehla 1065). Die bisher freie Masse der slawischen Bevölkerung wurde in Unfreiheit herabgedrückt, und die Leute wurden als mancipia mit oder ohne ihren Boden veräußert. Noch tiefer standen die schon bisher landlosen hofhörigen Knechte, die Smurden (d. i. die Schmutzigen). Nur die Reste des slawischen Adels rückten als Supane (Dorfvorsteher und Schöffen) und Witjasen (von vitjas, Held, aus dem deutschen witing, erhalten in Personennamen wie Weithas) mit Lehen ausgestattet in die Stellung deutscher Ministerialen ein. Über dieser an Zahl weit überwiegenden slawischen Bevölkerung saßen die deutschen Gutsbesitzer und der ebenfalls mit Land ausgestattete Klerus als ein Herrenstand. Auch in den Markenbistümern mit den noch sehr spärlich verbreiteten Kirchen waren wenig mehr als Missionsstationen unter einer halbheidnischen, oft feindseligen Bevölkerung, die noch 1028 das Bistum Zeitz dazu nötigte, seinen Sitz rückwärts nach Naumburg an der Saale zu verlegen. An größere Rodungen und Urbarmachungen, also an eine wirkliche deutsche Kolonisation, war schon wegen der fortdauernden politischen Unsicherheit noch mehr als ein Jahrhundert lang nicht zu denken.

Diese Unsicherheit ergab sich zunächst aus dem Gang der deutschen Reichspolitik, die unter Otto II. (973-983) und Otto III. (983-1002) die italienischen Angelegenheiten eine Zeitlang in den Vordergrund stellte und darüber die Nordostgrenze vernachlässigte. So warf der Slawenaufstand von 983 die deutsche Herrschaft und die christliche Kirche im Lande der Liutizen und Obodriten nieder und machte hier die Elbe wieder zur Reichsgrenze. 984 ging Meißen an Böhmen verloren, bis es Markgraf Ekkehard I. schon 986/87 zurückeroberte. Neue Gefahren brachte der Aufschwung Polens unter dem Herzog Bolesław Chrobry (d. i. der Tapfere, 992-1025), der 1002 nicht nur Böhmen, sondern auch das Milzenerland und die Lausitz eroberte. Auch König Heinrich II. (1002-1024) erreichte in drei schweren Polenkriegen (1005-1018), während deren die Polen 1015 die Burg

Meißen vergeblich belagerten, nichts weiter, als daß Bolesław im Frieden von Bautzen 1018 die eroberten Landschaften vom Reich zu Lehen nahm. Erst nach dem Tode des Herzogs zwang Konrad II., der erste König aus dem salisch-fränkischen Haus (1024-1039), in mehreren Feldzügen 1028-1031 den Polenherzog Mieszko, obwohl dieser 1029 einmal verheerend und menschenraubend bis zur Saale vordrang, die Lausitz und das Milzenerland wieder herauszugeben. Thronstreitigkeiten machten darauf Polen für längere Zeit ungefährlich.

Zu diesen äußeren Bedrohungen kamen die lange schwankenden Verhältnisse innerhalb der sorbischen Marken selbst hinzu. Unter Rikdag um 983 vereinigt, wurden die drei sorbischen Markengebiete in der zweiten Hälfte des 11. Jahrhunderts doch wieder getrennt, und obwohl die Markgrafen von Meißen auch damals die Grafschaft in den meisten Gauen der Marken von Zeitz und Merseburg innehatten,

5 Stifterstandbilder des Markgrafen Ekkehard I. von Meißen und seiner Gemahlin Uta von Ballenstedt im Westchor des Naumburger Doms (2. Viertel des 13. Jahrhunderts)

so bildeten sich doch eben hier keine stabilen Verhältnisse aus. Auch die Markgrafengeschlechter wechselten trotz der mehr und mehr durchdringenden Erblichkeit der Reichsämter in dieser Zeit noch oft. Auf Ekkehard I. (von Großjena an der unteren Unstrut) und seine Nachkommen (985-1046) folgten die Grafen von Weimar-Orlamünde (1046-1067), diesen unter König Heinrich IV. die Braunschweiger Ekbert I. und Ekbert II. Letzterer aber verhielt sich in den Kämpfen des Königs gegen die Sachsen wiederholt so treulos, daß Heinrich IV. 1076 die Mark Meißen dem ihm ergebenen Herzog Vratislav von Böhmen übertrug, 1080 sie zwar mit Ausnahme des Milzenerlandes wieder an Ekbert zurückgab, diesen aber endlich 1089 ächtete und entsetzte.

Die Begründung der wettinischen Macht und der Landesausbau 1089-1288

Die siegreiche Beendigung des Kampfes der Sachsen um die ungeschmälerte Erhaltung ihres Stammesherzogtums gewann auch für die Marken entscheidende Bedeutung. Denn das deutsche Königtum, den vereinigten Angriffen des Papsttums und der aufstrebenden Reichsfürsten erliegend, vermochte die tatsächliche Erblichkeit der großen Reichsämter und der mit ihnen verbundenen Reichslehen nicht mehr zu verhindern. So unsägliches Unheil nun auch diese Schwächung des Königtums über Reich und Volk gebracht hat, so ist doch die Erblichkeit der zu Fürsten aufsteigenden Reichsbeamten für ihre Länder insofern ein Vorteil gewesen, als sie wenigstens in kleineren Kreisen eine größere Stetigkeit und Festigkeit der Verhältnisse anbahnte, die für das ganze Reich von einem Mittelpunkt aus bei der mangelhaften Raumbeherrschung und der Schwerfälligkeit der militärischen und finanziellen Mittel in dieser Zeit der Naturalwirtschaft noch nicht erreichbar war. Für die Nordostgrenze war es vor allem bedeutungsvoll, daß der Sachsenherzog Lothar von Supplinburg nach dem Aussterben der Billunger 1106 die alte Eroberungspolitik nach Osten hin wieder aufnahm und auf seine Nachfolger aus dem Haus der Welfen (seit 1137) übertrug, während das Königtum der süddeutschen Staufer den Schwerpunkt seiner Politik mehr und mehr nach Italien verlegte. So übernahmen Nord- und Süddeutschland die beiden damaligen Hauptaufgaben der Reichspolitik fast selbständig, und ihre Wege begannen sich zu scheiden.

Unter dem Schutz dieses erstarkenden sächsischen Herzogtums kam auch das neue Herrengeschlecht in den sorbischen Marken empor, die Wettiner seit 1089. Dieses ursprünglich vielleicht fränkische, aber im Nordschwabengau heimisch gewordene Geschlecht war schon im 10. Jahrhundert über die Saale in das eroberte Sorbenland vorgerückt und besaß hier die Burgwarde Wettin, Eilenburg, Zörbig und Brehna. Als die ältesten nachweisbaren Ahnen des Geschlechts erscheinen Dedi (d. i. Dietrich, †957) und Dietrich von Buzici (†982). Dedi von Zörbig (†1009) vererbte diese Burgwarde auf seinen Sohn Dietrich, der damit nach dem Tode seines Oheims Friedrich 1017 noch Eilenburg und die Grafschaft im Susaligau verband. Außerdem wurde er 1033 Markgraf der Lausitz, und in diesem Amt wie in seinem sonstigen Besitz folgte ihm 1034 sein ältester Sohn Dedi, während den beiden jüngeren Söhnen Thiemo und Gero Wettin und Brehna zufielen. Zwar verlor Dedi 1074 die Lausitz wieder, aber sein Sohn aus der (zweiten) Ehe mit Adela, Heinrich I. von Eilenburg, erhielt diese Mark 1086 vom König zurück. Ihm übertrug dieser 1089 auf dem Reichstag zu Regensburg auch die Mark Meißen (ohne das Milzenerland), wohl mit Rücksicht darauf, daß er der Schwiegersohn des geächteten Ekbert war.

Auf Markgraf Heinrich I. (1089-1103) folgte, von der entschlossenen Tatkraft seiner Witwe Gertrud und der Treue seiner Vasallen gegen die Ansprüche der jüngeren Linie Brehna geschützt, sein Sohn Heinrich II. (1103-1123). Doch als dieser jung starb, bemächtigte sich Konrad, Thiemos Sohn, gegen den ausdrücklichen Willen König Heinrichs V., aber mit Unterstützung des Herzogs Lothar von Sachsen und seiner Vasallen, der Mark Meißen und behauptete sie um so mehr, als Lothar 1125 zum König erhoben wurde.

Konrad der Große (1124-1157) wurde der eigentliche Begründer der wettinischen Macht. Er erhielt zu Meißen 1136 auch die Lausitz, 1144 das Milzenerland, und indem er dazu in der Mark Zeitz den Gau Zwickau, in der Mark Merseburg Groitzsch, das Erbe Wiprechts von Groitzsch (†1124), und Rochlitz (bis 1143 Reichsgut) erwarb, vereinigte er diese beiden Marken tatsächlich mit Meißen, obwohl die großen Lehnsträger hier (namentlich die Burggrafen von Meißen, Leisnig, Altenburg, Dohna u. a. m.) unmittelbare Reichsvasallen blieben und nur unter der Amtsgewalt des Markgrafen standen. An der Reichspolitik nahm er wirksamen Anteil. Er begleitete Lothar auf seinem zweiten Italienzug 1136/37, dessen Nachfolger, den Staufer Konrad III., 1146 im Krieg gegen Polen und machte vor allem 1147 den großen Kreuzzug der sächsischen Fürsten gegen die Ostseewenden mit, der ihre Unterwerfung einleitete, während in seiner unmittelbaren Nachbarschaft Albrecht der Bär von Askanien (Anhalt), Markgraf der Nordmark, Brandenburg besetzte. So durch die Erneuerung der frühen sächsischen Eroberungspolitik in seinem

Besitz nach außen völlig gesichert, verfügte Konrad 1156 ohne Zustimmung des jungen Kaisers Friedrich I. Barbarossa (1152-1190) über seine Reichslehen und übrigen Besitzungen, indem er sie unter seine fünf Söhne teilte. Otto der Reiche übernahm Meißen, Dietrich die Lausitz mit Eilenburg, Dedo Groitzsch und Rochlitz, Heinrich Wettin, Friedrich Brehna. Daraufhin trat Konrad als Mönch in das wettinische Hauskloster auf dem Petersberg bei Halle ein, wo er am 5. Februar 1157 verschied und auch seine letzte Ruhestätte fand. Das Milzenerland überließ Friedrich I. 1158 an dem ihm ergebenen Herzog Vratislav von Böhmen.

Teilungen derart verbanden sich seitdem unzertrennlich mit der Erblichkeit des Reichsfürstentums, weil man nach rein privatrechtlichen Begriffen die Söhne gleichmäßig mit Landbesitz ausstatten zu müssen glaubte; sie zerstörten immer wieder die Ansätze zu landschaftlichen Machtbildungen und führten auch über das Haus Wettin fortwährend Wirren herauf. Die Söhne Konrads hielten noch zusammen und unterstützten Friedrich Barbarossa, der am Ende der Auseinandersetzungen mit Heinrich dem Löwen das alte sächsische Stammesherzogtum für immer zerschlug (1180), damit freilich auch seine Erwerbungen im Osten der Elbe schwer gefährdete. Das Hauptland Meißen vergrößerte Otto der Reiche (1156-1190) durch die Erwerbung von Weißenfels, und indem er den Silberbergbau im Erzgebirge bei dem neugegründeten Freiberg (um 1170) eröffnete und Leipzig eine selbständige Stadtverfassung verlieh, brach er einer rascheren wirtschaftlichen Entwicklung Bahn. Für sein Haus gründete er als eines der ersten Klöster im Markengebiet die Zisterzienserabtei Altzella bei Nossen.

Den Zwist, in den er mit seinem älteren Sohn Albrecht geriet, weil er Meißen gegen den Brauch dem jüngeren Dietrich zuwenden wollte, schlichtete erst das Machtgebot des Kaisers zugunsten Albrechts. Als Albrecht der Stolze (1190-1195) nach fortgesetzten Händeln mit Dietrich kinderlos starb, zog Kaiser Heinrich VI. Meißen als erledigtes Reichslehen ein. Sein plötzlicher Tod 1197 brachte Dietrich dem Bedrängten (1197-1221) das Stammland zurück. Während des staufisch-welfischen Thronstreits 1197-1214 hielt er treu zu dem Stauferkönig Philipp; er vereinigte 1210 nach dem Aussterben dreier Nebenlinien Eilenburg und die Lausitz sowie den Besitz der dort seit 1185 regierenden Rochlitzer Linie mit der Mark Meißen, stellte also den Herrschaftsbereich Konrads fast unverkürzt wieder her und behauptete zugleich gegenüber dem aufstrebenden Bürgertum von Leipzig mit Nachdruck seine landesherrliche Gewalt 1217 (die drei Zwingburgen, siehe Seite 26).

Die größte Ausdehnung gab dem wettinischen Besitz Dietrichs Sohn von Jutta, der Tochter des Landgrafen Hermann von Thüringen, Heinrich der Erlauchte (Illustris, der Prächtige, 1221-1288), der (geb. 1216) zunächst unter der Vormundschaft seiner Mutter und seines Oheims Ludwig IV., des Heiligen (†1227), stand, aber schon 1230 die Regierung selbständig übernahm und 1237 einen Kreuzzug des Deutschen Ritterordens gegen die heidnischen Preußen rühmlich mitmachte. In seinem Streben, seine Macht nach Osten auszudehnen, verlieh er in der Lausitz Guben an der hier schiffbaren Neiße 1235 Magdeburger Stadtrecht, erwarb 1249 am rechten Oderufer Schiedlo als Brückenkopf (1249) und gründete weiter abwärts Fürstenberg (um 1250) und das Zisterzienserstift Neuzelle (1268). Als

6 Burg Wettin an der Saale. Vorburg der Oberburg mit Gebäuden des 19. Jahrhunderts auf den Resten der mittelalterlichen Ringmauer

Mitgift der Staufin Margareta, einer Tochter Kaiser Friedrichs II., erhielt Heinrich für seinen jungen Sohn Albrecht (von Constantia von Österreich) 1243 das Pleißnerland (um Altenburg, Chemnitz und Zwickau), eine Reichsdomäne, die seitdem (zunächst als Pfand) fast ununterbrochen bei Meißen verblieb, und als Entschädigung für seinen Verzicht auf seine Ansprüche an das Erbe der österreichischen Babenberger nach dem Fall Friedrichs des Streitbaren 1246 von seinem Schwager König Wenzel I. von Böhmen 1253 Sayda und Purschenstein im mittleren Erzgebirge. Schließlich fiel ihm 1247, endgültig 1264, wegen seiner Verwandtschaft mit dem thüringischen Landgrafenhaus und auf Grund einer kaiserlichen Anwartschaft (Eventualbelehnung) vom Jahre 1243, allerdings erst nach schweren Kämpfen mit den thüringischen Grafen, Thüringen mit der Pfalz Sachsen (um Goseck) zu. So wurde das Markengebiet mit dem deutschen Altsiedelland politisch wieder aufs engste vereinigt und der Machtbereich des Hauses Wettin von der mittleren Oder bis an die Werra ausgedehnt, also in die mannigfachsten Beziehungen mit dem ganzen Mitteldeutschland gesetzt.

In Thüringen hatten im 11. Jahrhundert Investiturstreit und Fürstenaufstände gegen Heinrich IV. das Land erschüttert. Die herrschaftsausübende Gewalt lag in der Hand einiger Grafengeschlechter (Hohnstein, Mansfeld, Gleichen, Käfernburg-Schwarzburg, Weimar-Orlamünde, Arnshaugk u. a. m.). Eine Art Großgraf ist Hermann II. von Winzenburg (†1152) gewesen. Das mainzische Erfurt war Immunität. Zu einer führenden Stellung war das mainfränkische Grafengeschlecht Ludwigs des Bärtigen emporgekommen, das um 1056 ansehnliche Güter um Eisenach an der westlichen Pforte Thüringens und an der unteren Unstrut erwarb und diesen Besitz unter Ludwig dem Springer (†1123) durch die Erbauung der Wartburg bei Eisenach und der Neuenburg über Freyburg an der Unstrut befestigte, 1085 auch Reinhardsbrunn als Hauskloster stiftete. Nach der zeitweiligen Entsetzung Hermanns II. von Winzenburg 1130 wurde Ludwig I. (1131-1140) mit dem neu eingerichteten Landgrafenamt betraut und erwarb 1137 durch die Vermählung mit der Erbtochter Gisos IV., Grafen von Gudensberg, auch das Kernland von Hessen. Als eine weitere Vergrößerung des schon ansehnlichen Territoriums erlangte Ludwig III., der Fromme (1172-1190), nach dem Aussterben der Sommerschenburger 1179 die sächsische Pfalzgrafschaft mit den Reichslehen (um Sangerhausen und Allstedt). Im Inneren bändigte Ludwig II., der Eiserne (1140-1172), mit starker Faust seine unbotmäßigen Vasallen. Seit 1154 ist das große Landding in Mittelhausen bei Erfurt als Gerichtsstätte nachweisbar, dem die Landgrafen als vom Reich bestellte Richter vorsaßen. Hermann I. (1190-1217), in der verworrenen Reichspolitik seiner Zeit zwar unberechenbar treulos, erhob die Wartburg zu einem Mittelpunkt deutscher Dichtung. Ludwigs IV., des Heiligen, Sohn, Hermann II., folgte 1227 nach dem Tode des Vaters (in Otranto auf dem fünften Kreuzzug) schon als Knabe, mußte aber die Landgrafschaft faktisch seinem Oheim Heinrich (Raspe) überlassen, der ihn mit seiner Mutter Elisabeth der Heiligen (von Ungarn) von der Wartburg vertrieb, und starb schon 1241. Mit Heinrich, den die päpstliche Partei 1245 dem gebannten Kaiser Friedrich II. als König entgegengestellt hatte (Wahl 22. Mai 1246), starb 1247 der Mannesstamm des Landgrafenhauses aus, und da eine gebietend schlichtende Reichsgewalt nicht mehr vorhanden war, so kam es zwischen den Vertretern der weiblichen Linien zu langjährigen Wirren. Während nämlich Hessen der Tochter Ludwigs IV., Sophia von Brabant, und ihrem Sohn Heinrich anstandslos zufiel, mußte Heinrich der Erlauchte die Unterwerfung Thüringens mit Waffengewalt erzwingen und sich 1249 von seinen Gegnern im Vertrag von Weißenfels als ihr Herr bestätigen lassen. Er wurde dann 1250 von Sophia auch als Vormund ihres Sohnes in Hessen anerkannt und erhielt 1254 sogar die thüringischen Lehen des Erzstiftes Mainz. Da Sophia dies als eine Verletzung des Vertrages von 1250 betrachtete, begann sie, unterstützt von Herzog Albrecht von Braunschweig, den verheerenden Thüringischen Erbfolgekrieg (1256-1263) und gab erst nach der Niederlage und Gefangennahme des Herzogs bei Beesenstedt unweit von Wettin am 27. Oktober 1263 ihre Ansprüche auf Thüringen auf (1264).

Die neue Länderverbindung für eine dauerhafte Machtbildung zu nutzen, wozu die Zerrüttung des Reichs während des sogenannten Interregnums (1254-1273) genug Gelegenheit geboten hätte, gelang Heinrich nicht. Er übertrug vielmehr seinem ältesten Sohn Albrecht (dem Entarteten) Thüringen und die Pfalz Sachsen, dem jüngeren Dietrich einen Teil des sogenannten Osterlandes zwischen Saale und Mulde (also der alten Merseburger Mark) mit dem Sitz in Landsberg. Zu den daraus hervorgehenden Streitigkeiten kamen widerwärtige Händel im Hause Albrechts, der seine Gemahlin Margareta zugunsten einer Buhlerin (Kunigunde von Eisenberg) mißhandelte, so daß sie, da sie um ihr Leben fürchten mußte, 1270 von der Wartburg floh, wo sie auch ihre beiden Söhne Friedrich (den Freidigen) und Diezmann zurückließ. Ohne diese Zwistigkeiten beenden zu können, starb Heinrich der Erlauchte in Dresden zu Anfang des Jahres 1288.

Die engere politische Verbindung der sorbischen Marken mit Thüringen begünstigte die Fortschritte des Landesausbaus, die erst mit dem Anfang des 12. Jahrhunderts im ganzen Nordosten kräftig einsetzten. Das Streben nach Befestigung der deutschen Herrschaft und der christlichen Kirche wirkte mit dem wirtschaftlich-finanziellen Bedürfnis der deutschen Herren, den bisher nur in den Altsiedelräumen bebauten und sonst noch ganz unkultivierten Boden besser auszunützen, zusammen; der Drang der westdeutschen Bauern, durch Auswanderung aus der übervölkerten Heimat nach dem menschenarmen Osten ihre wirtschaftliche Lage zu verbessern, kam ihnen entgegen. Die Landesherren, die großen Grundherren und die Kirche (namentlich die jetzt erst in den Marken entstehenden Klöster) kolonisierten meist nur mittelbar, indem sie ihren Grund und Boden an kleine Vasallen oder Ministerialen (Ritter) austaten, die dann unmittelbar als Kolonisatoren auftraten. Die Ansiedler kamen überwiegend aus Hessen, Thüringen und Franken, für einzelne Striche, namentlich für das Flachland zwischen der unteren Saale und der unteren Mulde, aus den Niederlanden (Flandrer, Flamänder, Flamen).

Gewöhnlich ging ein Grundherr (meist ein Ritter) mit einer geschlossenen Gruppe deutscher Bauern einen Vertrag über die Ansiedlung ein und übertrug deren Leitung dem Oberhaupt der zukünftigen Gemeinde als dem Unternehmer (*locator*), oder er übernahm diese Stellung selbst. Die Ansiedler erhielten als persönlich freie Leute jeder seine Hufe (zu etwa 30 Morgen, 7-8 ha) und zahlten nach einigen Freijahren dem Grundherrn einen mäßigen Zins, der Kirche den Ertragszehnten; der Lokator erhielt, als Dorfvorstand, Inhaber der niederen Gerichtsbarkeit und der Ortspolizei, 2 Hufen mit der Schenk- und Schlachtgerechtigkeit seines Hofes (daher Erblehngericht, slawisch Kretscham, d. i. Wirtshaus), die Pfarrkirche 1-2 Hufen.

Soweit das Land schon von Slawen besetzt war, begründeten die Deutschen neue Dörfer entweder auf einem abgetrennten Teil einer slawischen Dorfflur, nach der dann auch das neue deutsche Dorf, durch einen Zusatz unterschieden (Groß-Schweidnitz, Deutsch-Ossig), genannt wurde, oder sie gründeten Dörfer auf ungerodetem Boden. In beiden Fällen teilten sie die Flur nach der älteren deutschen Weise in Gewannhufen, mit denen auch das Rittergut in Gemenge lag. Soweit das Land unbewohntes Bruchland oder Urwald war, legten die Deutschen neue, meist nach dem Lokator benannte Dörfer an (daher Kunnersdorf, Albertsdorf, Herwigsdorf, Burkersdorf u. a. m.), bauten ihre (30-40) Höfe in einer offenen Doppelreihe längs des Baches oder der Straße (Reihendörfer) und maßen jedem eine gesonderte Hufe in Form eines langen, bis zur Gemarkungsgrenze reichenden Streifens zu, im Bruchland nach flämischen, im gerodeten Wald- und

Bergland (Erzgebirge) nach fränkischen (Wald)hufen. Auch die Städte wurden, sofern sie auf der Flur eines slawischen Ortes entstanden, dessen Name dann auf die deutsche Gründung überging, in bestimmter regelmäßiger Form angelegt, indem die Gassen, sich rechtwinklig kreuzend, einen großen viereckigen Markt und die Hauptkirche umgaben und das Ganze später von einer Mauer umschlossen wurde.

Im Flachland entstand Leipzig (in Chroniken und Urkunden *Libzi, Libiz, Lipz, Lipczk* usw. »Ort, wo Linden wachsen«) als deutsche Stadtgemeinde unter Otto dem Reichen (†1190) am Zusammenfluß der Elster, Pleiße und Parthe und an der Kreuzung der beiden wichtigsten Straßen des Landes, die hier diese breiten, sumpfigen Flußniederungen überschritten, im Anschluß an eine deutsche Burg und eine namengebende slawische Siedlung. Es hatte schon am Anfang des 13. Jahrhunderts den Umfang der jetzigen inneren Stadt wesentlich erreicht, als Dietrich der Bedrängte 1217 die widerspenstige Stadt mit drei festen Burgen umgab, von denen dann zwei in Klöster (der Dominikaner und Franziskaner) verwandelt wurden, die dritte als Pleißenburg eine landesherrliche Feste blieb. 1154/60

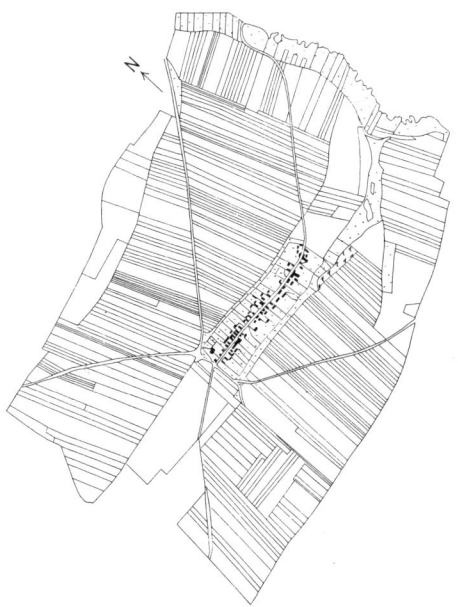

7 Das Straßendorf Frankenheim bei Miltitz (w. Leipzig)

siedelte Bischof Gerung von Meißen um Eilenburg und Wurzen flämische Bauern an. Weiter südlich leitete Wiprecht von Groitzsch bereits eine Frühphase des Landesausbaues ein, indem er bereits um 1100 die Rodung und Besiedlung des großen Waldgebietes zwischen Elster und Mulde durch fränkische Kolonisten und später besonders mit Hilfe seines Klosters Pegau organisierte. Ausgangspunkt für die Besiedlung des westlichen Erzgebirges und seines Vorlandes wurde die Reichsburg Altenburg.

Das Vogtland besetzten vornehmlich Franken, die zahlreiche kleine Dörfer auf gerodetem Waldboden (daher die Ortsnamen auf -grün und -reut, z. B. Herlasgrün, Ramoldsreuth) um die Pfarrorte Reichenbach, Plauen und Elsterberg gründeten. Klöster wie Buch (vor 1192), Altzella bei Nossen (1162-1170), Geringswalde (1233) erwarben durch Schenkung, Kauf und Tausch bereits urbar gemachte Ländereien bis in die Vorhöhen des Erzgebirges hinauf; durch andere wie Grünhain (1231/33) und Grundherren, die im Urwald ausgedehnte Herrschaften gründeten und ihre Burgen errichteten (Schellenberg zuerst 1206 genannt, Lichtenstein 1240, Sayda 1236 und Purschenstein 1254), wurde auch das Erzgebirge rasch besiedelt. Chemnitz entstand in der Nähe eines von König Lothar III. (†1137) gestifteten Klosters und auf Grund des diesem 1143 von Konrad III. verliehenen Fernhandelsmarktes; Freiberg wurde nach der Entdeckung der Silbererze von Otto dem Reichen um 1170 begründet und zunächst mit sächsischen Bergleuten aus Goslar (daher Sächsstadt) besetzt. In der mittleren Elbgegend betrieben die Bischöfe von Naumburg im 12. Jahrhundert den Landesausbau, an dem auch ihr Eigenkloster Riesa beteiligt war; unweit davon erwuchs an der »Hohen Straße« der ansehnliche Marktort Großenhain annähernd gleichzeitig mit der um 1200 entstandenen wettinischen Burg Ozzec, weiter oberhalb an der ersten festen Elbbrücke und bei dem sie deckenden markgräflichen Schloß inmitten slawischer Dörfer Dresden (altsorb. Drežďane »Siedler am Walde«) als wettinische Stadtanlage wahrscheinlich Dietrichs des Bedrängten und da, wo die Elbe aus der Enge des Sandsteingebirges heraustritt, an einer Zollburg vermutlich unter Heinrich dem Erlauchten Pirna. In das zerklüftete Gebirge hinein, das damals noch fast ganz böhmisch war, drangen deutsche Siedler zunächst nur spärlich (Sebnitz um die Mitte des 13. Jahrhunderts angelegt).

Diese Bewegung ergriff im 13. Jahrhundert auch das alte Milzenerland, da die Herrschaft der böhmischen Přemysliden 1158-1255 dem Landesausbau nicht weniger günstig war als die der meißnischen Wettiner. Die größeren Städte entstanden meist längs der Hohen Straße an den alten Tagesrasten der Fuhrleute und an Flußübergängen: Kamenz an der Schwarzen Elster, Bautzen an der Spree, Löbau am Löbauer Wasser, Görlitz an der Neiße, Lauban am Queis unter starkem Zuzug flämischer Tuchmacher. Die bäuerliche Besiedlung ging teils von Königsbrück aus nach den Niederungen der Schwarzen Elster, teils von dem bischöflich-meißnischen Besitz um Stolpen und Bischofswerda aus in das unbewohnte Berg- und Waldland längs der Südgrenze. Nur das altwendische Land um Bautzen blieb davon unberührt. Die beiden Zisterzienser-Nonnenklöster Marienthal an der Neiße (1234) und Marienstern bei Kamenz (1248) - letzteres etablierte sich erst 1259 an seinem jetzigen Standort - haben ihre Ländereien vornehmlich schenkungsweise oder durch Kauf erworben. Auch der böhmische Gau Zagost im Norden des Lausitzer Gebirges, ein fast menschenleeres Waldland (»hinterm Wald«, von Süden aus gesehen), wurde von den Grundherren mit

8 Kloster Altzella. Romanisches rundbogiges Stufenportal
(1,60 m verschüttet)

deutschen Bauern (Friedland, Reichenberg, Zittau) und damit der spätere Anschluß des westlichen Teils an die Oberlausitz vorbereitet. Dagegen bildeten sich in der (Nieder-)Lausitz nur einzelne deutsche Sprachinseln um die Zisterzienser-Klöster Doberlug (gegründet um 1180), die älteste Wiege der deutsch-christlichen Kultur in der Lausitz und später ihre größte Grundherrschaft, und Neuzelle (gegründet 1268) sowie um die an altsorbische Siedlungswurzeln und deutsche Burgen anknüpfenden Städte Cottbus, Luckau, Lübben, Spremberg, Guben, Sorau, die meist Magdeburger Recht annahmen (Guben schon 1235), inmitten einer sonst slawischen Umgebung.

So entstand im Niederland eine deutsch-slawische Bevölkerung. Überall gingen die Wenden, außer um Bautzen und in der Niederlausitz, allmählich in den zahlenmäßig überlegenen Deutschen auf, so daß das Wendische als Gerichtssprache 1293 im Anhaltinischen, 1327 in Leipzig, Altenburg und Zwickau und 1424 auch im Meißner Land nicht mehr zugelassen wurde; im Gebirgsland kam eine rein deutsche Bevölkerung auf. Neben der Waldwirtschaft und der mit ihr verbundenen Bienenzucht nahm der Ackerbau mit der deutschen Kolonisation nicht nur durch die weitere Ausdehnung des Anbaues einen lebhafteren Aufschwung, sondern auch durch gründlichere Art der Bodenbestellung im Rahmen der Dreifelderwirtschaft und durch die Verbesserung in der Lage der slawischen Bauern, die aus Unfreien und Hörigen nach dem Beispiel der Deutschen zu nur noch dinglich belasteten Zinsleuten wurden. Die gesamte wirtschaftliche Entwicklung vollzog sich im Meißner Land schneller als sonst im Nordosten, weil der blühende Silberbergbau und der reiche Edelmetallvorrat, den er lieferte, Handel und Gewerbe, also das städtische Leben, begünstigten. Doch trieben die Bürger überall noch ausgedehnte Landwirtschaft, und ihre Stadtwohnungen trugen noch einen sehr ländlichen Charakter. Neben Freiberg kam Leipzig empor als die erste Handelsstadt des Landes, deren Oster- und Michaelismesse schon 1190 bestätigt wurden. Großenhain war um 1270 ein großer Handelsplatz, und in der Oberlausitz entwickelte sich neben dem Vorort Bautzen vor allem Görlitz als Grenzplatz nach Schlesien und Polen hin, in der Niederlausitz Guben. Schon 1265 auf dem Turnier zu Nordhausen, das die Beendigung des Thüringischen Erbfolgestreits feierte, erregte Heinrichs des Erlauchten ungewöhnlicher Reichtum allgemeines Aufsehen.

Das geistige Leben stand fast ausschließlich unter der Herrschaft der Kirche. Drei Domkapitel und eine Reihe von Kollegiatkirchen (in Wurzen, Großenhain/Zscheila, Bautzen) bildeten die Spitzen der kirchlichen Organisation, und zu den zahlreichen Klöstern auf dem

Land kamen seit den ersten Jahrzehnten des 13. Jahrhunderts in fast jeder bedeutenderen Stadt die Klöster der Dominikaner und Franziskaner für Predigt und Seelsorge. Dazu traten die Ritterorden, im Vogtland die Deutschherren (seit 1217), in der südlichen Oberlausitz die Johanniter. Auch der gesamte Unterricht stand unter kirchlicher Leitung, die in jedem bischöflichen Sprengel ein Domherr, der Scholasticus, übte. Neben den für die Bevölkerung bestimmten, freilich spärlichen und dürftigen Pfarrschulen - die frühesten in Sachsen sind 1291 in Zwickau und 1300 in Dresden nachweisbar - hatten auch die Klöster ihre zunächst für künftige Geistliche bestimmten Schulen, die sich später in den Städten auch den Bürgerkindern öffneten, wie St. Afra in Meißen, das Augustinerchorherrenstift St. Thomae in Leipzig (1254) u. a. m.

Auch die noch sehr schwache literarische Tätigkeit knüpfte sich an die Kirche. Bischof Thietmar von Merseburg (1009-1018), ein Zeitgenosse König Heinrichs II., gab in seiner Chronik die älteste Ge-

9 Die Goldene Pforte am Dom zu Freiberg (um 1230)

schichte der nachmals wettinischen Lande wieder, die Klöster auf dem Lauterberg, von Pegau und Altzella schufen mit ihren Annalen wertvolle Geschichtsquellen für die spätere Zeit. Ebenso pflegte fast nur die Kirche die bildende Kunst in Bauten romanischen Stils, wie die Dome von Naumburg und Merseburg, die Freiberger Marienkirche (Dom) mit ihrer figurenreichen Goldenen Pforte, einer Verherrlichung der Jungfrau Maria, die Klosterkirchen auf dem Petersberg, in Zschillen (Wechselburg) und Doberlug, die Nikolaikirche in Dippoldiswalde (2. Viertel des 13. Jahrhunderts); den ersten bedeutenderen gotischen Bau begann Bischof Konrad von Meißen (1240-1258) mit dem dortigen Dom, dem große Teile der romanischen Basilika weichen mußten. Bedeutendster Bauherr für die Ostteile des Doms war Bischof Withego I. (1266-1293). Dagegen waren die Burgen der Landesherren und ihrer Vasallen überwiegend noch bloße Nutzbauten, nur ihre Kapellen zuweilen künstlerisch ausgestattet (Neuenburg über Freyburg). An der aufblühenden ritterlichen Dichtung nahm das Markengebiet wohl nur in der Person Heinrichs des Erlauchten teil, der selbst Minnelieder dichtete und Kirchengesänge komponierte.

Diese Entwicklung stand unter dem Schutz einer fürstlichen Macht, die, besonders seitdem die nach Heinrichs VI. Tode 1197 um die deutsche Krone ringenden Könige des staufischen wie des welfischen Hauses den Reichsfürsten die größten Zugeständnisse gemacht hatten, mehr und mehr zur landesherrlichen wurde und die Aufgaben der zerfallenden Reichsgewalt auf sich nahm. Die Wettiner hatten als Markgrafen von Meißen und der (Nieder-) Lausitz sowie als Landgrafen von Thüringen zu ihrer alten militärischen und richterlichen Amtsgewalt mehrere königliche Regalien, das Münz- und Bergrecht und den einträglichen Judenschutz, gewonnen, verfügten über die Landbede, eine von den Städten und den bäuerlichen Hintersassen ursprünglich nur gelegentlich und »bittweise«, allmählich regelmäßig erhobene, endlich auf den Grundbesitz gelegte und fixierte Steuer in Geld und Getreide, und zogen außerdem die Bauern noch zu manchen Naturalleistungen (Burgwerk, d. i. Befestigung und Erhaltung der landesherrlichen Burgen, Brücken- und Straßenbau, Fuhren) heran. Dazu hatten sie die Vogtei über die drei Hochstifte und die meisten Klöster inne. Da die Burgwarde allmählich bis auf wenige ihre militärische Bedeutung verloren, wurden diese Distrikte durch neue administrative Strukturen in Gestalt landesherrlicher Verwaltungs- und Gerichtsbezirke (*castrum, iudicium, advocatia*) ersetzt, und die Befehlshaber wurden größtenteils zu landesherrlichen Vögten, die, wie ihre Unterbeamten, durch Anweisungen auf gewisse Einkünfte und Lehen besoldet wurden und die Verwaltungsausgaben unmittelbar und ohne Abrechnung aus den Einnahmen des Bezirks bestritten.

Eine zentralisierte Verwaltung bestand ebensowenig wie feste Zentralbehörden. Den Landesherrn umgaben nur ständig wechselnde Vasallen und Ministerialen, die als Schöffen das Hofgericht über die Lehnsleute bildeten, den Fürsten als »heimliche Räte« (*secretarii*) in den Geschäften unterstützten und die Hofämter des Marschalls, Kämmerers, Schenken und Truchsessen bei ihm versahen. Da seine Einkünfte meist aus schwer verkäuflichen und schwer transportablen Naturalien, den Erträgen seiner Eigen- und Lehngüter, bestanden, so übte er, wie die deutschen Könige, vorwiegend eine Reiseherrschaft aus, die grundsätzlich von Regierungshandlungen begleitet war. Durch seine persönliche Gegenwart ersetzte der Fürst einigermaßen den Mangel einer einheitlichen Verwaltung. Eine solche, von einer festen Zentrale aus geleitete, auf Urkunden gestützte und auch für allgemeine, also soziale Zwecke arbeitende, der modernen sich nähernde Verwaltung hatten damals nur die geistlichen Grundherrschaften, die als Eigentum der Kirche auch niemals durch Teilungen zersplittert wurden wie die weltlichen Herrschaften.

10 Bautzen

Die allmählich gesteigerte landesherrliche Macht wurde nun wieder mannigfach eingeschränkt. Der größte Teil der beiden alten westlichen Marken (s. S. 15,18) war in den Händen großer unmittelbarer Reichsvasallen unter der bloßen Amtsgewalt des Markgrafen geblieben; die ausgedehnten Reichsgüter an der oberen Elster und Saale gehorchten seit Heinrich I., dem Frommen (†vor 1193), erblichen Vögten aus dem Hause Weida, dessen bedeutendster Vertreter, Heinrich II., der Reiche (†vor 1209), den Landesausbau im Vogtland zwischen Gera und Plauen vollendete. Sein Besitz, oder vielleicht nur die Allode, wurde um 1209 unter seinen Söhnen Heinrich III. (Weida), Heinrich IV. (Gera) und Heinrich V. (Greiz) aufgeteilt. Das Pleißnerland, eine Schöpfung Friedrich Barbarossas, war seit 1158 Reichsdomäne. Dazu bildeten die ansehnlichen Besitzungen der drei Hochstifte als »Immunitäten« relativ geschlossene geistliche Fürstentümer. Dagegen war die Selbstverwaltung der Städte erst in den Anfängen, denn der Rat aus der Bürgerschaft (12 oder 24 *iurati, consules*) stand noch unter einem landesherrlichen Vogt (z. B. in Freiberg und Pirna) oder unter einem Schultheißen (z. B. in Leipzig und Dresden). Maßgebend war dafür das Magdeburger (sächsische) Recht mit einzelnen fränkischen Zusätzen, weshalb auch Rechtsbelehrungen in zweifelhaften Fällen von Magdeburg als dem »Oberhof« (nicht Appellationsinstanz) eingeholt wurden. Am sichtbarsten kam die Einheit des Markengebietes in den großen Landdingen (*placita*), für Meißen in Collm am Fuße des Collmberges bei Oschatz, für die Grafschaft Groitzsch in Schkölen bei Naumburg, für die Ostmark in Delitzsch, zum Ausdruck. Untereinander hingen die verschiedenen wettinischen Länder nur durch die Person des Fürsten zusammen.

Auf denselben Grundlagen vollzog sich die Entwicklung der Oberlausitz, doch in besonderer Weise, da die Landschaft seit 1158 zu Böhmen gehörte (s. S. 19). Nach der böhmischen Verfassung standen an der Spitze ein Burggraf (*castellanus*) und ein Landrichter in der alten Landesfeste Bautzen. Als König Ottokar II. von Böhmen (1253-1278) das »Land Budissin« noch vor 1255 zum Pfand für die Mitgift seiner Schwester Beatrix dem Markgrafen Otto III. von Brandenburg überließ, trat an die Stelle jener beiden Beamten nach der brandenburgischen Verfassung ein Vogt, der dreimal jährlich in Bautzen das Vogtding (Landding) hielt. Als die Brüder Otto III. und Johann I. 1268 das Land unter ihre beiden Söhne teilten, erhielt die östliche Hälfte, das Land Görlitz, einen besonderen Landvogt. In den landesherrlichen Städten übte ein Vogt oder Erbschultheiß die obere Gerichtsbarkeit aus mit Schöffen aus der Bürgerschaft neben dem städtischen Rat, auf den großen Grundherrschaften (Hoyerswerda,

Kamenz, Baruth, Seidenberg u.a.m.) der Grundherr, auf den bischöflich meißnischen Besitzungen der Dingstuhl für 26 Dörfer der »wendischen Pflege« in Göda.

Auflösung, Wiederherstellung und Abrundung der wettinischen Macht 1288-1423

Mit der Wahl Rudolfs von Habsburg (1273-1291) war das Römisch-deutsche Reich in eine neue Periode eingetreten. Das Wahlkönigtum, seiner alten Machtmittel meist beraubt, vermochte dem erblichen Reichsfürstentum gegenüber sich nur zu behaupten, wenn es eine feste territoriale Grundlage gewann. Da aber die Krone seit dem Untergang der Stauferdynastie fortwährend von einem Geschlecht zum anderen überging, mußte jeder König damit von neuem beginnen. Dieses Bestreben wirkte auf die wettinischen Lande um so mehr ein, je stärker dort nach dem Tode Heinrichs des Erlauchten die Zerrüttung der Landesherrschaft um sich griff.

Schon König Rudolf nahm, nachdem er Österreich und Steiermark für sein Haus erworben, 1289 das Pleißnerland an das Reich zurück und verlieh nach dem Aussterben der Linie Brehna-Wettin mit Otto IV. (†1290) Brehna an den Herzog Albrecht II. von Sachsen-Wittenberg (†1292), nachdem Wettin schon 1288 an das Erzstift Magdeburg veräußert worden war. Rudolfs Nachfolger Adolf von Nassau (1291-1298) zog auch Meißen nach dem Tode des Markgrafen Friedrich Tuta (1291) als erledigtes Reichslehen ein. Darauf verkaufte ihm Albrecht der Entartete, mit seinen Söhnen Friedrich und Diezmann in ärgerlichem Zwist, 1293 auch Thüringen und seine Ansprüche auf Meißen, nachdem er schon 1291 die Markgrafschaft Landsberg an Brandenburg veräußert hatte. Adolf besetzte 1294 Thüringen und Meißen mit Waffengewalt und nahm 1296 Freiberg nach tapferer Gegenwehr der Bürgerschaft. Friedrich ging landflüchtig zu den Verwandten seiner 1293 verstorbenen Gemahlin Agnes nach Kärnten, Diezmann aber verzichtete 1304 zugunsten Brandenburgs auf seine Ansprüche an die Lausitz, nachdem er sie bereits 1301 an den Erzbischof von Magdeburg verkauft hatte. Die wettinische Macht schien aufgelöst.

Erst unter Adolfs Nachfolger Albrecht I. von Habsburg (1298-1308), der die antiwettinische Politik der Zentralgewalt fortsetzte, bemächtigte sich Friedrich I., der Freidige (d. i. der Tapfere), 1306 der Wartburg und schlug mit Hilfe seiner Leipziger Bürgerschaft am 31. Mai 1307 bei Lucka unweit von Altenburg einem königlichen Heer aufs Haupt. Nach Diezmanns jähem Tod am 10. Dezember

1307 alleiniger Herr von Thüringen und Meißen, erhielt er von König Heinrich VII. (von Lützelburg), dem natürlichen Gegner der Habsburger, 1310 die Belehnung mit beiden Ländern und vorher schon 1308 auf zehn Jahre auch das Pleißnerland verpfändet. Allerdings mußte er gegenüber Brandenburg, bei Großenhain geschlagen und gefangen, im Vertrag von Tangermünde (13. April 1312) die Markgrafschaften Landsberg und Lausitz aufgeben sowie größere Teile der Markgrafschaft Meißen abtreten oder verpfänden. In Thüringen gelang es ihm, seine Stellung zu festigen und durch die Aussicht auf die Erwerbung von Ziegenrück, Triptis, Auma und Neustadt an der Orla (aus dem Erbe seiner zweiten Gemahlin Elisabeth, Erbtochter des Grafen Otto III. von Arnshaugk) die bessere Verbindung seiner beiden Hauptländer vorzubereiten. Zu Ostern 1321 auf dem Marktplatz in Eisenach während der Aufführung eines Mysterienspiels (von den klugen und törichten Jungfrauen) vom Schlage getroffen, starb er am 16. November 1323.

Sein Streben nach Abrundung und Ausdehnung des Besitzes wurde von seinen nächsten Nachfolgern im ganzen mit großem Erfolg fortgesetzt; namentlich suchten diese die noch reichsunmittelbaren Herrschaften und die böhmischen Lehen ihres Bereichs unter ihre Hoheit zu bringen und die Niederlausitz wiederzugewinnen. Darauf übten zunächst der neue deutsche Thronstreit zwischen Ludwig von Bayern und Friedrich von Österreich seit 1313 und das Aussterben des askanischen Hauses in Brandenburg 1319 den größten Einfluß aus. Friedrich II., der Ernsthafte (1323-1349, bis 1328 unter Vormundschaft), lehnte sich eng an Kaiser Ludwig an, der ihm seine Tochter Mechthild vermählte und 1324 das Pleißenland als Mitgift verpfändete, auch die Vogtei über die Reichsstädte Mühlhausen und Nordhausen überließ (1329) und, indem er 1322 nach dem entscheidenden Sieg bei Mühldorf über den Habsburger seinem Sohn Ludwig 1323 die erledigte Mark Brandenburg übertrug, der unmittelbare Nachbar der Wettiner wurde. Seinem engen Verhältnis zu dem Wittelsbacher verdankte Friedrich zunächst die Lehnshoheit über eine Reihe bisher reichsunmittelbarer Herrschaften im Bereich der Mark Meißen (Schellenberg 1324, Burggrafschaften Altenburg 1328 und Leisnig 1329) und die Möglichkeit, den durch seine scharfe Landfriedensordnung von 1338 erbitterten thüringischen Adel in der »Grafenfehde« 1343-1345 niederzuwerfen, wobei er die Lehnshoheit über die Grafschaft Orlamünde erwarb. Auch jenseits des Thüringer Waldes faßte er Fuß durch die Vermählung seines ältesten Sohnes Friedrich des Strengen mit Katharina, der Erbtochter des Grafen Heinrich VIII. von Henneberg 1347, die diesem 1353 die

Pflege Coburg zubrachte. Andererseits kaufte er 1347 Landsberg von Herzog Magnus von Braunschweig, an den es in weiblicher Erbfolge von Brandenburg gefallen war, zurück.

Die Entsetzung Ludwigs des Bayern und die Wahl Karls IV. von Böhmen 1346 verschob die Voraussetzungen dieser Politik. Statt die ihm nach Ludwigs Tode 1347 von der schwachen wittelsbachischen Partei angebotene Krone anzunehmen, verständigte sich Friedrich im September 1348 mit Karl IV. in Bautzen, denn die Macht der böhmischen Luxemburger umspannte die wettinischen Länder nicht nur im Süden, sondern auch im Osten. Neben der Lehnshoheit über die schlesischen Teilherzogtümer 1327/29 hatten sie nämlich 1319 das Land Budissin, 1329 auch das Land Görlitz für Böhmen erwor-

11 Friedrich I., der Freidige (1257-1323), Markgraf von Meißen und Landgraf von Thüringen. Grabmal in der Stadtkirche zu Eisenach (14. Jahrhundert)

ben; zugleich strebten sie nach dem Besitz der auch von den Wettinern beanspruchten Niederlausitz und Brandenburgs.

In dieser Lage traten nach Friedrichs II. frühem Tode 1349 seine drei Söhne Friedrich III., der Strenge (1349-1381), Balthasar und Wilhelm I., gemeinsam ein. In Verbindung mit Böhmen zwangen sie 1354 und 1357 im Vogtländischen Krieg die Vögte des älteren Hauses Plauen zur Abtretung von Voigtsberg, Oelsnitz, Mühltroff und Adorf sowie zur Unterwerfung unter meißnische Hoheit für andere Teile ihres Besitzes, während Plauen 1356, Treuen 1367 und Lobenstein 1371 unter Böhmen traten, und verwandten die Entschädigungssumme für die Niederlausitz, die ihnen Ludwig von Brandenburg 1353 wiederkäuflich überlassen hatte, Karl IV. aber wieder einlöste (1364), zum Ankauf einiger thüringischer Gebiete (Elgersburg 1365, Wachsenburg 1366, Liebenstein 1367, Sangerhausen 1372). Freilich mußten sie auch 1368 zugeben, daß die Herrschaft Colditz böhmisches Lehen wurde und gerieten mit Karl IV. wegen der Erwerbung Brandenburgs (1370) in offenes Zerwürfnis (1371/72). Doch verständigten sich die Parteien 1372 wieder, wobei Anna, Karls IV. Tochter, mit Friedrich IV. (dem Streitbaren) verlobt wurde, schlossen 1373 mit des Kaisers Erlaubnis die Erbverbrüderung mit Hessen, die ihnen Aussicht auf die Erwerbung dieser Landgrafschaft eröffnete, erwarben 1374 Hildburghausen als Mitgift Margarethas, der Tochter des Burggrafen Albrecht von Nürnberg, bei ihrer Vermählung mit Balthasar und wurden von Karl 1375 in dem schweren Kampf gegen die Stadt Erfurt und die thüringischen Grafen unterstützt, die sich mit Erfolg der 1374 erfolgten Erhebung des Wettiners Ludwig zum Erzbischof von Mainz, also zum Landesherrn von Erfurt, widersetzten.

Als mit dem Tode Karls IV. am 29. November 1378 und der Teilung seiner Länder der Druck der böhmischen Machtbildung von Süden, Osten und Norden aufhörte, teilten die wettinischen Brüder in der »Örterung« vom 5. Juli 1379 zunächst die Einkünfte ihrer Länder und nach dem Tode Friedrichs III. (26. Mai 1381) durch den Vertrag von Chemnitz am 13. November 1382 die Länder selbst, ohne ihre Zusammengehörigkeit aufzuheben. Die Söhne Friedrichs erhielten das Osterland (Leipzig und Altenburg) und das meißnische Vogtland, Balthasar Thüringen, Wilhelm I. (der Einäugige) Meißen.

Während Thüringen unter Balthasar (†1406) und seinem Sohn Friedrich dem Friedfertigen (†1440) für Jahrzehnte seine eigenen Wege ging, verfolgte der tatkräftige Wilhelm I., der Einäugige (1382-1407), schon durch seine Vermählung mit Karls IV. Nichte Elisabeth in die böhmischen Händel und in die Reichsangelegenheiten tief verflochten, mit Nachdruck besonders das Ziel, Meißen abzurunden. Er erkaufte 1402 von den Herren von Colditz die ihm schon 1394 verpfändete Herrschaft Eilenburg, eines der ältesten Besitzstücke der Wettiner, aber seit 1364 böhmisches Kronlehen, eroberte 1402 den reichen, teilweise unter böhmischer Lehnshoheit stehenden Besitz der Burggrafen von Dohna (Dohna, Weesenstein, Königstein, Rabenau), erwarb 1404 von König Wenzel Pirna pfandweise und die Herrschaft Colditz käuflich, ja er setzte sich 1398 durch den pfandweisen Ankauf von Riesenburg (Ryzmburk), Ossegg (Osek) und Dux (Duchcov) sogar an der Südseite des Erzgebirges auf böhmischem Boden fest. Da er ohne Erben starb, teilten die osterländische und die thüringische Linie seinen Besitz, wobei diese die östliche, jene die an ihre Länder angrenzende westliche Hälfte erhielten. Schon vorher hatte Friedrich IV., der Streitbare, Friedrichs des Strengen ältester Sohn (1382-1428, bis 1425 mit seinem jüngeren Bruder Wilhelm II. gemeinsam herrschend), sein Gebiet durch Ankauf mehrerer Herrschaften in Thüringen (Saalfeld 1389, Kahla und Roda 1396), Franken (Königsberg 1400) und im Vogtland (Weida 1410/27) u. a. vergrößert und durch seine Teilnahme am großen oberdeutschen Städtekrieg (1388/89) die Entscheidung zugunsten des Fürstentums auch für Süddeutschland herbeiführen helfen.

Viel stärker berührte seine Länder das militärische Ausgreifen der hussitischen revolutionären Bewegung von Böhmen aus auf das östliche Deutschland, nachdem das von König Sigmund zur Reform der Kirche berufene Konzil von Konstanz 1415 Magister Jan Hus zum Feuertode verurteilt hatte. Vom König 1417 in Konstanz mit den meißnischen Ländern belehnt, leistete Friedrich, der 1409 gemeinsam mit seinem Bruder Wilhelm die Universität Leipzig gegründet hatte, Sigmund gegen die hussitischen Böhmen tatkräftige Hilfe, focht 1420 mit am Berge Vitkov (Žižkaberg) vor Prag, entsetzte am 15. August 1421 das hart bedrängte Brüx (Most) und eroberte den Leitmeritzer Kreis. Zum Ersatz für die Kriegskosten und zur Belohnung übertrug ihm Sigmund 1422 zunächst pfandweise Schöneck und Mylau, dann, wie er schon 1417 in Konstanz den Hohenzollern Friedrich, Burggrafen von Nürnberg, mit der Mark Brandenburg belehnt hatte, am 6. Januar 1423 das durch den Tod des bisherigen Inhabers erledigte Herzogtum Sachsen-Wittenberg und damit die Kurwürde, deren Insignien er am 1. August 1425 in Ofen (Buda) empfing.

Seit der Zersplitterung des alten Herzogtums Sachsen nach dem Fall Heinrichs des Löwen 1180 hatte sich der Name auf die kleinen askanischen Grenzgebiete im Osten an der Elbe beschränkt. Daraus

entstanden 1260 durch Teilung die Herzogtümer Sachsen-Lauenburg und Sachsen-Wittenberg. Letzteres erwarb 1269 die Burggraf-
schaft Magdeburg (mit Landbesitz um Gommern), 1290 das
altwettinische Brehna und erhielt 1356 durch die Goldene Bulle
Karls IV. die Kurwürde. Mit Albrecht III. starb 1422 die witten-
bergische Linie der Askanier aus. Wittenberg (»Burg bzw. Stadt am
helleuchtenden Berg«), eine Gründung flämischer Ansiedler vor
1180, war erst seit 1273 ihre Residenz.

Die ersten wettinischen Kurfürsten 1423-1485

Mit dem Erwerb der Kurwürde traten die Wettiner, fast gleichzeitig
mit den brandenburgischen Hohenzollern, in das Kollegium der
sieben Kurfürsten ein, das nach der Goldenen Bulle von 1356 den
deutschen König wählte. Sie gewannen damit auch während der
Thronvakanz das Reichsvikariat in den Ländern sächsischen Rechts,
also für Norddeutschland, und wenigstens für das kleine Kurland
einige Vorbedingungen für den Ausbau territorialer Macht: die
Landeshoheit, die Befreiung vom Königsgericht und die Unteilbarkeit. Wie seitdem das kursächsische Wappen, der schwarzgoldene
Balkenschild der Askanier mit der grünen Raute und die gekreuzten
roten Marschallschwerter im schwarz-silbernen Feld, die älteren
wettinischen Farben, den schwarzen meißnischen Löwen im goldenen Schild und die goldenen Landsberger Pfähle im blauen Feld, in
den Hintergrund drängte, so verbreitete sich auch der Name Sachsen
über Thüringen und die meißnischen Koloniallande im Osten der
Saale, deren Bevölkerung zwar überwiegend nach sächsischem Recht
lebte, aber nur zum allerkleinsten Teil sächsischen Stammes war.
Fortan strebten vom Boden der beiden alten Marken aus Wettiner
und Hohenzollern im beständigen Wettkampf nach der maßgebenden Stellung im nordöstlichen Deutschland und deshalb vor allem
nach dem Besitz der alten wettinischen Niederlausitz, die den Weg
von Mitteldeutschland nach Polen öffnete, auf der anderen Seite nach
der Erwerbung des Erzstifts Magdeburg, das den Weg nach der
Nordseite beherrschte.

Im Kampf mit den böhmischen Hussiten konnte Kursachsen militärisch wenig ausrichten. Die Angriffe mißlangen, und ein meißnisches
Heer, das die Kurfürstin Katharina in Vertretung ihres auf dem
Reichstag weilenden Gemahls bei Freiberg zusammengezogen hatte,
um das an Meißen verpfändete Aussig (Ústí n. L.) zu entsetzen, erlag
in der Mordschlacht des 16. August 1426 den Hussiten. Ebenso
scheiterte der Kreuzzug des Jahres 1427 am 3. August bei Mies

(Stříbro). Mitten in diesen aussichtslosen Kämpfen starb Kurfürst Friedrich am 4. Januar 1428, der erste Wettiner, der in der von ihm erbauten Fürstenkapelle des Domes zu Meißen bestattet wurde. Ihm folgte im Kurland sein ältester Sohn Friedrich II., der Sanftmütige (1428-1464) allein, in den übrigen Ländern mit seinen drei Brüdern Sigismund, Heinrich und Wilhelm III. gemeinsam. Erst 1436, als Heinrich gestorben und Sigismund in das Kloster Weida eingetreten war, teilten die beiden anderen Brüder das Gebiet auf neun Jahre.

Inzwischen wuchs die Hussitennot. Denn da das Lehnswesen die rasche Bildung eines schlagfertigen Heeres aufs äußerste erschwerte, so verteidigten sich zwar die festen Städte meist mit Erfolg gegen die Angreifer, aber das platte Land war ihnen wehrlos preisgegeben; zahlreiche Dörfer wurden verbrannt und Vorstädte zerstört. Schon

12 Friedrich I., der Streitbare (1370-1428), Markgraf von Meißen und Landgraf von Thüringen, seit 1423 Herzog und Kurfürst von Sachsen

1427 waren die Hussiten in der damals noch böhmischen Oberlausitz erschienen, 1429 zogen sie das Elbtal bis Magdeburg hinab und verwüsteten auf dem Rückmarsch die Lausitz; 1430 kamen sie die Mulde herab und zogen von Grimma südwärts durch das Vogtland heim, wobei sie Altenburg, Plauen und Auerbach nahmen; zu Ende desselben Jahres erschienen sie wieder in der Oberlausitz. Nachdem auch der letzte große Kreuzzug des Reichs gegen Böhmen am 14. August 1431 bei Taus (Domažlice) schmählich gescheitert war, schloß Kurfürst Friedrich am 23. August 1432 einen Sonderfrieden auf zwei Jahre ab. Erst dem Konzil von Basel gelang es 1433, den Kampf durch einen kirchlichen Ausgleich (Anerkennung einer hussitischen Landeskirche) zu beenden.

Kurz danach eröffnete der Tod Kaiser Sigmunds 1437 dem Habsburger Albrecht II. (1438-1439) das gesamte luxemburgische Erbe und das deutsche Königtum, das seitdem in diesem Haus erblich wurde. Da der Habsburger als Herr von Böhmen unmittelbarer Nachbar der Wettiner war, so pflegten diese enge Beziehungen mit seiner Dynastie, die Kurfürst Friedrich schon durch seine Ehe mit Margaretha, Tochter des Herzogs Ernst des Eisernen von Österreich, angebahnt hatte (1431) und durch die Verlobung seines Bruders Wilhelm mit Anna, der Tochter Albrechts II., noch befestigte (1439). Er förderte deshalb auch die Wahl Friedrichs III. von Österreich zum König (1440-1493) und folgte dem Basler Konzil gegenüber wesentlich dessen Politik. Da nämlich die allgemeine Reform der Kirche an den widerstreitenden Interessen der großen Nationen scheiterte und in Deutschland keine starke nationale Staatsgewalt vorhanden war, um die Bildung einer Nationalkirche nach dem Muster Frankreichs, Englands und Spaniens durchzusetzen, so gewannen hier die größeren Landesherren die Anfänge zur Kirchenhoheit, und auch Friedrich erhielt 1443 für die Herzöge von Sachsen auf hundert Jahre das Recht, die Bewerber für die drei Bistümer und für eine Anzahl von Domherrenstellen vorzuschlagen.

Andere Kämpfe entstanden aus dem Anfall Thüringens an die osterländisch-meißnische Linie nach dem Tode Friedrichs des Friedfertigen 1440. Denn Landgraf Wilhelm III., der Tapfere, dem in der Altenburger Teilung von 1445 Thüringen mit einem Stück des Osterlandes zugefallen war, strebte, aufgereizt von den Brüdern Apel und Busso Vitztum und gestützt auf seinen Schwager, den jungen König Ladislaus von Böhmen (1440-1457), sowie auf Brandenburg, nach einer Vergrößerung seines Anteils. So kam es zu dem verheerenden sächsischen Bruderkrieg (1446-1451), in dem die wilden böhmischen Söldner Wilhelms, die Žebráken (»Bettler«), 1450 Gera erstürmten und verwüsteten. Erst am 27. Januar 1451 kam der Friede im Kloster Pforte bei Naumburg zustande.

In unmittelbarer Beziehung zu dem Krieg und seinen verwildernden Folgen stand der sogenannte Prinzenraub, die Entführung der Söhne Friedrichs, Ernst und Albrecht, vom Altenburger Schloß in der Nacht des 7. Juli 1455 durch Kunz von Kaufungen, der sich für seine Kriegsdienste vom Kurfürsten nicht genügend entschädigt glaubte und von ihm Ersatz für das Lösegeld forderte, mit dem er sich aus der Gefangenschaft der Kriegsgegner hatte freikaufen müssen. Bei Elterlein gefangen genommen, mußte er für seinen Gewaltstreich schon am 14. Juli in Freiberg mit dem Leben büßen. Den Abschluß der Kämpfe bildete die Erbeinigung, die am 29. April 1457 die Wettiner mit Hessen erneuerten und auf Brandenburg ausdehnten.

Trotz aller Störungen arbeitete Friedrich doch an der lehnsrechtlichen und territorialen Schließung seines Gebietes rüstig weiter. Schon 1428 sicherte er sich nach dem Tode des letzten reichsunmittelbaren Meißner Burggrafen aus dem Hause Hartenstein, Heinrichs II. (gefallen bei Aussig 1426), von dessen Besitzungen zunächst Lichtenwalde, Sayda und Purschenstein, während Frauenstein und das burggräfliche Amt selbst an Heinrich von Plauen kamen, nahm aber nach siebentägiger Belagerung auch das feste Schloß Frauenstein 1438, so daß den Herren von Plauen nur noch der leere Titel blieb; 1443 erwarb er von dem böhmischen Herrengeschlecht der Berka von der Duba im Tausch gegen Mühlberg an der Elbe Hohnstein, 1451 auch Wildenstein (Burg am Kuhstall in der Sächsischen Schweiz). Dagegen führte der lange Streit mit Brandenburg um die Niederlausitz, die 1422 von König Sigmund an die Herren von Polenz verpfändet worden, 1441 aber unter kursächsischen Schutz getreten war, nicht zur Erwerbung des ganzen Landes. Vielmehr erwarb Friedrich II. von Brandenburg 1442 die Hoheit über Teupitz und Peitz, 1443 das Erbrecht auf Beeskow und Storkow von den Herren von Biberstein, 1445-1455 Cottbus und zwang 1448 die Herren von Polenz, ihm die ganze Niederlausitz gegen Erstattung der Pfandsumme zu überlassen, so daß sich der Kurfürst von Sachsen mit Hoyerswerda und Senftenberg durch Erwerb von den lokalen Herrschaftsbesitzern begnügen mußte.

Doch ein schwerer Rückschlag folgte auf diese Bestrebungen der Wettiner und der Hohenzollern. Friedrich von Sachsen mußte von dem hussitischen Böhmenkönig Georg von Podiebrad (1457-1471), der nach dem Tode des Königs Ladislaus die Habsburger aus ihrem Erbrecht verdrängt hatte und Böhmen zu einer gebietenden Machtstellung erhob, im Vertrag von Eger am 25. April 1459 (auf Grund eines unsicheren Kaufvertrags aus der wirren Zeit nach dem Tode Heinrichs des Erlauchten) zwar auf seine in Böhmen gelegenen Besitzungen Verzicht leisten und 63 meißnische Städte und Schlösser (im und am Elbtal bis Pirna herab, außerdem Colditz, Leisnig, Eilenburg u. a. m.) sowie das meißnische Vogtland erblich zu Lehen nehmen, was aber bloße Formsache blieb; gleichwohl bot die böhmische Herrschaft Schwarzenberg (mit Platten und Gottesgab), die Georgs Tochter Sidonie (Zedana, Zdenka) dem mit ihr schon damals verlobten Albrecht (dem Beherzten) 1464 als Mitgift zubrachte, dafür keine rechte Entschädigung. Friedrich II. von Brandenburg aber wurde nach kurzem Kampf im Juni 1462 (Friede von Guben) gezwungen, die Niederlausitz wieder an Böhmen herauszugeben und behauptete (aber als böhmische Lehen) nur Cottbus, Peitz, Teupitz, Bärwalde und das Anrecht auf Beeskow und Storkow nach dem Aussterben der Bibersteiner. Kurz nach diesen Entscheidungen starb Friedrich der Sanftmütige nach einer glücklichen Ehe am 7. September 1464 in Leipzig, seiner Geburtsstadt, und hinterließ seinen Söhnen Ernst und Albrecht seine Länder so, daß Ernst das Kurland allein, die übrigen Gebiete mit seinem Bruder gemeinsam regieren sollte. Erst die Leipziger Teilung der wettinischen Lande von 1485 beendete diesen Zustand.

Die schwere Not der Zeit inmitten der Ohnmacht der schwindenden Zentralgewalt nötigte die Wettiner auch jetzt, sich eng an Böhmen, die maßgebende Macht im Osten des Reichs, anzulehnen. Im Nordosten wuchs Polen-Litauen drohend empor, besonders als es mit dem zweiten Thorner Frieden 1466 das untere Weichselland gewonnen und den Rest des preußischen Ordenslandes seiner Lehnshoheit unterworfen hatte; hinter Böhmen stand Ungarn, seit 1457 unter dem nationalen Königtum des Matthias Corvinus, als Vormauer gegen die drohende Macht der Osmanen; im Westen hatte sich aus französischen und deutschen Grenzländern die Kriegsmacht der Herzöge von Burgund gebildet. Im Kampf gegen sie nahm Herzog Albrecht der Beherzte (*Animosus*) als des »Kaisers gewaltiger Marschall und Bannermeister« an dem Sieg bei Neuß teil, der im Mai 1475 den Angriff Herzog Karls des Kühnen auf die Rheinlande zurückwies, und die Vermählung seiner Erbtochter Maria mit dem Erzherzog Maximilian von Österreich 1477 machte der burgundischen Kriegsgefahr ein Ende. Dafür brach im Osten nach Georg Podiebrads Tode 1471 ein langwieriger Kampf um die böhmische Krone zwischen Władisław von Polen und Matthias von Ungarn aus, der erst 1479 zu Olmütz unter Albrechts Teilnahme so geschlichtet wurde, daß Matthias Schlesien und die Lausitzen mit dem böhmischen Königstitel erhielt, also zum östlichen Nachbarn der wettinischen Länder wurde. Als er im Krieg mit dem Kaiser 1485 auch Wien und Niederösterreich erobert hatte, waren fast alle deutschen Grenzländer im Osten in den Händen fremder Mächte.

Um so eifriger waren die Wettiner auf die Erweiterung ihrer Macht und ihres Einflusses ebensowohl nach Westen wie nach Osten in der Niederlausitz bedacht. Schon 1466 entrissen sie dem Hause Plauen die gleichnamige Stadt und Herrschaft; 1472 erkauften sie das schlesische Herzogtum Sagan mit dem niederlausitzischen Priebus von Herzog Johann dem Wilden, 1477, allerdings nur auf Wiederkauf (bis 1512), die niederlausitzischen Herrschaften der Bibersteiner, Sorau mit Triebel, Beeskow und Storkow, wobei alle diese Besitzungen freilich böhmische Lehen blieben. In demselben Jahr zwangen sie die Stadt Quedlinburg auf den Antrag ihrer Schwester, der Reichsäbtissin Hildegard, ihre Schirmvogtei anzuerkennen; sie erreichten 1476 die Wahl Ernsts von Sachsen, eines Sohnes des Kurfürsten, zum Erzbischof von Magdeburg, 1480 zum Bischof von Halberstadt (†1513) und erwirkten 1482 die Wahl seines Bruders Albrecht zum Erzbischof von Mainz (†1482), worauf auch das trotzige Erfurt sich 1483 ihrer Vogtei unterwerfen mußte. Endlich wurde Albrechts des Beherzten Sohn Friedrich 1498 zum Hochmeister des Deutschen Ordens gewählt (†1510). Da außerdem schon 1482 nach dem Tode ihres Oheims Wilhelm III. (17. September) auch Thüringen den Brüdern zugefallen war, so schien dem Hause Wettin bei der zunehmenden Zerklüftung des Reichs eine große Zukunft sicher. Denn es beherrschte unter verschiedenen Rechtstiteln Kursachsen, das stark vergrößerte Meißen, Thüringen, die bereits genannten Niederlausitzer Herrschaften Sorau, Beeskow und Storkow sowie das Fürstentum Sagan (1472-1549) Magdeburg und Halberstadt, also ein überwiegend zusammenhängendes Gebiet von der Pulsnitz bis zur Werra, vom Erzgebirge bis an die Mündung der Havel (vom preußischen Ordenslande ganz abgesehen) und hatte damals die brandenburgischen Hohenzollern weit überflügelt.

Allein eben der Anfall Thüringens führte, besonders auf das Betreiben Ernsts, trotz des entgegengesetzten Beispiels, das der Kurfürst Albrecht Achilles von Brandenburg 1473 mit der Dispositio Achillea über die Unteilbarkeit der Mark gegeben hatte und ohne ernsthafte Mitwirkung der Stände zu der verhängnisvollen Teilung von Leipzig am 26. August 1485. Ernst erhielt zu Kursachsen den größten Teil Thüringens mit einer Hälfte der Pfalz Sachsen, das wettinische Franken (Coburg), das Vogtland und einen Teil des Pleißner- und Osterlandes (mit Altenburg) sowie die Vogtei über das Hochstift

Naumburg und die Hoheit über die Grafen von Gleichen, Kirchberg und die Reußen. Albrecht wählte Meißen, das übrige Pleißen- und Osterland mit Leipzig, das nördliche Thüringen, die Hoheit über die meisten thüringischen Grafen und die Vogtei über das Hochstift Merseburg und das Stift Quedlinburg. Gemeinsam blieben die Bergstädte, Sagan, die Bibersteinischen Herrschaften, die Vogtei über das Hochstift Meißen sowie über die Städte Mühlhausen, Nordhausen und Erfurt. Absichtlich waren die Gebiete beider Linien unentwirrbar ineinandergeschlungen und vieles ganz gemeinsam gelassen worden, um die Einheit des Landes auch jetzt noch möglichst zu erhalten; tatsächlich aber legte gerade dies den Grund zu andauerndem Zwist und endlich zu vollkommener Entzweiung, die die wettinischen Lande für immer zerriß und für ganz Deutschland verderblich wurde. Die Leipziger Teilung schwächte die Macht der Wettiner auf Dauer.

Gegenüber den fortgesetzten wechselnden Teilungen im dynastischen Interesse vertraten seit dem 14. Jahrhundert die Landstände die staatliche Einheit. An Stelle der großen Landdinge, die mit dem Ende des 13. Jahrhunderts eingingen, versammelten sich anfangs seltener, allmählich häufiger, je nach Bedürfnis, die Prälaten, die großen Vasallen (Grafen und Herren), die Ritter und Städte, um außeror-

13 Erste Seite der buchförmigen Urkunde über die »Leipziger Teilung« vom 26. August 1485

dentliche Steuern auf Zeit zu bewilligen und andere allgemeine Landesangelegenheiten zu beraten, zuerst 1350 in Leipzig, 1376 und 1385 in Meißen, 1438 wieder in Leipzig (Zusammenschluß der Stände von Kursachsen, Osterland, Meißen, Vogtland und Franken, daher als » der Landschaft Vereinigung« bezeichnet), für Thüringen 1446 in Weißensee usf. Den meißnisch-sächsischen Ständen wurde 1458 die Zusicherung gegeben, daß sie auch über Krieg und Frieden gehört werden sollten, und 1466 wurden ihnen alle Rechte bestätigt; die Einziehung und Verwaltung der bewilligten Steuern übernahmen ständische Ausschüsse. Die richterlichen Befugnisse der Landdinge gingen auf die Hofgerichte über, die 1485 - nach der Leipziger Teilung - in Weimar, Eckartsberga und Dresden errichtet, aber (mit Ausnahme Weimars) zugunsten des seit 1483 bestehenden Oberhofgerichts in Leipzig wieder aufgehoben wurden, wobei letzteres seit 1493 wieder als gemeinsames wettinisches Oberhofgericht fungierte, das jährlich zweimal in Leipzig, zweimal in Altenburg tagte. In allen erhielten neben den ritterlichen Beisitzern auch gelehrte Juristen Sitz und Stimme, durch die das römische Recht in die Rechtsprechung eindrang. Als angesehenste Stätte für Einholung von Rechtsbelehrungen galt schon zu Anfang des 14. Jahrhunderts der Schöffenstuhl in Leipzig.

Ebenso wie die Sitze der Hofgerichte fixierten sich allmählich mit der Ausbildung der Geldwirtschaft die fürstlichen Residenzen in Torgau, Dresden, Weimar; damit fiel die Ausbildung eines stehenden, zum Teil schon gelehrten Beamtentums mit fest abgegrenzten Kompetenzen in den Zentralstellen (Kanzler, Hofmeister, Hofmarschall, Rentmeister), der schriftlichen Geschäftsführung und des Archivwesens zusammen. Für die albertinischen Lande wurde schon 1486 eine (kollegialische) »Landesregierung« unter dem Vorsitz des Kanzlers in Dresden errichtet. Neben den aus einigen der alten Burgwarde hervorgegangenen Vogteien waren in den vom Landesausbau erfaßten Gebieten zahlreiche neue Verwaltungsbezirke (Pflegen, Ämter) unter landesherrlichen Beamten (Vögte, Schosser, Amtleute) entstanden, die ihre Befugnisse (Steuerverwaltung, Gerichtsbarkeit, Polizei, Führung des Aufgebots) jetzt als patrimoniale Verwalter fürstlicher Grundherrschaften über die untertänigen Bauern wie über die »amtssässigen« (mittelbaren) Ritter und Städte ausübten. Neben ihnen gleichberechtigt und mit denselben, vom Landesherrn ihnen als Zubehör des Besitzes allmählich übertragenen Hoheitsrechten standen als »Schriftsässige« die geistlichen und weltlichen Großgrundherrschaften, deren Inhaber ihr Recht bei den Hofgerichten nahmen, und die größeren landesfürstlichen (unmittelbaren) Städte.

Auch diese erwarben nach und nach die Befugnisse der fürstlichen Beamten und die finanziellen Hoheitsrechte (Zoll, Münze) für den jährlich von und aus den Bürgern (den Kaufleuten und größeren Grundbesitzern) frei erkorenen Rat und den an seiner Spitze stehenden Bürgermeister (*magister civium*).

In Freiberg, lange die bedeutendste Stadt des Meißner Landes, erhielt der Rat schon 1294 die landesherrliche Gerichtsbarkeit und Gesetzgebung über Stadt und Bergwerke; in Leipzig, der größten Handelsstadt, wurde 1346 die landesherrliche Vogtei (für die Rechtsprechung) pfandweise erworben, seit 1386 der Schultheiß (für die Verwaltung) vom Rat aus den Bürgern ernannt; das Münzrecht erwarb die Stadt schon 1273, den Durchgangszoll 1359, den Marktzoll 1363. In Dresden erscheint zuerst 1292 ein magister civium, 1301 neben ihm ein Rat für die Verwaltung, während die Rechtsprechung noch in den Händen des markgräflichen Schultheißen (*villicus*) und städtischer Schöffen lag; erst 1468/69 verschmolzen beide Kollegien, doch trat an Stelle der sonst üblichen Freien Ratskür 1470 kraft fürstlicher Verordnung ein lebenslänglicher Rat.

Innungen der Handwerker entstanden auf Grund landesherrlicher Verleihung seit dem Anfang des 14. Jahrhunderts, doch unter strenger Aufsicht des Rats und ohne Zutritt in diesen zu erlangen. Bürgerkämpfe um diesen Preis verhinderte die landesherrliche Gewalt. Wo sich die volle Selbstverwaltung der Städte durchgesetzt hatte, da übte der Rat das Recht der Besteuerung und des militärischen Aufgebots der Bürgerschaft, Finanzverwaltung, Gericht, Polizei und die statutarische Ortsgesetzgebung, die in Freiberg schon um 1296/1307 zu einer förmlichen Kodifikation des Stadtrechts führte (Stadtbuch). Doch gewann keine einzige wettinische Stadt auf Grund der starken Stellung der Landesherrschaft auch nur annähernd die Selbständigkeit der Hansestädte.

So waren Verwaltung und Rechtspflege nur in den Ämtern und an den Hofgerichten dem Landesherrn verblieben, sonst waren sie an die Grundherrschaften und die Städte übergegangen, und auch ein Heer kam nur durch deren Kontingente auf das fürstliche Aufgebot hin zusammen. Je größere Bedeutung das Lehnsverhältnis also noch hatte, desto mehr lag es im Interesse des Landesherrn, Besitz und Leistungen der Vasallen schriftlich zu fixieren, wie es im Lehnbuch Friedrichs des Strengen 1349/50 geschah. Dagegen schreibt das in Vorbereitung der Chemnitzer Teilung geschaffene Registrum dominorum marchionum Missnensium von 1378 die Einkünfte der landesherrlichen Vogteien zwischen Werra und Pulsnitz fest. Auch ergriff das landesherrliche Gesetzgebungs- und Verordnungsrecht

zur Förderung der Volkswohlfahrt über den bloßen Rechts- und
Waffenschutz hinaus immer weitere Kreise des Volkslebens (Landesordnung für Thüringen 1452, für Meißen 1482, Münzordnungen
seit 1307) und suchte das Land für die Rechtsprechung schon nach
außen abzuschließen, wie z. B. Friedrich der Streitbare sich das
kurfürstliche Gerichtsprivileg auf alle seine Erblande ausdehnen ließ,
wobei es 1432 in Meißen, 1446 in Thüringen verboten wurde,
Rechtsbelehrungen bei auswärtigen Gerichten zu suchen.

Wesentlich verschieden war die Entwicklung der Oberlausitz (wie
das Land allgemein erst seit dem 15./16. Jahrhundert nach einer
Übertragung des Namens von der Niederlausitz hieß). Denn da die
Herrscherhäuser hier mehrfach wechselten und kein Landesherr
jemals dauernd im Lande residierte, blieb die fürstliche Gewalt hier
schwächer; dazu entfremdeten die Hussitenkriege und die langen
Kämpfe gegen Georg von Podiebrad das Land innerlich dem »ketze-
rischen« Böhmen. Gerade darauf beruhte die eigenartige, sehr selbständige Entwicklung der größeren Städte, die entweder wie Bautzen,
Löbau, Görlitz und Lauban von Anfang an landesherrliche waren
oder zu solchen im Laufe des 14. Jahrhunderts aus grundherrlichen
Städten wurden (Kamenz 1318/19, das ursprünglich böhmische,
1255 von Ottokar II. zur Stadt erhobene Zittau 1346). Nicht nur
ging im Verlauf des 14. oder am Anfang des 15. Jahrhunderts das
»königliche Erbgericht« überall erst pfandweise, dann käuflich an den
Rat über, sondern dieses dehnte, obwohl es tatsächlich eine rein
städtische Behörde geworden war, seine Kompetenz (als Ober-
gerichtsbarkeit) über die Stadtflur hinaus auch auf die zur städtischen
Grundherrschaft gehörigen Dörfer aus, in Löbau, Lauban, Görlitz
und Zittau sogar auf Adel und Bauern des gesamten »Weichbildes«
(Bezirks), entweder nur in bestimmten Rechtsfällen oder (wie in
Görlitz) in allen Prozessen. Der Rechtszug ging auch hier nach
Magdeburg. Außerdem erwarben diese Städte die finanziellen Hoheitsrechte des Landesherrn (Zoll und Münze) und ausgedehnten
ländlichen Grundbesitz (namentlich Görlitz und Zittau), indem sie
den verarmenden Adel vielfach auskauften. Für diese Selbständigkeit
gewannen die Städte (mit Zittau) eine neue feste Stütze durch den
Abschluß des Sechsstädtebundes am 21. August 1346 in Löbau zur
gemeinsamen Verfolgung der »Ächter«, zur Abwehr von Übergriffen
des Landadels und zum Schutze ihrer Handelsverbindungen. Indem
Karl IV. diesem Bund die Errichtung eines Fehm-(Ausnahme-)gerichts
gestattete und ihm 1355 die Wahrung des Landfriedens förmlich
übertrug, machte er den Bund zu einer dem Landvogt mindestens
gleichgeordneten Gewalt, die nun kraftvoll das Fehdewesen steuerte

und bis ins 15. Jahrhundert hinein zahlreiche Burgen des Adels in der Oberlausitz und im nördlichen Böhmen brach. Eng zusammengeschlossen bildeten seitdem die Sechsstädte auf dem Landtag den zweiten Stand neben den zu dem ersten verschmolzenen Prälaten, Herren und Rittern fielen also ebenso schwer ins Gewicht wie das ganze übrige Land. Dadurch wurde auch Zittau völlig zur Oberlausitz gezogen, obwohl es kirchlich bis zur Reformationszeit beim Erzbistum Prag verblieb.

Der freieren Stellung der Sechsstädte zum Landesherrn entsprach im Innern eine größere politische Bedeutung der Zünfte, namentlich der Tuchmacher. In Kamenz bildeten sie seit 1377, in Löbau seit 1407 neben dem Rat einen »Vorrat« (Kommunalvertretung), in Zittau saßen seit 1367 zwei Handwerksmeister im Rat (später vier), in Görlitz seit 1401 drei. Heiße Bürgerkämpfe in Bautzen, Görlitz, Kamenz und Zittau veranlaßten während des 15. Jahrhunderts das zuweilen blutige Einschreiten der landesherrlichen Gewalt zugunsten des Rats.

Die Niederlausitz, mit der Oberlausitz in keiner engeren staatsrechtlichen Verbindung als mit den übrigen böhmischen Ländern, litt unter den fortgesetzten Verpfändungen, dem mehrfachen Herrschaftswechsel, dem Fehlen einer landesherrlichen Residenz und dem Übergang von großen Teilen an auswärtige Fürsten, vermochte also ihre alte Einheit nicht zu bewahren, entwickelte aber um so mehr die Macht der Stände seit der zweiten Hälfte des 14. Jahrhunderts zu großer Stärke, nur daß in diesem verkehrsarmen und überwiegend slawisch vorbesiedelten Land die Städte weniger selbständig wurden als in der Oberlausitz und nur vier von ihnen, Luckau, Guben, Lübben und Calau, als landesherrliche Städte den vierten Stand neben den drei oberen Ständen, den Prälaten, Standesherren und Rittern, bildeten. Die Stände organisierten allmählich, da sie auch in der Zeit zwischen den Landtagen (in Lübben) durch Ausschüsse vertreten waren, eine ausgedehnte ständische Verwaltung neben der landesherrlichen. An deren Spitze stand als Vertreter des Landesherrn der Landvogt (erst seit 1526 dauernd) in Lübben, der mit dem Kanzler neben der eigentlichen Verwaltung auch das Landgericht (Oberamt) als Aufsichtsbehörde über die Stadt- und Patrimonialgerichte und als erste Instanz über deren Inhaber leitete. Die höchste geistliche Autorität übte erst der Archidiakonus, seit 1361 der Propst von Lübben als Offizial des Bischofs von Meißen, aus.

In sozialer Beziehung gliederte sich die Bevölkerung überall in streng geschiedene Stände, in Geistliche und Laien, Stadt und Land, Herrschende und Dienende, Edelleute und Bauern, Bürger und

49

Handwerker. Wie jeder Stand sein besonderes Recht hatte, so auch seine besonderen wirtschaftlichen Interessen. Grundsätzlich durfte nur der Adel Rittergüter besitzen, weil daran der Lehnskriegsdienst hing. Stadtbürger bedurften zur Erwerbung solcher einer allgemeinen oder besonderen Erlaubnis des Landesherrn. Umgekehrt war der Gewerbe- und Handelsbetrieb den Stadtbürgern vorbehalten, dem platten Lande versagt, mit Ausnahme etwa der schon altwendischen Leineweberei, die bis 1456 nicht für »ehrlich« galt, und der unentbehrlichsten Handwerke (Schmiede). Das städtische Recht der »Bannmeile« dehnte die Herrschaft der städtischen Produktion für manche Zweige (wie die Bierbrauerei) noch über die Grenzen der Stadtflur aus.

14 Görlitz, das mächtigste Mitglied des Sechsstädtebundes. Rathaus mit Freitreppe zur Eingangstür des Archivflügels (1. Hälfte des 16. Jahrhunderts) und Justitia-Säule (1591)

Der alles beherrschende, auch von zahlreichen Städten noch stark betriebene Erwerbszweig war die Landwirtschaft, verbunden mit ausgedehnter Viehzucht, namentlich Schafzucht, und zwar in der Form der Rittergutswirtschaft, die den größten Teil des Besitzes vom Herrenhof aus mit Angehörigen minderbäuerlicher Schichten (»Gärtnern«, »Häuslern«) und landlosen Lohnarbeitern sowie vermittels der Hand- und Spanndienste der gutsuntertänigen Bauern bestellte, nur einen kleinen Teil an solche austat. Um es mit dem steigenden Wohlstand der Städte aufnehmen zu können, begann der Adel gegen Ende des Mittelalters die Zinse und Leistungen der Bauern zu steigern und die Güter der gewöhnlichen Zinsbauern, die er im Gegensatz zu den günstiger gestellten Erbzinsleuten nach römischem Recht als bloße Nutznießer adligen Grundeigentums behandelte, für das Rittergut einzuziehen (»Bauernlegen«). Da der Flurzwang, die Weiderechte und das Jagdrecht der Gutsherren fortdauerten, so waren Fortschritte des Betriebes nicht für den einzelnen Bauern, sondern höchstens für große Grundherren möglich.

Das älteste und einträglichste Gewerbe der wettinischen Länder war der Silberbergbau um Freiberg, zu dem noch die Gruben von Schneeberg 1471 (als Stadt gegründet 1477) und von Annaberg 1492 (gegründet 1497) sowie die Zinnwerke von Altenberg 1436/40 (Stadtrecht 1451) kamen. Der Betrieb lag anfangs in den Händen freier Arbeitergenossenschaften (der Gewerke); als größere Kapitalien erforderlich wurden, erwarben städtische Unternehmer (z. B. der Bergherr Martin Römer in Zwickau) die meisten Gewinnanteile (Kuxe) für sich und drückten die Gewerkgenossen zu bloßen Lohnarbeitern herab.

Von den städtischen Gewerben war das wichtigste, auch in den Lausitzen, die auf der ausgedehnten Schafzucht beruhende Tuchweberei; in jeder größeren Stadt besaßen die Tuchhändler ein »Gewandhaus« für die Auslegung ihrer Waren und waren auch für die Ausfuhr nach dem Osten (Polen, Ungarn, Türkei) aktiv. Die Leinweberei wurde erst 1472 zünftig und fand ihren ersten großen städtischen Mittelpunkt in Chemnitz durch dessen Bleichzwang. Doch überwog der Einfuhr- und Durchgangshandel, gebunden an bestimmte privilegierte Straßenzüge, Märkte und Stapelplätze (mit Vorkaufsrecht der Stadtbürger für durchgehende Waren), über die sowohl die Landesherren wegen ihrer Zölle und Geleitsgelder als auch die beteiligten Städte eifersüchtig wachten. Beide Eigenschaften vereinigte Leipzig, das eine Oster- und Michaelismesse schon zu Ende des 12. Jahrhunderts besaß, 1468 dazu die Neujahrsmesse erhielt, endlich sich 1497 von Kaiser Maximilian I. alle drei Messen bestätigen ließ und 1507 von ihm das Recht empfing, daß künftig im Umkreis von 15 Meilen um die Stadt kein Jahrmarkt, kein Stapel und keine Niederlage errichtet werden dürfe. Stapelrecht für alle vom Norden nach Böhmen gehenden Waren erhielt Großenhain sehr früh, für Waid, die damals unentbehrliche, besonders um Erfurt angebaute Färbepflanze des Tuchs (statt des Indigo), Görlitz schon 1339, womit ein bereits bestehender Zustand bestätigt wurde.

Obwohl somit die Stände und die Landesteile miteinander in mannigfachem Verkehr standen, so strebte doch, das genaue Abbild der politischen Zustände, jede Gutswirtschaft, jedes Dorf und namentlich jede Stadt danach, sich als ein selbständiges Wirtschaftsgebiet abzuschließen, also für alle Bedürfnisse möglichst selbst zu produzieren oder benötigte Güter von anderen wenigstens unter den günstigsten Bedingungen zu kaufen. Ansätze zu einer territorialen Wirtschaftspolitik waren nur die fürstlichen Münzordnungen, deren

15 Zittau. Marstall (1511 als Schüttboden und Rüstkammer errichtet) und Herkulesbrunnen (1708)

erste unter Friedrich dem Ernsthaften 1338 statt der alten dünnen silbernen Brakteaten »Meißner Dickpfennige« (grossi Misnenses, Groschen, 60 auf 1 Mark Silbers) einführte, die eine weite Verbreitung fanden, eine andere von 1490 21 Groschen gleich 1 rheinischen Goldgulden (etwa 9 Reichsmark Silberwert) setzte, und Einfuhrverbote für einzelne Waren wie in der Landesordnung von 1482.

Am meisten wuchs der Wohlstand und damit die Einwohnerzahl in den Städten. Doch zählten zu Ende des 15. Jahrhunderts schätzungsweise auch Freiberg, einst die größte Stadt der Wettiner, nur etwas mehr als 6000 Einwohner, Leipzig etwa 7000 und Dresden etwas über 5000, Großenhain 2500 und Chemnitz über 3000. Alle bestanden im wesentlichen aus mit Schindeln oder Stroh gedeckten, höchst feuergefährlichen Fachwerkhäusern an engen Gassen hinter hohen Mauern und tiefen Gräben, aus denen nur die Kirchen und hier und da ein Rathaus stattlich hervorragten. Um so mehr verwendete man auf Kleidung und Waffen, Speise und Trank. Nicht besser, eher schlechter lebte die Masse des Adels. Für alle Stände knüpften die meisten Feste an die Kirche an; der Adel pflegte im besonderen noch die Turniere, die Bürgerschaften die zunächst als Waffenübungen betrachteten Schützenfeste.

Im übrigen stand die Herrschaft der Kirche über das ganze geistige Leben noch ungebrochen aufrecht. Sie fesselte die Gläubigen, freilich durchaus im Sinne der äußerlichen Werkheiligkeit, durch ihre zahlreichen, oft auf die Befriedigung der Phantasie und der Schaulust berechneten Feste, durch die frommen Bruderschaften zum Dienste eines Heiligen, zu denen auch die Zünfte gehören, durch die Wallfahrten nach einheimischen Gnadenörtern wie dem Grab des heiligen Benno in Meißen oder ins Ausland nach Rom oder nach dem Heiligen Lande, wohin z. B. 1461 Landgraf Wilhelm III., 1476 Herzog Albrecht der Beherzte, 1465 und 1476 der reiche Georg Emmerich aus Görlitz zogen, auch durch die Kranken- und Armenpflege in ihren Hospitälern und Klöstern, deren es in den wettinischen Ländern etwa hundert gab. Alle diese Veranstaltungen forderten immer wieder zu frommen Stiftungen auf, aus denen sie auch hervorgegangen waren.

Auch das Unterrichtswesen hielt sich noch im engen Zusammenhang mit der Kirche. Selbst die »Stadtschulen«, die seit dem Anfang des 14. Jahrhunderts für die erstarkende Bürgerschaft unter dem Patronat des Rates entstanden (in Dresden und Zittau schon um 1300, in Zwickau vor 1372, in Leipzig 1395 - aus diesem Jahre datiert zumindest ein diesbezügliches päpstliches Privileg - bzw. 1512, in Torgau vor 1480), sollten nur dem örtlichen Mangel an geistlichen Anstalten abhelfen und lehrten nichts anderes und nicht anders als diese, wie denn auch die Lehrer, der »Schulmeister« (Rektor) mit einem oder mehreren »Hilfslehrern« (*locati*), meist mit im Kirchendienst beschäftigt und zum geistlichen Stande gezählt wurden.

Erst die Universitäten, für die wettinischen Lande also die Universität Leipzig, stellten die Wissenschaft als gleichberechtigte Macht neben die Autorität der Kirche, doch sahen sie ihre Hauptaufgabe noch darin, die Kirchenlehre mit Verstandesbeweisen zu begründen und gegen jede Abweichung zu verteidigen und in allen Zweigen das überlieferte Wissen zu lehren, nicht neues Wissen durch selbständige Forschung zu erwerben, standen auch unter geistlicher Aufsicht (Leipzig unter dem Bischof von Merseburg als Kanzler). Friedrich der Streitbare und sein Bruder Wilhelm hatten 1409 mit den deutschen Professoren und Studenten, die die Prager Universität Mitte Mai verließen, weil das Kuttenberger Dekret König Wenzels IV. (18. Januar 1409) die bisherigen Stimmrechte der einzelnen Nationen radikal zugunsten der böhmischen Nation veränderte, die Leipziger Hochschule gegründet und mit einer Verfassung nach Prager Vorbild ausgestattet (vier Fakultäten unter Dekanen, die vier »Nationen« der Meißner, Sachsen, Bayern und Polen, zwei Kollegien, alles unter dem halbjährlich wechselnden Rektor und exemter Gerichtsbarkeit). Der Universität verdankte Leipzig, wo der Frühhumanismus Fuß fassen konnte, seine erste Buchdruckerei (um 1481).

Die an die Universitäten sich knüpfende wissenschaftliche Tätigkeit trug einen internationalen Charakter wie sie selbst. Dabei hielt gerade Leipzig, bis 1520 die meistbesuchte deutsche Universität, an der alten scholastischen Methode streng fest und verhielt sich im Gegensatz zu Erfurt im wesentlichen ablehnend gegen den aufstrebenden Humanismus. Doch lasen vorübergehend auf die Veranlassung der Landesherren einzelne Humanisten in Leipzig, so Paul Niavis (Schneevogel), Hermann von dem Busche (Buschius), Johannes Rhagius (Aesticampianus), Petrus Mosellanus (eigentl. Peter Schade) u. a., aber heimisch wurde nur der letzte. Daher schrieben auch jetzt fast nur Geistliche die Landesgeschichte, Johann Rothe eine thüringische Chronik (bis 1421, später bis 1467 fortgesetzt), Nicolaus von Siegen das Chronicon Sanpetrinum (bis 1502), Joh. Tylich eine Fortsetzung der sog. Altzellaer Annalen (1375-1421). Dazu kamen historisch-epische Volkslieder. Der bürgerliche Meistersang fand zwar in Heinrich von Mügeln im 14. Jahrhundert einen Vertreter meißnischer Abkunft, aber im Land selbst keine Pflegestätte.

Von dieser sehr bescheidenen Stellung zur Wissenschaft und Literatur sticht der Anteil der wettinischen Länder an der bildenden Kunst glänzend ab. Neben die Kirche traten als Bauherren Fürsten -

die bedeutende Rolle des Markgrafen Wilhelm I. als Bauherr hat die jüngste Forschung erwiesen - und Stadtgemeinden, und mit dem Aufkommen des gotischen Stils ging der technische Betrieb der Architektur an die bürgerlichen Bauhütten über, die für diese Länder in Rochlitz, Meißen, Dresden und Torgau entstanden und sich der Leitung der Straßburger Hütte unterordneten. Sie schufen während des 14. und 15. Jahrhunderts zahlreiche große Kirchen in reichem spätgotischen Stil, so in Zwickau (Marienkirche, beg. 1383), Rochlitz (St. Kunigunden, voll. 1476), Leipzig (St. Thomas, beg. 1482, St. Pauli, Umbau nach 1485 und Barfüßerklosterkirche, beg. 1488), Annaberg, beg. 1499, Schneeberg, beg. 1516, Görlitz (St. Petri, beg. 1423), Zittau (St. Johannis, 1485) u. a. m., dann die stattlichen Rathäuser von Zwickau (beg. 1403) und Freiberg (1470-1474), endlich den heiteren Prachtbau der Albrechtsburg in Meißen (beg. 1471), das Werk des Meisters Arnold von Westfalen. In der Zittauer Gebirgseinsamkeit ließ Kaiser Karl IV. den großen Bau des Cölestinerklosters auf dem Oybin errichten, der im Grundriß an die von Peter Parler erbaute Apollinariskirche in Prag erinnert und 1384 eingeweiht wurde. Auch die religiöse Malerei fand in den Schulen von Wittenberg, Leipzig, Chemnitz u. a. m. eifrige Pflege.

16 Großes Siegel der Universität Leipzig.
Erneuerte Fassung

17 Meißen. Albrechtsburg mit großem Wendelstein

2. Zeitraum
Die Ausbildung des ständisch-territorialen Staates
1485-1694

Die Gründung der sächsischen Landeskirche und des albertinischen Kurstaates 1485 - 1553

Aus den Bedürfnissen des Reiches, der Kirche, des gesamten Volkes stieg die neue Zeit herauf. Daß in ihrem Anfang gerade die wettinischen Länder eine vorbildliche und führende Stellung gewannen, lag weder in ihren besonderen Notständen noch in ihren allgemeinen Verhältnissen, denn diese Koloniallande hatten bisher an der geistigen Entwicklung der Nation nur einen relativ bescheidenen Anteil gehabt, und die Schäden, die zu einer großen Reform in Reich, Kirche und Gesellschaftsordnung drängten, waren hier nicht schlimmer als anderwärts; es lag vielmehr an einer kleinen Anzahl ungewöhnlicher Persönlichkeiten, die mit ihrer Wirksamkeit gerade hier einsetzten, aber nicht sowohl von ihrer Umgebung bestimmt wurden, als vielmehr diese selbst bestimmten und mit sich fortrissen. Dabei gingen die Fürsten der beiden wettinischen Linien zunächst in der Frage der Reichsreform ganz verschiedene Wege.

Der kriegerische, hochstrebende Albrecht unterstützte den neugewählten römischen König Erzherzog Maximilian (geb. 1459) kräftig in den Kämpfen gegen die Ungarn, die zur Wiedereroberung Wiens und Niederösterreichs, also zur Sicherung der Ostgrenze führten, bis deren Gefährdung mit dem Tode des Königs Matthias 1490 überhaupt aufhörte (Friede von Preßburg 1491); sodann half er ihm in den Niederlanden nach dem frühen Tode seiner Gemahlin Maria von Burgund 1482, sein Ansehen und die Rechte seines Sohnes Philipp gegen die unbotmäßigen Stände zu wahren und erhielt endlich zur Entschädigung für seine Dienste (West-)Friesland als »ewiger Gubernator« 1494. Inmitten der neuen Kämpfe, in die er sich dadurch selbst verwickelte, starb er in Emden am 12. September 1500. Nach alter großer Fürstenweise mehr den Geschäften des Reichs als der Verwaltung der heimischen Lande zugewandt, sicherte er doch staatsmännisch deren Zukunft 1499 durch die Einführung des Erstgeburtsrechts in der Nachfolge mit Beschränkung der jüngeren Brüder und hinterließ sie so seinem älteren Sohn Georg (dem Bärtigen 1500-1539), während der jüngere, Heinrich, mit Friesland abgefunden wurde.

Kurfürst Friedrich der Weise (geb. 1463) hingegen, der außerhalb der Kurlande mit seinem Bruder Johann (geb. 1468) gemeinsam regierte, eine mehr weiche, innige und klug erwägende als energische und ehrgeizige Natur, arbeitete mit dem Kurfürsten-Erzbischof Berthold von Mainz geduldig und unverdrossen an einer ständisch-förderativen Reichsreform, die den Fürsten einen starken gesetzlichen Einfluß auf die Reichsverwaltung sichern, aber auch eine kräftige Zentralregierung herstellen sollte. Doch bei dem Widerstreben des Kaisers Maximilian I. (1493-1519) kam sie über wenige gemeinsame Institutionen (Landfriedensordnung, Kreiseinteilung, Reichskammergericht neben dem alten Königsgericht, Matrikel) nicht hinaus, und auch für die Reform der Kirche geschah, weil eine wirkliche Zentralgewalt fehlte, trotz der klaren Erkenntnis ihrer schweren Mängel gar nichts.

Als nun von der erst 1502 gestifteten Universität Wittenberg aus Martin Luther, dessen Entwicklung niemals unter sächsisch-meißni-

18 Bronzeepitaph Kurfürst Friedrichs III., des Weisen (1463-1525), in der Schloßkirche zu Wittenberg von Peter Vischer d. J. (1527)

schen, sondern unter thüringisch-erfurtischen Einflüssen gestanden hatte, 1517 den Kampf gegen den Ablaß in akademischen, nicht in volkstümlichen Formen begann, da hielt sich Friedrich, obwohl streng kirchlich und sogar reliquiengläubig (Allerheiligenstift in Wittenberg), vorsichtig zurück, weil er die Volksausbeutung durch den Ablaß mißbilligte und in geistlichen Dingen keine Gewaltanwendung wollte; er vermittelte nur die Vernehmung Luthers auf deutschem Boden in Augsburg im Oktober 1518 durch den Kardinal Thomas de Vio (Cajetanus). Auch die Disputation von Leipzig im Juni und Juli 1519, die Luthers innerliche Lösung von der alten Kirche entschied und zuerst das Interesse für seine Sache in weitere Kreise, zunächst unter die reformfreundlichen Humanisten und Reichsritter, trug, änderte die zuwartende Haltung des Kurfürsten nicht; aber indem sie den Herzog Georg, der sie selbst zunächst gefördert hatte, zum entschiedenen Gegner Luthers machte, gingen auch auf kirchlichem Gebiet die Wege der beiden wettinischen Linien für zwei Jahrzehnte weit auseinander. Dieselbe Zurückhaltung wurde freilich nicht nur für die religiöse Bewegung, sondern auch für die ganze nationale Zukunft verhängnisvoll, indem Friedrich als Reichsvikar die ihm angebotene Kaiserkrone ablehnte und dafür die Wahl Karls V. von Spanien, des Erben und Enkels Maximilians I., am 28. Juni 1519 entschied, denn er half dadurch, Deutschland dem unnatürlichen spanisch-habsburgischen Weltreich einzufügen, als dessen Glied es niemals auf Befriedigung seiner drängenden nationalen Bedürfnisse zu rechnen hatte. So vermochte er, nachdem Luther 1520 gebannt worden war, zwar noch durchzusetzen, daß er auf dem Reichstag von Worms nochmals gehört wurde (April 1521), aber er konnte ihn nicht vor der Reichsacht bewahren, sondern nur vor ihren Folgen schützen, indem er ihn heimlich auf die Wartburg bringen ließ (Mai 1521 bis März 1522). Auch die Unterdrückung der radikalen »Schwarmgeister« in Wittenberg überließ er im wesentlichen Luther. Andererseits ließ er geschehen, daß dieser mit Hilfe der Gemeinden uberall in Kursachsen seine Reformen in Gang brachte und deckte sie mittelbar dadurch, indem das den abwesenden Kaiser vertretende Reichsregiment in Nürnberg auf seine Veranlassung hin jedes Einschreiten gegen Luther vermied. Er verschied, schwer erkrankt, während der Aufstände im deutschen Bauernkrieg, die die Fürsten nach seinem eigenen Urteil mitverschuldeten und die sein eigenes thüringisches Land aufs schwerste trafen, am 5. Mai 1525 auf seinem Jagdschloß Lochau bei Torgau.

So hinterließ er seinem Bruder und Nachfolger Johann dem Beständigen (1525-1532) die schwierige Aufgabe, die völlig unhaltbar gewordenen Zustände neu zu ordnen. Dieser schlug zunächst im Bunde mit Herzog Georg und Landgraf Philipp von Hessen in der Schlacht bei Frankenhausen am 15. Mai 1525 den thüringischen Aufstand blutig nieder; darauf schloß er, sich entschieden auf den Boden der neuen Lehre stellend, zu ihrem Schutz im August 1525 mit Philipp und anderen norddeutschen Fürsten ein Bündnis und erwirkte endlich auf dem Reichstag zu Speyer 1526 den Beschluß, der die Kirchenhoheit (Jus reformandi, Jus in sacra) den einzelnen Reichsständen einräumte. Kraft dieser Vollmacht ordnete er als »Notbischof« auf Grund der Kirchenvisitationen Luthers (seit 1527/28) die kirchlichen Verhältnisse im Sinne einer geschlossenen monarchischen Landeskirche mit Superintendenten als kirchlichen Beamten des fürstlichen Landesbischofs, zog allmählich die Kirchengüter ein und sorgte für die humanistische Umgestaltung der gelehrten Schulen nach Melanchthons Schulordnung von 1527. Somit übernahmen protestantische Reichsfürsten selbständig die wichtigste nationale

19 Martin Luther (1483-1546)

Aufgabe der Zeit, der sich das Kaisertum und die Hierarchie versagten, und Kursachsen trat vorbildlich und leitend an die Spitze dieser Bewegung. Das kleine Wittenberg aber wurde durch Luther und Melanchthon der geistige Mittelpunkt der protestantischen Welt.

Die gewaltige Machterweiterung des Hauses Habsburg durch die Erwerbung Böhmens (1526) und Ungarns (1527) sowie durch die siegreiche Beendigung der ersten beiden italienischen Kriege (1521/29) brachte die evangelischen Reichsstände in die dringendste Gefahr, denn der zweite Reichstag von Speyer gebot trotz ihrer »Protestation« (April 1529) die Einstellung der Neuerungen, und der Reichstag von Augsburg unter Karls V. Vorsitz, dem die Protestanten, an ihrer Spitze Kurfürst Johann, am 25. Juni 1530 die »Konfession« überreichten, setzte ihnen für die Abstellung eine kurze Frist, indem er die Widerspenstigen mit Kammergerichtsprozessen und Exekution bedrohte. Zur Abwehr dieser Gefahren schlossen Kursachsen, Hessen, Braunschweig-Lüneburg, Braunschweig-Grubenhagen, Anhalt-Bernburg, Mansfeld und einer Reihe von Reichsstädten 1530/31 den Schmalkaldischen Bund, und da 1532 die Türken aufs neue Deutschland bedrohten, bewilligte der Reichstag von Nürnberg im Juli 1532 einen Religionsfrieden, der den evangelischen Ständen den Bestand ihrer Neuerungen bis zu einem allgemeinen Konzil sicherte. Kurz darauf, am 16. August 1532, starb Johann der Beständige in Schweinitz bei Torgau.

Während Herzog Georg das albertinische Sachsen im Widerspruch zur Stimmung breiter Volksschichten und daher nicht ohne Gewaltsamkeit noch bei der alten Kirche festhielt, brach diese auch an seiner Ostgrenze, in der Oberlausitz, rasch zusammen. Die wachsende Aufregung, die der rege Verkehr mit Wittenberg und Erfurt, scharfe soziale Gegensätze in den Städten und schwere Volksnöte hervorriefen, zwang die meist widerstrebenden Ratskollegien zuerst in den größeren der Sechsstädte (in Zittau 1521, Bautzen 1523, Görlitz 1525), die Predigt des Evangeliums zuzulassen, dann die Reformation durch neue kirchliche Ordnungen, Einziehung der Kirchengüter und protestantische Umgestaltung des Schulwesens selbst in die Hand zu nehmen. Diesem Beispiel folgten die kleineren Städte und der größte Teil des Adels. Nur das Bautzner Kapitel und die beiden Landklöster mit ihrer Umgebung blieben bei der römischen Kirche. Die Umwandlung vollzog sich um so leichter, als das Land ein hohes Maß an Selbständigkeit gegenüber dem böhmischen Königtum genoß, die Städte und Grundherren das Patronat über die Pfarrstellen meist schon besaßen und die Autorität des neuen habsburgischen Herrscherhauses in dem größtenteils utraquistischen (hussitischen)

Böhmen noch viel zu unsicher war, als daß es zugunsten der alten Kirche hätte einschreiten können. Da der Landesherr katholisch blieb, kam auch keine oberlausitzische Landeskirche zustande; vielmehr standen die Pfarreien und Patronatsherrschaften unverbunden nebeneinander (ohne Superintendenten).

Unter ähnlichen Umständen ging in denselben Jahren auch die Niederlausitz zum Luthertum über, zuerst Guben (1520); nur das Kloster Neuzelle blieb katholisch (bis zur Säkularisation 1817). Als 1540 auch der letzte Offizial übergetreten war, nahmen hier die Stände die bischöfliche Gewalt an sich und übertrugen sie dem ersten Geistlichen der Stadt Lübben mit einem ständischen Konsistorium, unter dem einige Superintendenten standen. Das Kloster Doberlug

20 Thesentür an der Schloßkirche zu Wittenberg (Ausschnitt)

wurde 1540 von dem Kurfürsten Johann Friedrich von Sachsen als Pfand für Kriegsleistungen an die Habsburger besetzt und säkularisiert.

Vergebens versuchte Herzog Georg durch den Beitritt zum Nürnberger Bund katholischer Fürsten 1538, der zunehmenden Ausbreitung des Protestantismus im Reiche Schranken zu setzen. Da seine beiden erwachsenen Söhne vor ihm starben, so mußte er seinem wenig tatkräftigen Bruder Heinrich, der 1505 zur Entschädigung für das an ihn abgetretene, 1515 an die Habsburger zurückgegebene Friesland die Ämter Freiberg und Wolkenstein erhalten und dort unter dem Einfluß seiner energischen Gemahlin Katharina von Mecklenburg seit 1536 die Reformation begonnen hatte, die Nachfolge im albertinischen Sachsen überlassen, als er am 17. April 1539 starb. Heinrich der Fromme (1539-1541) begann nach dem Vorbild Kursachsens und unter Luthers Leitung, die kirchliche Neuerung (in Leipzig Reformation der Universität 1539) durchzuführen, stieß dabei jedoch auf den hartnäckigsten Widerstand der größtenteils noch katholischen Stände und mußte zugeben, daß diese die geistlichen Güter, statt sie zu säkularisieren, selbst unter Sequester nahmen. Andererseits mußte Karl V., seit 1536 von neuen Kriegen mit Franzosen und Türken bedrängt, im Frankfurter Anstand vom 19. April 1539 die Nürnberger Zugeständnisse von 1532 auch auf die seitdem evangelisch gewordenen Reichsstände ausdehnen und 1541 dem ihnen wieder ungünstigen Abschied des Frankfurter Reichstags eine beschwichtigende »Deklaration« anfügen. Damit war der Protestantismus in seiner weiteren Ausbreitung gedeckt und beherrschte mit dem Übertritt Brandenburgs im November 1539 unter Joachim II. (1537-1571) und mit der »Zulassung« der Reformation im Erzstift Magdeburg durch Erzbischof Albrecht (von Brandenburg) 1541, das für die Hohenzollern und Wettiner gleich begehrenswert war, den ganzen deutschen Nordosten.

Dieses Ergebnis wurde in Frage gestellt durch die bald wieder auflebende Feindseligkeit zwischen den Ernestinern und Albertinern, seitdem in Dresden mit Herzog Moritz (1541-1553) ein Fürst ans Ruder gekommen war, der, jung (geb. 1521), lebenslustig, leidenschaftlich, unternehmend, ehrgeizig und ohne religiöse Wärme, zum Kurfürsten Johann Friedrich (1532-1554), einem körperlich und geistig schwerfälligen, kleinlichen, obwohl aufrichtig frommen Herrn, schon in persönlichem Gegensatz stand. Zunächst geleitet von Georg von Carlowitz, dem alten Rat seines Oheims, dem kirchliche Fragen gleichgültig, das Wichtigste eine gesicherte Stellung des Herzogtums war, weigerte sich Moritz, obwohl Schwiegersohn Philipps von Hessen, dem Schmalkaldischen Bund beizutreten und geriet schon 1542 beinahe in offene Fehde mit dem Kurfürsten, als dieser, nachdem er bereits im Bistum Naumburg einen evangelischen Bischof eingesetzt hatte, auch das Amt Wurzen des unter gemeinsamer Administration stehenden Hochstifts Meißen besetzte. Nur mit Mühe brachte (April 1542) Landgraf Philipp einen Vergleich auf Teilung der weltlichen Verwaltung der Stiftsgebiete (Wurzen und Stolpen) zustande. Noch gefährlicher wurde es, als beide Fürsten seit 1543 in der Frage der Schirmherrschaft über die Stiftslande Magdeburg und Halberstadt feindlich aufeinanderstießen. So begann sich Moritz schon seit 1542 den Habsburgern zu nähern. Trotzdem führte er in seinem Land mit Zustimmung der widerstrebenden Stände die Einziehung der Kirchengüter durch und ließ 1544 seinen Bruder August zum Administrator

21 Monument des Herzogs und Kurfürsten Moritz von Sachsen (1521-1553) in Dresden

des Bistums Merseburg wählen. Mit dem Rücktritt des greisen Carlo-witz 1545 nahm Moritz die Leitung seiner Politik vollends selbst in die Hand.

Inzwischen hatte Karl V. den Herzog Wilhelm V. von Cleve, Jo-hann Friedrichs Schwiegervater, 1543 im Geldrischen mit leichter Mühe niedergeworfen, ohne daß der Schmalkaldische Bund dem zum Protestantismus neigenden Fürsten zu Hilfe gekommen wäre. Nach siegreicher Beendigung seiner auswärtigen Kriege 1544/45 entschloß sich deshalb der Kaiser, von der Unfähigkeit des Bundes zu einer tatkräftigen Politik überzeugt, die Protestanten mit Waffengewalt zur Unterwerfung unter die kaiserliche und die kirchliche Autorität zu zwingen. Ihre Weigerung auf dem Reichstag von Regensburg im Juni 1546, das 1545 berufene Konzil zu Trient zu beschicken, führte kurz nach Luthers Tod in Eisleben (am 18. Februar 1546) den Bruch herbei, allerdings in einem für den Kaiser militärisch sehr ungünsti-gen Augenblick. Aber in dem Feldzug an der oberen Donau verstand die zwiespältige Führung der Schmalkaldischen Bundeshauptleute Johann Friedrich und Landgraf Philipp, zumal sie unter dem Druck der Reichsacht vom 20. Juli standen und kein positives Ziel im Auge hatten, weder die Zuzüge des Kaisers aus Italien und den Niederlan-den abzuschneiden noch ihre Übermacht zu einem entscheidenden Schlage zu benutzen, sondern sie hielten sich erst bei Ingolstadt, dann vor Ulm in einer tatenlosen Defensive. Endlich machte die drängende Geldnot zu Anfang November es unmöglich, das murrende Kriegs-volk noch länger zusammenzuhalten.

Moritz wollte sich anfangs dem Krieg ganz fernhalten, denn die Stände waren immer noch meist katholisch und habsburgisch ge-sinnt, die Masse des Volkes eifrig protestantisch. Daher versprach er im Regensburger Vertrag vom 19. Juni dem Kaiser gegen die Schutz-herrschaft über Magdeburg und die Anerkennung seiner Säkularisa-tionen unter gewissen Vorbehalten die Unterwerfung unter das Konzil und die bewaffnete Neutralität, wozu ihm seine Stände in Chemnitz nur knappe Mittel gewährten. Später dachte er an eine Vermittlung mit dem ebenfalls neutralen Brandenburg. Erst als König Ferdinand von Böhmen rüstete, um Kursachsen selbst zu besetzen und so die Reichsacht zu vollstrecken, willigte Moritz, um das Land nicht in fremde Hände gelangen zu lassen, im Prager Vertrag vom 14. Oktober in einen gemeinsamen Angriff auf Kur-sachsen, wogegen ihm jetzt auch die Kurwürde und die Reichslehen des Kurfürsten verheißen wurden, und seine Stände stimmten auch dem zu. Von böhmischen Truppen unterstützt, besetzte nun der Herzog seit Ende Oktober binnen weniger Wochen ohne Widerstand ganz Kursachsen bis auf Wittenberg, Gotha u.a. und ließ sich im Dezember in Halle auch als Schirmherr des Erzstifts Magdeburg anerkennen.

Inzwischen hatte sich gegen Ende November auf die Nachricht vom Angriff des Herzogs das Schmalkaldische Bundesheer aufgelöst. Doch Johann Friedrich besetzte im Dezember das ganze ernestinische Thüringen und begann im harten Winter 1546/47 die Belagerung des tapfer verteidigten Leipzig. Er versäumte es aber, mit den rebellischen böhmischen Ständen und den zu kräftiger Abwehr rüstenden niedersächsischen Städten und Fürsten in Verbindung zu treten und zersplitterte obendrein nach der Aufhebung der Belagerung von Leipzig (26. Januar) sein Heer durch Entsendungen ins Gebirge. Trotzdem war die Lage des Herzogs Moritz bedenklich, denn König Ferdinand war selbst in Bedrängnis, und der ihm endlich vom Kaiser zu Hilfe geschickte Markgraf Albrecht von Brandenburg-Kulmbach ließ sich am 2. März vom Kurfürsten in Rochlitz überfallen, verlor dabei den größten Teil seines Kriegsvolks und geriet selbst in Gefangenschaft. Darauf zog sich Moritz, nur wenige Festungen besetzt haltend, mit König Ferdinand nach Böhmen zurück, um dort den Anmarsch des Kaisers zu erwarten; der Kurfürst hingegen besetzte nun das ganze Meißner Land bis an die Elbe.

Zu Anfang April vereinigte sich der Kaiser unweit von Eger mit den meißnischen und böhmischen Truppen, rückte durch das Vogtland nach der Zwickauer Mulde vor, überschritt diese bei Rochlitz und erreichte die Elbgegend zwischen Riesa und Mühlberg, wo der Kurfürst, ohne Ahnung von der Nähe des Feindes, mit nur noch 11 000 - 12 000 Mann rechts vom Strom lagerte, um nach Wittenberg abzuziehen. Hier ließ er sich am 24. April (Sonntag Misericordias Domini) vom Kaiser überraschen; sein Heer wurde bei dem verwirrten Rückzug durch die Lochauer Heide zersprengt, er selbst verwundet und gefangen, und der Kaiser schloß das feste Wittenberg ein. Um eine rasche Übergabe herbeizuführen, ließ Karl V. den Kurfürsten durch ein Kriegsgericht zum Tode verurteilen und erzwang dadurch am 19. Mai 1547 die Unterzeichnung der »Wittenberger Kapitulation«. Johann Friedrich unterwarf sich zwar nicht dem Trienter Konzil (Tridentinum), aber er verzichtete auf die Kurlande, den ernestinischen Anteil am Meißner Land und an den Bergstädten, seine böhmischen Lehen, Doberlug und die Schirmherrschaft über Magdeburg und Halberstadt, übergab seine Festungen und blieb in des Kaisers »ewiger« Gefangenschaft. Am 4. Juni wurde Moritz im Feldlager vor Wittenberg zum Kurfürsten von Sachsen ausgerufen (feierlich belehnt am 24. Februar 1548 in Augsburg). Aber er erhielt nicht die Schirmvogtei über die beiden Stiftslande, die einem Hohenzollern, Johann Albrecht von Brandenburg, als Erzbischof zugefallen waren, mußte auf die Hälfte des Amtes Schwarzenberg (Platten und Gottesgab) zugunsten Böhmens, auf das kursächsische Vogtland zugunsten des Titularburggrafen von Meißen, Heinrich von Plauen, verzichten und 1549 auch noch Sagan mit Priebus an Böhmen zurückgeben, wofür er sich wenigstens der lästigen böhmischen Oberhoheit über Eilenburg, Leisnig und Colditz entledigte. Dazu behaupteten die ihm tief verfeindeten Ernestiner den größten Teil ihrer thüringischen Lande. Moritzens Verstimmung über die Unvollständigkeit seiner Erfolge steigerte sich noch, als der Kaiser sein Vertrauen benützte, um den Landgrafen Philipp, das zweite Haupt des Schmalkaldischen Bundes, am 19. Juni 1547 zu Halle in seine Gewalt zu bringen.

In den Zusammenbruch der ernestinischen Macht wurden nicht nur die böhmischen Stände, sondern auch die oberlausitzischen Sechsstädte verflochten. Da letztere ihr Kontingent zum böhmischen Heer wohl gestellt, aber nach Ablauf ihrer Dienstzeit noch vor der Entscheidung wieder entlassen hatten, beschuldigte sie der ihnen längst feindliche Adel beim König Ferdinand des Ungehorsams und veranlaßte den sog. Pönfall (September 1547 in Prag). Die Städte mußten große Entschädigungssummen für die eingezogenen Kirchengüter zahlen, ihr Geschütz und ihre Landgüter ausliefern, auf ihre freie Ratskür, ihre Obergerichte und ihre ganze Gerichtsbarkeit über das Weichbild sowie auf ihr Meilenrecht verzichten. Über den Adel richteten seitdem die beiden Hauptleute von Bautzen und Görlitz, über Streitigkeiten zwischen Edelleuten und Städten das Gericht »von Land und Städten« in Bautzen; die fiskalischen Rechte der Regierung übernahm der Landeshauptmann. Doch gelang es den größeren Sechsstädten binnen weniger Jahre, zunächst die meisten Stadtgüter zurückzukaufen, dann 1559 die freie Ratskür und endlich 1562 auch die volle Gerichtsbarkeit über Stadt, Stadtflur und Stadtgüter wiederzuerlangen, also ihre alte Stellung im ganzen wiederzugewinnen. Gleichzeitig (1561) wurde die alte Landesverfassung bestätigt.

Die Übermacht, die Karl V. nach dem Schmalkaldischen Krieg im größten Teil des Reichs ausübte, bedeutete in den Augen der Deutschen beider Konfessionen nicht die Wiederherstellung der kaiserlichen Autorität, sondern eine spanische Fremdherrschaft, für die Protestanten obendrein eine Gewissensknechtung. Daher scheiterten auf dem »geharnischten Reichstag« von 1548 in Augsburg seine wohlerwogenen Reichsreformpläne, und selbst das Interim, das die Reichsstände am 15. Mai annahmen, weil das Konzil zu Trient seine

Arbeit unterbrochen hatte, konnte nur da, wo des Kaisers Truppen standen, und auch da nur mit Gewalt durchgeführt werden. Auch Moritz setzte angesichts der schwierigen Stimmung in seinem Land eine besondere kursächsische Kirchenordnung, das sog. Leipziger Interim vom Dezember 1548, an die Stelle des Augsburger. Dessen ungeachtet übernahm er die Vollstreckung der Reichsacht gegen Magdeburg, um die wichtige Stadt nicht in fremde Hände fallen zu lassen und schloß sie im November 1550 ein. Zugleich aber bereitete er vorsichtig eine Erhebung gegen den Kaiser vor. Er trat deshalb mit einigen meist norddeutschen Fürsten (den Söhnen Philipps von Hessen, Hans von Brandenburg-Küstrin, Johann Albrecht von Mecklenburg u. a.) in geheime Verbindung und gewann, kurz bevor er Magdeburg im November 1551 zur Übergabe gebracht hatte, die Gunst der europäischen Lage umsichtig und unbedenklich benützend, in Verhandlungen von Lochau (Oktober 1551) auch die Hilfe König Heinrichs II. von Frankreich gegen Einräumung des Reichsvikariats über die Städte Metz, Toul, Verdun und Cambrai zur Erhaltung des Protestantismus und der reichsfürstlichen Libertät (Vertrag von Chambord, 15. Januar 1552). Den Kaiser täuschte er bis zuletzt dadurch, daß er sich zur Beschickung des wieder in Trient versammelten Konzils bereit erklärte, dessen Verhandlungen Karl V. in Innsbruck folgte.

Indem er dann die wiederholte Weigerung des Kaisers, den gefangenen Landgrafen freizulassen, als populären Kriegsvorwand brauchte, brach er im März 1552 von Erfurt auf, vereinigte sich mit den Hessen und Albrecht von Brandenburg-Kulmbach und besetzte schon am 4. April das reiche Augsburg, den Schlüssel der Straße nach Tirol. In Linz bewilligte er dann zwar dem vermittelnden König Ferdinand einen Waffenstillstand; da dieser aber erst am 26. Mai beginnen sollte, gewann Moritz Zeit, sich durch die Erstürmung der Ehrenberger Klause am 18. Mai die Straße über den Fernpaß nach dem Inntal zu öffnen und zog am 22. Mai in Innsbruck ein. Der Kaiser war mit dem Kurfürsten Johann Friedrich, dem er die Freiheit zurückgegeben hatte, über den Brenner nach Villach in Kärnten geflüchtet. In denselben Wochen besetzten die Franzosen die lothringischen Bischofsstädte und erschienen im Elsaß.

Durch Vermittlung der neutralen Fürsten kam darauf am 16. Juli (2. August) 1552 ohne Zuziehung der Franzosen der Vertrag von Passau zustande. Die Truppen wurden aufgelöst, Philipp von Hessen freigegeben, die Herstellung des Religionsfriedens im Reich und die Erledigung der Beschwerden gegen die Regierung des Kaisers einem Reichstag überwiesen, also die Regelung der kirchlichen Verhältnisse in Deutschland dem Konzil entzogen. Damit war der Bestand des Protestantismus und der reichsfürstlichen Unabhängigkeit gesichert. Auch Johann Friedrich kehrte in sein Land zurück.

Aufs tiefste getroffen, belagerte Karl V. im Winter 1552/53 Metz, mußte aber ohne Erfolg abziehen, während Moritz in erneuter Teilnahme am Türkenkrieg Erlau (Eger) in Ungarn siegreich entsetzte. Den weiteren Bemühungen des erbitterten Kaisers, durch einen Dienstvertrag mit Albrecht von Brandenburg-Kulmbach, der inzwischen die fränkischen und rheinischen Bistümer auf eigene Hand bekriegte, ein schlagfertiges Heer zum Umsturz des Passauer Vertrages zu gewinnen, traten im Süden der Heidelberger Fürstenbund, im Norden das enge Einvernehmen zwischen Moritz, König Ferdinand und Heinrich von Braunschweig entgegen. Als sich Albrecht im Sommer 1553 gegen diesen wandte, kam Moritz dem Bundesgenossen zu Hilfe und siegte am 9. Juli glänzend in der Schlacht bei Sievershausen (zwischen Hannover und Celle), erhielt aber im Reitergefecht einen Schuß in den Rücken und verschied am 11. Juli an seinen tödlichen Folgen im Lager. Seine letzte Ruhestätte fand er im Dom von Freiberg, der Begräbniskirche der lutherischen Albertiner seit Heinrich dem Frommen.

Moritz ist der Begründer des albertinischen Kurstaates und der Vollender der kursächsischen Landeskirche, beides mit wesentlicher Verstärkung der monarchischen Gewalt. Darüber hinaus erhob er Kursachsen an die Spitze des protestantischen Deutschland.

Kursachsen war durch ihn ein wohlabgerundetes Gebiet von etwa 530 Quadratmeilen (die drei Hochstifte eingerechnet) geworden, das die Elbe, die wichtigste Verkehrsader des Landes, von der böhmischen Grenze bis unterhalb Wittenbergs beherrschte und mit dem nordthüringischen Streifen bis an die Werra reichte. Die Einteilung in Ämter unter Amtleuten und Schössern blieb bestehen, über ihnen aber standen, zunächst zum Zweck der Besteuerung, die vier Kreise Kurkreis, Osterland, Meißen und Thüringen, also die alten, selbständig gewesenen Landesteile, mit den Kreisstädten Wittenberg, Leipzig, Meißen, Langensalza unter Oberhauptleuten (für den Schutz des Landfriedens). Auch die drei Stiftslande wurden zwar selbständig administriert, aber wie zu den Landtagen so auch zu den Landessteuern herangezogen, ebenso die Grafen der Landes- und Lehnshoheit des Kurfürsten unterworfen. An der Spitze der Verwaltung stand der seit 1547 kollegialisch eingerichtete Hofrat. Das nunmehr allein kursächsische Oberhofgericht in Leipzig erhielt 1548 eine neue Ordnung. Es war für die schriftsässigen Herren und Städte die einzige, für alle anderen die höchste Instanz, mit Ausschluß jeder

Berufung an das Reichskammergericht. Die niedere Gerichtsbarkeit (Zivilsachen und leichtere Vergehen) übten überall die Patrimonialgerichte der Grundherren und die Stadtgerichte über ihre Untertanen, die obere Gerichtsbarkeit (Verbrechen) die Amtleute nur über die amtssässigen Ritter und Städte sowie über deren Untertanen; ihnen gleichgestellt waren die Schriftsassen.

Indem Moritz viele Bürgerliche zu Amtleuten ernannte und die Zentralbehörden überwiegend mit gelehrten bürgerlichen Beamten besetzte, die im Landadel keinen Rückhalt hatten, schuf er die Anfänge eines monarchischen Beamtentums und machte die landesherrliche Gewalt unabhängiger vom Adel. Mittelbar wirkte in derselben Richtung die Unterhaltung stehender Besatzungen in den neu befestigten Hauptplätzen Dresden, Leipzig, Königstein u. a. m. und die Verwendung der bürgerlich-bäuerlichen Landsknechte statt des unbrauchbar gewordenen Lehnsaufgebots. Den Landtag berief Moritz zwar häufiger als früher (den ersten kursächsischen Gesamtlandtag im Sommer 1547 nach Leipzig), weil er seiner Zustimmung zu den kirchlichen Umgestaltungen und der Bewilligung der mit der Machtstellung des Kurstaates wachsenden Steuern bedurfte; er bestätigte auch 1548 den Ständen das Recht, bei Kriegserklärungen gehört zu werden, schränkte aber ihre tatsächliche Bedeutung dadurch ein, daß er häufig statt ihrer nur die lenksameren Ausschüsse berief und durch seine ansehnlichen Einkünfte aus den eingezogenen Kirchengütern unabhängiger von ihren Bewilligungen wurde, während der Landadel aus den Säkularisationen gestärkt hervorging.

Eine weitere Steigerung der landesherrlichen Gewalt ergab sich aus der ihr jetzt reichsgesetzlich zustehenden Kirchenhoheit (*Jus in sacra*). Kraft dieses Rechts wurden die Kirchengüter eingezogen und teils an Edelleute und Städte verkauft, teils fürstlichen Amtleuten unterstellt oder zu öffentlichen Zwecken verwendet. Über den Superintendenturen, deren Bezirke im ganzen den Ämtern entsprachen, sollten ursprünglich die evangelisch umgestalteten Bistümer stehen; da indes dieser Plan (namentlich Georgs von Carlowitz) am Widerstand der Prälaten scheiterte, übernahmen die landesherrlichen, aus gelehrten Juristen und Theologen gebildeten Konsistorien in Wittenberg, Merseburg (später Leipzig) und Meißen (1545) die Leitung der Kirchenverwaltung und die geistliche Gerichtsbarkeit. Um für die künftigen Diener der Kirche und des Staates die jetzt unentbehrliche wissenschaftliche Vorbildung zu vermitteln, stattete Moritz 1543 die Universität Leipzig durch Überweisung des aufgelösten Dominikanerklosters zu St. Pauli, die ihr Rektor Kaspar Borner bereits 1541 erbeten hatte, und anderer Güter reichlich aus und gründete aus den Mitteln früherer

Klöster als Vorbereitungsanstalten die drei Fürsten- bzw. Landes-
schulen Pforta und Meißen 1543, Grimma 1550. Auch die alten
geistlichen Schulen in den Städten traten jetzt überall unter das
Patronat des Rats und wurden oft mit eingezogenen Kirchengütern
dotiert. Auf diese Weise wurde auch in Kursachsen eine geistige
Aristokratie herangebildet, die tatsächlich die Schranken der alten
Stände durchbrach und mehr und mehr die Regierung in die Hände
nahm. Gemäß der neuen Auffassung Luthers vom Staat, der ihn
grundsätzlich aus der mittelalterlichen Abhängigkeit von der Kirche
löste und diese als weltliche Institution ihm unterordnete, übernahm
in Deutschland der fürstliche Territorialstaat neue große Kulturauf-
gaben und gewann damit eine verstärkte sittliche Berechtigung.

Kursachsens Machthöhe und Kulturblüte 1553-1611

August (1553-1586), Moritzens Bruder und Nachfolger (geb. 1526),
führte das Werk seines Vorgängers auf dem Gebiet der Kulturentwicklung mit glänzendem Erfolg, in der Politik dagegen ohne rechten
Nachdruck fort. Von seinem monarchischen Gesetzgebungsrecht
machte er in seinen »Konstitutionen« von 1572, einem der ersten
Landesgesetzbücher in Deutschland auf Grund des Sachsenspiegels
und römischer Rechtsbestimmungen, und in der Kirchen- und Schulordnung von 1580 wohltätigen Gebrauch; die Gerichtsorganisation
schloß er 1558 durch die Errichtung des kursächsischen Appellati-
onsgerichts ab. Aber die Stände organisierten sich fester, indem sich
um 1565 die Prälaten, Grafen und Herren zur ersten Kurie neben den
zwei unteren Kurien der Schriftsassen, der Ritterschaft und der
Städte, zusammenschlossen, und errichteten 1570, als sie die Kammerschulden übernahmen, zur Verwaltung der von ihnen dafür bewilligten Steuern das Obersteuerkollegium, ganz unabhängig von der
kurfürstlichen Kammerverwaltung unter dem Kammermeister, in
deren Kasse die Einnahmen aus den Domänen und Regalien flossen.
So entstand auch in Sachsen die Kassentrennung, das eigentliche
Kennzeichen der ständisch verfaßten Hälfte des Staates.

Die Grundlagen der Finanz- und Wirtschaftspolitik »Vater« Augusts bildeten in noch halb naturalwirtschaftlich-patriarchalischer
Weise die Kammergüter und die Regalien (Bergwerke, Münze, Forst-
und Jagdwesen), wie denn auch der Hof häufig auf seinen stattlichen
Landsitzen nicht nur in Dresden residierte. Die Domänen vermehrte
August durch Ankäufe und ließ sie unmittelbar durch seine Beamten
bewirtschaften, selten verpachten, sorgte auch eifrig für Verbesserung
der Viehzucht, des Obst- und Weinbaus. Von den Regalien gaben die

Bergwerke durch Verbesserung der Technik, strenge Aufsicht unter
dem »Hauptmann der Erzgebirge« und zweckmäßige Bergordnungen
in dieser Zeit die reichsten Erträge an Silber, daneben auch an Zinn,
Nebenprodukten und Steinkohlen (um Zwickau und im Plauenschen
Grund). Die kursächsische Münze in Dresden hielt streng am alten
Schrot und Korn fest, die Forsten wurden planmäßig bewirtschaftet
und das Holz durch eine großartig organisierte Flößerei dem Nieder-

*22 Kurfürst August von Sachsen(1526-1586) und seine
Gemahlin Anna von Dänemark (1532-1585)*

land, namentlich Leipzig, zugeführt; die hohe Jagd suchte August, selbst ein leidenschaftlicher Jäger, überall sich selbst vorzubehalten, sorgte aber auch für den Abschuß der noch zahlreichen Raubtiere. Ihren Mittelpunkt fand diese ganze Wirtschaft in der Hofhaltung unter dem Hofmarschall, in der die Kurfürstin als »Mutter« Anna (von Dänemark) die Oberaufsicht über manche Zweige der Kammergutsverwaltung ganz persönlich führte, und eine Art von Post (statt der »Lehnklepper«) setzte sie mit den Städten und Ämtern wie diese unter sich in Verbindung.

Darüber hinaus förderte August alle Zweige der Volkswirtschaft teils durch möglichste Schließung des Territoriums, teils durch unmittelbares Eingreifen. Er verbot die Ausfuhr von Rohstoffen (Wolle, Flachs, Hanf) zugunsten der heimischen Industrie, hielt die Privilegien der »Hohen Straße« wie die Stapel- und Meßrechte von Leipzig streng aufrecht, so daß sich die Stadt mehr und mehr auf Kosten von Erfurt und Frankfurt a. M. erhob, und sorgte zugleich für Sicherheit des Verkehrs durch das bewaffnete Geleit seiner »Einspännigen«. Andererseits zogen zahlreiche Handwerker aus den Niederlanden herbei, die nicht nur die sächsische Tuchmacherei außerordentlich hoben, sondern auch die Baumwoll-(Schleier-)weberei und andere neue Zweige einführten; er förderte in dem durch den Bergbau menschenreichen Erzgebirge als neue Erwerbszweige die Spitzenklöppelei (Barbara Uttmann) und die Posamentenindustrie. So wurde Kursachsen inmitten des wirtschaftlichen Niederganges, den im allgemeinen der Verlust der Seeherrschaft und damit der Weltstellung über Deutschland brachte, das wirtschaftlich am meisten entwickelte Land des Nordens.

Der dadurch gesicherte und ständig steigende Wohlstand führte nicht nur zu einem übermütigen Leben der herrschenden Stände, das sich in großen Jagden, unmäßigen Trinkgelagen, Turnieren, Ringelrennen und Schützenfesten äußerte, sondern auch zu einer glänzenden Entfaltung der bildenden Kunst nach dem jetzt überall in Deutschland durchdringenden Vorbild der - wenngleich nach deutschem Geschmack und Bedürfnis veränderten - italienischen Renaissance.

Da die vorhandenen Kirchen genügten, so wurden sie nur durch Einbauten von Emporen und dergleichen für die Bedürfnisse des protestantischen Gottesdienstes umgestaltet und damit die weitere Ausbildung der gerade in Sachsen aufkommenden protestantischen Predigtkirche (z. B. in der Schloßkapelle zu Torgau) gehemmt. Also überwogen die weltlichen Neubauten, Schlösser, Rathäuser und Wohngebäude. Das alte, düstere Schloß in Dresden gestaltete schon

Georg zu einem reichen Prachtbau um, Johann Friedrich baute das mächtige Schloß Hartenfels in Torgau, Moritz das Jagdschloß Moritzburg, August in Dresden das Kanzleihaus, den Jägerhof und das Zeughaus (jetzt Albertinum), im Erzgebirge die Augustusburg bei Schellenberg, im Niederland Annaburg (Lochau). Mit dem Fürsten wetteiferte der sächsische Adel (Schloß Lauenstein im oberen Müglitztal) und manche ansehnliche Stadt wie Leipzig im Rathaus Hieronymus Lotters. Die Bildnerei wurde besonders für figurenreiche Denkmäler (z. B. des Kurfürsten Moritz in Freiberg, das Moritzmonument in Dresden) und Flügelaltäre in Anspruch genommen; die Malerei, deren größter sächsischer Meister der treue Hofmaler Johann Friedrichs Lucas Cranach d. Ä. aus Kronach in Oberfranken war (1472-1553), pflegte besonders das religiöse Bild und das Porträt. Daneben stand ein glänzendes Kunstgewerbe, das Möbel, Hausgeräte, Rüstungen und Waffen durch schöne Formen und reiche Verzierungen adelte.

23 Schloß Augustusburg

Im geistigen Leben gewann Sachsen seit der Reformation einen hervorragenden Platz. Neben den beiden Universitäten Leipzig und Wittenberg im albertinischen Kurstaat und der 1554 neu gegründeten ernestinischen Hochschule Jena vertraten die drei Fürstenschulen und eine Reihe ansehnlicher Stadtschulen (in Leipzig, Dresden, Zwickau u.a.m.) die humanistisch-theologische Bildung der Zeit, die nur die Gelehrten dem volkstümlichen Wesen allzusehr entfremdete. Doch leistete Georgius Agricola (Georg Bauer aus Glauchau, 1494-1555) Grundlegendes für Mineralogie und Geologie und machte in seinen »Dominatores Saxonici« den ersten Versuch einer zusammenhängenden Geschichte des sächsischen Fürstenhauses, während Petrus Albinus (Weiße) aus Schneeberg (1543-1598) die erste Landesgeschichte (Meißnische Land- und Bergchronika) schrieb. Zur praktischen Kartographie gab August fruchtbare Anregung durch Vermessung der Domänen und plante seit 1571 die erste große Landesvermessung des Kurstaates, mit deren Durchführung sein Nachfolger, Kurfürst Christian I., 1586 den Markscheider durch Matthias Öder (†1614) beauftragte. Weithin wirksame Rechenbücher verfaßte Adam Ries (um 1492-1559) in Annaberg. Freilich stand die ganze Wissenschaft noch zu sehr unter dem Zwang unbewiesener Voraussetzungen und wurde dadurch geradezu eine Stütze des Teufels- und Hexenglaubens, der auch in Sachsen beständig unschuldige Opfer forderte. Andererseits gewann durch Luthers Bibelübersetzung das meißnisch-obersächsische Deutsch großen Einfluß auf die Gestaltung der neuhochdeutschen Schriftsprache, deren erste Grammatik Johannes Clajus (aus Herzberg) 1578 schrieb, und die volkstümliche Dichtung kam im evangelischen Kirchenlied wie in den Volksschauspielen z.B. Paul Rebhuhns in Oelsnitz (†1546) zu erfreulicher Entfaltung.

Das Bestreben, diese reiche Kulturarbeit vor jeder Störung zu schützen, und die Furcht vor einer neuen Erhebung der tief verfeindeten Ernestiner führte August zu dem verhängnisvollen Verzicht auf jede wirksame Führung der protestantischen Interessen im Reich, die Moritz als eine Hauptaufgabe betrachtet hatte. In seinem daraus hervorgehenden Bestreben, den Frieden im Reich um jeden Preis zu behaupten, schloß sich der Kurfürst aufs engste an die damals ebenfalls durchaus friedlichen Habsburger Ferdinand I. (1558-1564) und Maximilian II. (1564-1576) an und half, den Religionsfrieden von Augsburg am 25. September 1555 zustande zu bringen, der den weltlichen Reichsständen die Kirchenhoheit (*Jus reformandi*) endgültig zuerkannte, also nach dem Grundsatz: »cujus regio ejus religio« diese Territorien konfessionell abschloß, ihn aber nicht auf die noch zahlreichen geistlichen Fürstentümer ausdehnte und damit diese wichtigste Frage zwischen den Konfessionen als eine Machtfrage offen ließ.

Mit den Ernestinern brachte der Vertrag von Naumburg 1554 dadurch eine halbe Versöhnung, daß er ihnen die Ämter Altenburg, Arnshaugk, Weida, Ziegenrück und Sachsenburg abtrat. Aber der hartnäckige Lehrstreit zwischen dem streng lutherischen Jena einerseits und Wittenberg andererseits, wo durch Philipp Melanchthon (1497-1560) in der Rechtfertigungs- und Abendmahlslehre eine vermittelnde, sich den Anschauungen des französisch-schweizerischen Calvinismus nähernde Auffassung (Philippismus, Kryptocalvinismus) zur Geltung gelangte, verschärfte den dynastischen Gegensatz.

Endlich ließ sich Johann Friedrich der Mittlere von Gotha, des 1554 verstorbenen Kurfürsten ältester Sohn (1529-1595), von dem fränkischen Reichsritter Wilhelm von Grumbach, einem früheren Spießgesellen des Markgrafen Albrecht, durch die Vorstellung betören, daß eine allgemeine Erhebung des Adels gegen die Fürsten den Ernestinern ihre alte Macht wieder verschaffen könne, und gewährte ihm deshalb in seiner Fehde mit dem Bistum Würzburg einen gewissen Beistand. Dadurch verfiel er 1566 schließlich selbst der Reichsacht. Die Beziehungen der beiden Fürstenhäuser zu den damals um die Ostseeherrschaft ringenden nordischen Mächten, der Ernestiner zu Erich XIV. von Schweden, Kurfürst Augusts zu Dänemark, und der gleichzeitige Angriff der Türken auf das habsburgische

24 Georgius Agricola (1494-1555)

Ungarn bedrohten das Reich mit den schwersten Verwicklungen und forderten schnelles, energisches Eingreifen. Daher schloß August, als ständiger Hauptmann des Obersächsischen Kreises (seit 1555) mit der Vollstreckung der Acht beauftragt, im Dezember 1566 Gotha ein und zwang es im April 1567 zur Übergabe. Grumbach und der Kanzler Brück wurden hingerichtet, Johann Friedrich bis an sein Ende (1595) in Wiener Neustadt gefangen gehalten. Als Entschädigung für die hohen Kriegskosten mußten die Ernestiner die ihnen 1554 zurückgegebenen Ämter (mit Ausnahme von Altenburg) an Kursachsen verpfänden (»assekurierte Ämter«), wo sie auf Dauer verblieben.

Außer diesem (erst 1660 ganz abgetretenen) Gebiet erwarb August 1556-1569 von dem verschuldeten Burggrafen Heinrich VI. von Plauen († 1572) mit dem inhaltsleer gewordenen Burggrafenamt das 1547 verlorene Vogtland, aus dem der Kurfürst 1577 den neuen Vogtländischen Kreis bildete. Dann nahm er 1570 den Besitz der verschuldeten »vorderortischen« Linie der Grafen von Mansfeld unter seine Verwaltung, zuerst in Gemeinschaft mit den beiden anderen Lehnherren, den Stiften Magdeburg und Halberstadt, dann durch Austausch mit Halberstadt (1573) und Verzicht auf seine Burggrafenrechte in Magdeburg (außer den vier Ämtern Gommern, Ranies, Elbenau und Plötzkau) 1579 allein. Endlich erwarb er gemeinsam mit den Ernestinern gemäß der Erbverbrüderung von 1554 das schöne Erbe der Grafen von Henneberg nach dem Tode des letzten Grafen Georg Ernst 1583 (Schleusingen, Suhl). Auch die Territorien der drei sächsischen Hochstifte fielen faktisch an Kursachsen, da Merseburg seit 1561, Naumburg seit 1562, Meißen seit 1581 nur sächsische Prinzen als Administratoren »postulierte«.

Augusts Reichspolitik nahm die entscheidende Wendung, als die an seinem Hof bisher maßgebenden Philippisten (der Geheime Rat Dr. Cracow, der Hofprediger Sagittarius und der Leibarzt Dr. Peucer) 1574 ihre Stellung plötzlich verloren und damit das ausschließliche Luthertum, dem die Calvinisten gar nicht als Glaubensgenossen, sondern als »Sakermenter« (Sakramentsschänder) galten, auch in Kursachsen zum Siege gelangte. Die 1577 im Kloster Berge bei Magdeburg festgestellte, 1580 als unbedingt bindende Kirchenordnung verkündete Konkordienformel wurde zwar von 86 lutherischen Reichsständen angenommen, aber sie vertiefte nur den Gegensatz zu den Calvinisten und machte jedes Zusammengehen mit der seit 1563 calvinistischen Kurpfalz unmöglich. So waren die weltlichen Kurfürsten gespalten, als unter Kaiser Rudolf II. (1576-1612) die katholische Gegenreformation ihren Siegeslauf zunächst in den geistlichen Stiftsländern begann. Inmitten steigender Verwicklungen innerhalb und außerhalb des Reichs verschied August am 11. Februar 1586 in Dresden.

Unter seinem Nachfolger Christian I. (1586-1591), dem einzigen ihn überlebenden Sohn (geb. 1560), der im Verein mit seinem Schwager Johann Casimir von der Pfalz eine Annäherung der protestantischen Richtungen anstrebte, lenkte der Kanzler Dr. Nicolaus Crell (seit 1589) in Moritzens Bahnen zurück, hob die Verpflichtung auf die Konkordienformel auf und verbot den Exorzismus bei der Kindertaufe. Mit Erfolg arbeitete er an einer umfassenden Union der protestantischen Reichsstände zum Schutze der gemeinsamen Interessen innerhalb und außerhalb Deutschlands und schloß 1591 sogar ein Bündnis mit der Kurpfalz zur Unterstützung der französischen Calvinisten. Dagegen erhob sich nach dem frühen Tod Christians (25. September/15. Oktober 1591) unter der vormundschaftlichen Regierung des streng lutherisch gesinnten Herzogs Friedrich Wilhelm von Sachsen-Weimar für den unmündigen Christian II. (1591-1611) die erbitterte Reaktion der orthodoxen Lutheraner und des von Crell zurückgesetzten Adels. Crell wurde abgesetzt, von den Landständen angeklagt (Landtag zu Torgau im Februar 1592) und nach zehnjährigen Gefängnisqualen 1601 in Dresden mit Zustimmung des Kaisers enthauptet.

Mit Crells Sturz kehrte Kursachsen zu der konfessionell eng begrenzten Politik Augusts zurück, erneuerte die Verpflichtung auf die Konkordienformel, verschärfte die geistliche Aufsicht durch die Errichtung des Oberkonsistoriums 1607 und schloß sich eng an die Habsburger an. Es unterstützte sie daher nicht unwirksam in ihren Türkenkriegen und versuchte sie - freilich mit geringem Erfolg - von der Bedrückung der Lutheraner in ihren Erblanden abzuhalten, während die Kurpfalz den Schutz der protestantischen Interessen ohne weitere Rücksicht auf den Reichsfrieden verfolgte und endlich 1608, gestützt auf Frankreich, mit einigen süddeutschen Reichsständen die Union von Ahausen schloß, der freilich Herzog Maximilian von Bayern schon 1609 die katholische Liga entgegenstellte. Die Spaltung der protestantischen Reichsstände wurde vollendet, als der Ausbruch des Erbfolgestreits um Jülich-Cleve-Berg 1609 Kursachsen, das seine Ansprüche auf eine kaiserliche Anwartschaft von 1483 gründete, auch mit Kurbrandenburg verfeindete und Kurfürst Johann Sigismund, um sich die Hilfe der Union und der Niederlande zu sichern, 1613 zum Calvinismus übertrat. Christian II. starb am 23. Juni 1611 noch sehr jung (geb. 1583) unter den trübsten Aussichten für Sachsen und das Reich.

Verlust der Vormachtstellung und Vollendung des ständisch-konfessionellen Staates 1611-1694

Unter Johann Georg I. (1611-1656), dem 1585 geborenen jüngeren Bruder Christians II., veranlaßte die immer bedrohlicher werdende Lage 1613 die Neuordnung des sog. Defensionswesens auf Grund der Wehrpflicht des Lehnsadels, der Ämter und der Städte (1592 schwere Reiter in 2 Regimentern, 9360 »Defensioner« zu Fuß, 1500 Schanzgräber, 17 Geschütze); doch war der militärische Wert dieses wenig geschulten Aufgebots gegenüber den zwar heimatlosen, aber kriegstüchtigen Söldnerheeren dieser Zeit gering. Im Reich hielt Johann Georg an dem engen Verhältnis zu den Habsburgern fest. Er trat deshalb 1612 für die Wahl des Kaisers Matthias ein und gab im August 1619 die Entscheidung für die bedingungslose Wahl Ferdinands II., als der böhmische Adel mit dem Aufstand vom Mai 1618 den Dreißigjährigen Krieg schon begonnen hatte.

Die Wahl des calvinistisch gesinnten Kurfürsten Friedrich V. von der Pfalz zum König von Böhmen unter Teilnahme aller böhmischen Kronlande, also auch der beiden Lausitzen, im August 1619 entschied um so mehr den Anschluß Kursachsens an Ferdinand, als Johann Georg jede Ausbreitung des Calvinismus in seiner unmittelbaren Nähe ebenso verabscheute wie die Errichtung einer schrankenlosen Adelsherrschaft in den böhmischen Ländern und seine eigene Abhängigkeit von ihr wie von einem calvinischen König als Inhaber zahlreicher böhmischer Lehen. Er übernahm daher am 6. Juni 1620 von Ferdinand gegen die Zusicherung der Glaubensfreiheit für die Lutheraner in den habsburgischen Ländern und die Verpfändung der Ober- und Niederlausitz für seine Kriegskosten den Auftrag, diese Gebiete und Schlesien für den Kaiser als dessen Kommissar zu besetzen. Nach der Besetzung der Niederlausitz im Juni und der Erstürmung von Bautzen am 2. Oktober 1620 gewährte er den Ständen beider Markgraftümer Amnestie und Erhaltung ihrer Landesverfassung, während Ferdinand nach dem leichten Sieg am Weißen Berg bei Prag am 8. November eine erbarmungslose politische und kirchliche Reaktion über Böhmen und Mähren verhängte und durch die Übertragung der pfälzischen Kur an Maximilian von Bayern im Februar 1623 die Protestanten im Kurfürstenkollegium auf eine schwache Minderheit zurückdrängte. Nur die beiden Lausitzen wurden durch die im »Immissionsrezeß« vom 13./23. Juni 1623 förmlich erklärte kursächsische Pfandherrschaft vor jeder Reaktion geschützt. Als aber nun der Kaiser im Niedersächsisch-dänischen Krieg (1623-1629) durch Tilly und Wallenstein ganz Norddeutschland seinem

Machtgebot unterworfen hatte und sein Restitutionsedikt vom 6. März 1629 alle seit 1552 eingezogenen geistlichen Güter für die römische Kirche zurückforderte, da fühlte sich Johann Georg I. auch in seinem Besitzstand aufs schwerste bedroht und fürchtete zugleich für das Anrecht seines dort 1628 zum Administrator gewählten Sohnes August auf das Erzstift Magdeburg. Er wirkte deshalb auf dem Kurfürstentag von Regensburg im Juli 1630 an der Entsetzung Wallensteins mit, konnte aber gegen das Restitutionsedikt nichts erreichen.

Trotzdem überließ er die wirksamste Vertretung der deutsch-protestantischen Interessen dem König Gustav Adolf von Schweden, der im Juni 1630 an der pommerschen Küste gelandet war; er versuchte, die protestantischen Reichsstände im Leipziger Konvent vom Februar 1631 nur zu bewaffneter Neutralität zwischen dem landfremden König und dem Kaiser zu vereinigen und stellte zu ihrer Behauptung selbst ein ansehnliches Heer unter dem Brandenburger Hans Georg von Arnim auf. Erst das gewaltsame Vorgehen Tillys gegen die »Leipziger Schlußverwandten« nach der Zerstörung Magdeburgs am 10. Mai und sein Einmarsch in Sachsen drängte den Kurfürsten zum Bündnis mit Gustav Adolf. Dessen Sieg bei Breitenfeld zum Entsatze Leipzigs am 7./17. September 1631 verdrängte die Kaiserlichen vollends aus Norddeutschland und hob den Schwedenkönig an die Spitze der deutschen Protestanten.

Nun unterstützten die kursächsischen Truppen den glänzenden Feldzug Gustav Adolfs nach Süddeutschland durch die Besetzung Böhmens und Prags, wurden aber, als Wallenstein den Oberbefehl wieder übernommen hatte, von diesem hinausgedrängt und zogen nach Schlesien ab. Daher war Sachsen schutzlos, als Wallenstein, nachdem er Gustav Adolfs Stürmen im Lager von Nürnberg standgehalten hatte, im Herbst 1632 im westlichen Sachsen erschien, um den Kurfürsten zum Abfall vom schwedischen Bündnis zu drängen. Der Sieg der Schweden bei Lützen am 6./16. November vereitelte diesen Plan, aber Gustav Adolfs Tod lockerte doch die schwedische Bundesgenossenschaft in Deutschland. Schon dem Heilbronner Bund unter dem »Direktorium« Schwedens im April 1633 traten nur die süddeutschen Reichsstände bei, nicht aber die beiden norddeutschen Kurfürsten, und während des Feldzuges in Schlesien verhandelte Arnim fortwährend mit Wallenstein über einen Frieden, der das Restitutionsedikt beseitigen sollte, freilich ohne zum Abschluß zu kommen und ohne verhindern zu können, daß erst Holk von Böhmen aus in Sachsen, dann Wallenstein selbst nach dem Sieg bei Steinau an der Oder am 11./21. Oktober verheerend in der Oberlausitz einbrach. Wallensteins Ermordung in Eger (Cheb) am 25. Februar 1634 machte allen diesen Friedensplänen vollends ein Ende, und der Sieg der Kaiserlichen bei Nördlingen am 5. und 6. September zertrümmerte die schwedische Machtstellung in Deutschland. Unter so höchst ungünstigen Umständen schloß Johann Georg am 20./30. Mai 1635 den Frieden von Prag. Er gab darin die österreichischen Lutheraner und die Pfalz preis und schloß die deutschen Calvinisten vom Religionsfrieden aus, aber er sicherte den lutherischen Reichsständen den Besitz der geistlichen Güter auf weitere vierzig Jahre, hob also das Restitutionsedikt tatsächlich auf, erlangte als Kurfürst den Besitz der Lausitzen als böhmisches Lehen, für seinen Sohn August das vielumworbene Erzstift Magdeburg, erreichte also ein seit Jahrhunderten verfolgtes zweifaches Ziel. Zugleich erhielt er für sich und seine Nachfolger in der Kurwürde die Stellung des erblichen Reichsfeldherrn an der Spitze eines Teils des künftigen einheitlichen Reichsheeres. Aufs engste vereinigt sollten Habsburger und Albertiner im Sinne einer starken Einschränkung der reichsfürstlichen Libertät zugunsten der kaiserlichen Obergewalt das Reich beherrschen und zunächst die Fremden aus Deutschland vertreiben. Mit wenigen Ausnahmen fügten sich die protestantischen Reichsstände diesem für sie selbst nachteiligen, nur für Kursachsen günstigen Frieden.

Da der Prager Friede wesentliche Forderungen der Protestanten nicht erfüllte und den Interessen der fremden Mächte Schweden und Frankreich geradewegs zuwiderlief, brachte er den allgemeinen Frieden nicht, und der Krieg nahm einen um so verheerenderen Charakter an, als die Heere selbst, jetzt auf beiden Seiten bunt zusammengewürfelte Haufen von Glückssoldaten ohne Vaterland und Glauben, immer zügelloser, mit der wachsenden Schwierigkeit des Unterhalts immer kleiner, die Siege also immer weniger entscheidend wurden. Bis 1639 wurden die Schweden, trotz ihrer Siege über die kaiserlichen und kursächsischen Truppen bei Goldberg und Kyritz 1635 und Wittstock 1636 allmählich im ganzen bis an die Ostseeküste zurückgedrängt; dann aber drangen sie erst unter Gustav Baner, seit 1641 unter Leonhard Torstenson, immer wieder bis tief in die kaiserlichen Erblande vor und trafen dabei auch Sachsen wiederholt aufs schwerste. Noch 1639 eroberten sie Zwickau, belagerten Freiberg, erstürmten und verwüsteten Pirna; 1642 nahmen sie Zittau und nach ihrem (zweiten) Sieg bei Breitenfeld am (23. Oktober/2. November) auch Leipzig, während sie zu Anfang 1643 vor dem tapfer verteidigten Freiberg abermals scheiterten. Endlich zwangen sie 1645 nach der Eroberung von Meißen den Kurfürsten zum Neutralitätsvertrag von Kötzschenbroda (27. August/6. September), der ihnen Leipzig und

Torgau einräumte und den Durchmarsch durch das Land gestattete, aber dieses von der tätigen Teilnahme am Krieg befreite.

Dann führten die 1645 begonnenen Verhandlungen in Münster und Osnabrück am 24. Oktober 1648 zum Abschluß des Westfälischen Friedens. Er überließ den Schweden und Franzosen wertvolle Grenz- und Küstenländer und gab in den habsburgischen Erbländern außer in Schlesien den Protestantismus preis; aber indem er im Reich die fürstliche Libertät und die protestantischen Landeskirchen anerkannte, sicherte er den Bestand der Territorialstaaten und der unter ihrem Schutz emporgekommenen nationalen Kultur für die Zukunft. Sachsen behauptete die Lausitzen, gewann also einen großen Gebietszuwachs von etwa 180 Quadratmeilen, der einst zu den ältesten Besitzungen des Hauses Wettin gehört hatte, und damit die Verbindung mit der Oder. Da aber Magdeburg nach dem Tode des Prinzen August (†1680) an Brandenburg fallen sollte, so verlor Kursachsen für alle Zeiten die Aussicht, seine Macht elbabwärts weiter vorzuschieben, und für Brandenburg öffnete sich die breite Verbindung nach dem westlichen Deutschland, eine entscheidende Tatsache für die Entwicklung beider Staaten. Nur insofern behauptete Kursachsen auch jetzt noch einen gewissen Vorrang, als es 1653 das Direktorium der evangelischen Stände (*Corpus evangelicorum*) am Reichstag erhielt.

Das Gewicht seines Staates verringerte Johann Georg I. jedoch wiederum dadurch, daß er in seinem Testament vom 20. Juli 1652

25 Majestätssiegel des Kurfürsten Johann Georg I. von Sachsen an der buchförmigen Urkunde des Prager Friedens (1635)

seinen drei jüngeren Söhnen Landesteile mit Hoheitsrechten zuwies und so das schöne, wohlabgerundete Gebiet (über 700 Quadratmeilen) in der unzweckmäßigsten Weise zersplitterte. Gemäß dem erst nach seinem Tode (8. Oktober 1656) abgeschlossenen Hauptvergleich zu Dresden vom 22. April 1657 erhielt August zu Magdeburg noch Weißenfels und die nordthüringischen Ämter, Christian das Stift Merseburg und die Niederlausitz, Moritz das Stift Zeitz, den Vogtländischen und den Neustädter Kreis. Erst das Aussterben dieser Nebenlinien (Sachsen-Zeitz 1718, Sachsen-Merseburg 1738, Sachsen-Weißenfels 1746), die sich übrigens wieder mehrfach verzweigten, stellte die äußere Einheit des albertinischen Kurstaates wieder her.

Eine innere Staatseinheit zu begründen, war schon durch die neue dynastische Teilung auf lange Zeit unmöglich gemacht und wurde auch nachmals nicht versucht. Kursachsen bildete vielmehr eine Verbindung halb selbständiger Gebiete, die nur durch das Fürstenhaus zusammengehalten wurden und nicht einmal ein gemeinsames Indigenat besaßen. In den »Erblanden« stand an der Spitze der Zentralverwaltung neben der Landesregierung (für Justiz- und Lehnsachen) der Geheime Rat (Konsilium). Von den drei Stiftsgebieten gehörten lange Zeit zwei, Merseburg und Naumburg-Zeitz, gar nicht zum Kurlande, aber auch Meißen hatte so gut seine selbständige Verwaltung wie Henneberg (die »Oberaufsicht« in Schleusingen). Um die Verwaltung zu erleichtern, wurde 1682 der Erzgebirgische Kreis vom Meißnischen abgezweigt und den Amtshauptleuten die Aufsicht über die Polizei der Amtssassen sowie die ganze Steuerverwaltung ihres Bezirks überwiesen. Die Geltung der ganz vom Adel beherrschten Stände nahm in Kursachsen eher zu als ab, da sie wegen der langen Kriegsnöte und der wachsenden Staatsbedürfnisse immer stärker in Anspruch genommen werden mußten; sie erhielten 1660 das Recht, sich eigenmächtig zu versammeln, 1661, als sie neue Kammerschulden auf die Steuerkasse übernahmen, die Zusicherung, daß keine Landesteilung und keine Gebietsveräußerung ohne ihre Zustimmung vorgenommen werden sollte. Die Errichtung ständischer Ausschüsse sicherte ihren Einfluß auch für die Zeit, in der der Landtag nicht versammelt war. Seit 1666 verschmolz der Meißner Stiftstag mit dem erbländischen Landtag.

Mit den Erblanden standen die beiden Lausitzen nach dem Rezeß von 1635 nur in Personalunion, und jede engere Vereinigung war dadurch erschwert, daß Böhmen seine Lehnherrlichkeit über die Markgrafschaften behauptete und der Kurfürst von Sachsen vertragsmäßig verpflichtet war, ihre Landes- und Kirchenverfassung unverändert zu lassen; ja auch die Erbfolgeordnung war insofern verschieden, als nach dem eventuellen Aussterben des albertinischen Mannesstammes und der (damaligen) Altenburger Linie, die 1672 endete, Böhmen das Recht hatte, die Lausitzen gegen Erstattung der Schuldsumme (72 Tonnen Goldes zu 100000 fl. rh.) zurückzunehmen. So blieben in der Oberlausitz die bisherigen Landesbehörden ebenso bestehen wie neben der evangelischen Kirchenverfassung das katholische Domkapitel in Bautzen nach der Ordnung des Offizials Johann Leisentritt (1560-1587) und die beiden Zisterzienserinnenklöster unter der Oberaufsicht der böhmischen Abtei Ossegg. Die Niederlausitz, an Umfang stark vermindert durch die faktische Lostrennung von Cottbus, Beeskow und Storkow (die 1518 an das Hochstift Lebus verpfändet, 1555 als eröffnetes Lehen an die Krone Böhmens fielen, trotzdem aber Pfandbesitz blieben und so 1559 mit der Säkularisation des Stifts als böhmisches Lehen an Brandenburg kamen), blieb 1657-1738 ganz von Kursachsen gesondert und behielt ihre eigentümliche ständische Verfassung unverändert; nur trat 1666 an die Stelle des Landvogts die kollegialische Oberamtsregierung in Lübben, und das ständische Konsistorium wurde 1667 eine landesherrliche Behörde, während die höchste katholische Autorität im Land, der Abt von Neuzelle, unter böhmischem Schutz war.

In diesen starren aristokratisch-förderativen Verhältnissen blieben die monarchischen Reformen auf wenige Zweige beschränkt. Unter Abwehr des kaiserlichen Postregals von 1597 und der bereits im Jahre 1516 zu Gunsten des Hauses Thurn und Taxis gewährten Monopolisierungsklausel wurde nach der Postordnung von 1661 eine kurfürstliche Post für Brief- und Personenbeförderung errichtet, 1681 in Leipzig Gottfried Egger zum ersten sächsischen Oberpostmeister ernannt, 1693 eine neue, reich gegliederte Tax- und Postordnung erlassen. Wichtiger noch war die Bildung eines stehenden Heeres geworbener Truppen 1682 unter Johann Georg III., wozu die Stände die Kosten bewilligten, nachdem das alte Defensionswesen und die Anwerbung auf Zeit ihre völlige Unbrauchbarkeit erwiesen hatten.

Indem Kursachsen zwar hier der Zeitströmung, die überall auf straffe Zusammenfassung der staatlichen Kräfte in der Hand des absoluten Monarchen ausging, folgte, aber sonst in altständischen Formen verharrte, geriet es in Nachteil gegenüber Brandenburg, das, 1648 erheblich vergrößert und durch die Erwerbung von Magdeburg 1680 in gesicherte Verbindung mit dem deutschen Westen gesetzt, sich unter dem Großen Kurfürsten Friedrich Wilhelm (1640-1688) zu fester monarchischer Staatseinheit und militärisch-finanzieller Schlagfertigkeit entwickelte. Da Sachsen außerdem als Binnenland an den politisch dominierenden Aufgaben der Zeit, den Kämpfen

gegen Franzosen und Türken, Schweden und Polen, nur als Reichsstand teilnehmen konnte, fehlte hier der Anstoß zu einer selbständigen Politik großen Stils.

Johann Georg II. (1656-1680) beförderte zunächst, den Traditionen kursächsischer Politik gemäß, die Wahl Leopolds I. (1658-1705)
zum Kaiser und unterstützte ihn im Kampf gegen die Türken (Sieg bei
St. Gotthard an der oberen Raab am 1. August 1664). Sonst aber
schloß er sich der fürstlichen Opposition gegen das Haus Habsburg
an, die im Rheinbund von 1658 ihre Organisation, in Frankreich ihre
Stütze fand, ließ es deshalb zu, daß rheinbündisch-französische Truppen 1664 das widerspenstige Erfurt seinem Landesherrn, dem Kurfürsten Johann Philipp von Mainz, unterwarfen, und verzichtete
1667 sogar auf sein altes Schutzrecht über die Stadt. Erst als Frankreich sich durch die Eroberungspolitik Ludwigs XIV. in einen Feind
des Reiches verwandelte, stellte auch er seine Truppen im zweiten
Eroberungskrieg (1672-1678) gegen Frankreich ins Feld. Dann freilich, besorgt wegen der Waffenerfolge Brandenburgs (Sieg bei Fehr-
bellin 1675, Eroberung Vorpommerns), schloß er sich den Reichsständen an, die es zur Anerkennung des Friedens von Nimwegen
1678, also zur Herausgabe seiner Eroberungen, nötigen wollten, und
drängte es somit zum engen Bündnis mit Frankreich 1679, mit dem er
nun auch Sachsen einen neuen Vertrag schloß.

Sein Nachfolger, der tatkräftige und kriegerische Johann Georg III.
(1680-1691, geb.1647), änderte diese Politik, als die französischen
Reunionen den deutschen Westen bedrohten, im Einvernehmen mit
Brandenburg und half an der Spitze seines neugebildeten Heeres am
2./12. September 1683 den glänzenden Sieg bei Wien erfechten, der
die Türken endgültig zurückwarf (Siegesdenkmal auf dem Jüdenhof
in Dresden). Später wirkten seine Truppen an der Erstürmung von
Ofen (1686) und im venezianischen Sold an der Eroberung von
Morea mit. Dem neuen Angriff der Franzosen auf die Rheinlande im
September 1688, der den dritten Eroberungskrieg (1688-1697) eröffnete, trat Johann Georg III. schon im Herbst desselben Jahres mit
14000 Mann entgegen. Als Oberfeldherr des Reichsheeres starb er am
12. September 1691 in Tübingen. Auch Johann Georg IV. (1691-
1694, geb.1668) beteiligte sich persönlich am Reichskrieg, erlag aber
schon am 27. April 1694 den Pocken, wenige Wochen nach seiner
daran erkrankten Geliebten Sibylle Magdalene von Neitschütz, ohne
Kinder zu hinterlassen.

Wie sich seit der Reformation und vollends seit dem Dreißigjährigen Krieg der politische Schwerpunkt aus dem zerfahrenen klein-
staatlichen altdeutschen Westen nach den großen Staatengebilden

auf dem Boden des Landesausbaus im Osten verschoben hatte, so trat der protestantische Norden auch mehr und mehr an die Spitze des wirtschaftlichen und geistigen Lebens. Hierin behauptete Kursachsen auch jetzt noch eine führende Stellung, im eigentümlichen Gegensatz zu dem Stillstand seines inneren politischen Lebens. Hemmend wirkten freilich die scharfe Trennung der Stände, das Übergewicht des stolzen Adels in Staat und Landwirtschaft, die damit zusammenhängende ständig steigende Belastung der Bauern mit Zinsen, Fronen, Gesindediensten und ihre immer mehr verstärkte Gebundenheit an die Scholle, in den Städten die Herrschaft eines ebensooft selbstsüchtigen wie geschäftstüchtigen und tatkräftigen Patriziats und die Fortdauer eines immer peinlicher gehandhabten Zunftzwanges, in der Kirche die starre lutherische Orthodoxie, in der Wissenschaft, die an den Universitäten von eng unter sich versippten Professorengeschlechtern getragen wurde, die neue lutherische Scholastik.

Trotz aller dieser Hindernisse erholte sich Kursachsen von den entsetzlichen Verheerungen und Menschenverlusten des Dreißigjährigen Krieges rascher als andere Landschaften, gefördert durch einige Zehntausende zuströmender protestantischer »Exulanten« aus Böhmen und Österreich, die in vielen Städten (z.B. Dresden, Zittau u.a.m.) ihre »böhmischen Gemeinden« und »böhmischen Gassen« gründeten oder ganz neue Ortschaften (Johanngeorgenstadt im Erzgebirge 1654, Neusalza in der Oberlausitz 1670) anlegten. Auch sonst machte die Nachbesiedlung im höheren Erzgebirge und Vogtland, namentlich im Anschluß an Hammerwerke, Fortschritte. Da im Gebirge die Silberausbeute rasch abnahm, ging die zahlreiche Bevölkerung dort zu neuen Industriezweigen über (Serpentindreherei in Zöblitz, Posamenten in Annaberg, Musikinstrumente in Klingenthal und Markneukirchen). Neben der alten, fortblühenden Tuchmacherei entwickelte sich glänzend die Leinweberei, in der südlichen Oberlausitz um Zittau auch auf den Dörfern, als mit dem Pönfall von 1547 das städtische Gewerbemonopol gefallen war; sie ging dort, zunächst in Großschönau 1666, zur Damastfabrikation über und eroberte nach dem Rückgang der französischen Leinweberei infolge der Aufhebung des Edikts von Nantes 1685 auch den großen englischen Markt. Daneben begründeten die aus Frankreich damals vertriebenen und teilweise auch in Sachsen aufgenommenen Reformierten manche feinere Luxusindustrie (Samt- und Seidenweberei), deren Erzeugnisse das allmählich reichlicher und glänzender werdende Leben namentlich der Höfe und des Adels in immer größerer Menge verbrauchte. Die größte Handelsstadt des Landes blieb Leipzig; es baute sich 1678 eine Börse und zog den Buchhandel mehr und mehr

von Frankfurt am Main an sich. Die Regierung förderte diese Entwicklung durch die Ausbildung der Post (mit der sich 1671 die schon
1657 begründete »Leipziger Zeitung« verband), die Handels- und
Wechselordnung von 1682, die mit Brandenburg vereinbarte Münz-
ordnung von 1690 (1 Mark Silbers = 12 Rthlr. 9 gGr.); aber eine
merkantilistische Wirtschaftspolitik wie Brandenburg, die mit allen
Mitteln den Abschluß des Territoriums zur Ausbildung einer heimischen Industrie erstrebte, trieb sie ebensowenig wie sie den geschlossenen Einheitsstaat anstrebte, da die sächsische Industrie schon zu
stark war, um eines derartigen Zollschutzes zu bedürfen und vielfach
schon für die Ausfuhr arbeitete.

Die scholastische Wissenschaft brachte noch so bedeutende Leistungen des Sammelfleißes wie Benedikt Carpzovs (1595-1666)
Strafrecht zustande, und in Leipzig entstand 1682 durch Otto Mencke
(1644-1707) die erste wissenschaftliche Zeitschrift Deutschlands,
die Acta eruditorum; aber immer stärker erhob sich gegen sie die freie
Wissenschaft, gegen die durch den großen Krieg wesentlich ver-
schlimmerte Rohheit der Sitten (Pennalismus an den Universitäten)
die feine weltmännische Bildung, die von Holland und Frankreich
her einströmte. Diese ergriff den Adel und den höheren Bürgerstand;
sie schuf sich entweder ganz neue, auf die Erziehung des homo
politicus, des galant'homme gerichtete Unterrichtsanstalten, wie des
Herzogs August von Weißenfels Gymnasium illustre Augusteum
1664, oder sie gestaltete an einzelnen Lateinschulen den Unterricht
in dieser Richtung durch Ausbildung der deutschen »Oratorie« neben
der lateinischen »Imitation« um, wie es der Rektor Christian Weise
(1642-1708) in Zittau mit großem Erfolg versuchte. Bahnbrechend
in der Wissenschaft wirkten drei Kursachsen, Gottfried Wilhelm
Leibniz (1646-1716), der größte Philosoph der Zeit und einer der
umfassendsten Geister aller Zeiten, Samuel Pufendorf (1632-1694),
der Begründer des Naturrechts in Deutschland, Christian Thomasius
(1655-1728), sein Schüler, der es 1687 zuerst wagte, an der Universität Leipzig Vorlesungen in deutscher Sprache zu halten; aber keiner
von ihnen konnte sich in Sachsen behaupten. Auch die Begründer des
Pietismus, August Hermann Francke (1663-1727) und Philipp Jakob Spener (1635-1705), waren nur kurze Zeit in Sachsen tätig. So
erwuchs die 1694 neu gegründete brandenburgisch-preußische Universität Halle zum Hauptsitz der freien Wissenschaft und überflügel-
te bald weitaus die kursächsischen Hochschulen. Auch der neuen
Dichtung führte Sachsen bedeutende Kräfte zu. Paul Fleming (1609-
1640) war einer der tiefstempfindenden Lyriker der Zeit, Paul Gerhardt
(1607-1676) der größte geistliche Dichter nach Luther, Christian

Weise der fruchtbarste Dramatiker, wenn auch nur in der bescheidenen Form der modernisierten Schulkomödie. In Sachsen entstand 1669 auch eine der ersten deutschen Schauspielergesellschaften durch Johann Velten, und der Hofkapellmeister Johann Georgs I., Heinrich Schütz (1585-1672), dem die ehrenvolle Bezeichnung »Lumen Germaniae« zuteil wurde, machte Dresden zu einem Hauptsitz der deutschen Oper, bis sie durch die Vorliebe des Hofes für die italienische verdrängt wurde.

26 Gottfried Wilhelm Leibniz (1646-1716)

3. Zeitraum
Europäische Verwicklungen und Fortschritte
der Kultur 1694 - 1830

Kursachsen in Verbindung mit Polen 1697-1763

Aus der Stellung eines deutschen Binnenstaates riß der Ehrgeiz eines
hochbegabten und hochstrebenden Fürsten Kursachsen auf den sturm-
bewegten Schauplatz der großen europäischen Politik hinaus. Friedrich August I. (1694-1733), der Bruder Johann Georgs IV., überra-
schend und sehr jung (geb. 1670) zur Regierung gelangt, von riesiger
Körperkraft (daher im Volksmund der Starke) und majestätischer
Gestalt, sinnlich, ganz erfüllt von dem Drang nach Pracht und einem
Leben voll Genuß, wie er es auf seiner Kavalierstour im katholisch-
romanischen Süden kennengelernt hatte, bewarb sich nach dem Tode
Johann Sobieskis 1696 um die Krone Polens und erhielt sie im Juni
1697, von Österreich unterstützt, gegen eine starke französische
Partei, nachdem er zuvor für seine Person in Baden bei Wien offiziell
zur katholischen Kirche übergetreten war, wie schon mancher andere
lutherische Fürst dieser Zeit. Es war die Fortsetzung der altwettinischen,
nach Osten gerichteten Politik, die in dem Besitz der Niederlausitz
ihre Stütze fand (Guben Sammelplatz der sächsischen Truppen;
Brückenkopf bei Schiedlo). Die nunmehr begründete Personalunion
zwischen Sachsen und Polen verwickelte Sachsen in den Nordischen
Krieg, den der König im Bund mit dem aufstrebenden Rußland und
dem eifersüchtigen Dänemark gegen Karl XII. von Schweden vornehmlich um den Besitz der baltischen Küstenländer begann (1700-
1721) und wesentlich mit sächsischen Mitteln führte, da Polen
anfangs für den Krieg gar nichts leistete.

Als die Schweden den größten Teil Polens unterworfen und hier
1704 Stanislaus Leszczyński zum König hatten wählen lassen, drangen sie nach dem Sieg bei Fraustadt (unweit von Lissa) am 13. Februar
1706 durch Schlesien in das unverteidigte Sachsen ein, und Karl XII.
nahm in Altranstädt bei Leipzig sein Hauptquartier. Im Frieden vom
24. September mußte Friedrich August der polnischen Krone entsa-
gen, doch räumten die Schweden erst 1707 Sachsen. Nach ihrer
entscheidenden Niederlage gegen die Russen unter Peter dem Großen bei Poltawa am 8. Juli 1709 nahm Friedrich August die polnische
Krone wieder und beteiligte sich auch an dem Kampf um die schwedischen Besitzungen in Pommern, in den seit 1713 auch der junge
König von Preußen, Friedrich Wilhelm I., energisch eingriff.

Der Tod Karls XII. vor der norwegischen Grenzfestung Friedrichs-
hall am 11. Dezember 1718 beschleunigte das Ende des Nordischen
Krieges. Schweden mußte seine baltischen Provinzen an Rußland,
den größten Teil Vorpommerns an Preußen, seine Herzogtümer
Bremen und Verden an Kurhannover abtreten, büßte also seine
künstliche Großmachtstellung ein. Im nunmehr unangefochtenen
Besitz der polnischen Krone arbeitet Friedrich August an der Verstärkung seiner königlichen Gewalt und an der Herstellung einer Land-
verbindung zwischen Sachsen und Polen, blieb deshalb in freundli-
chem Verhältnis zu Friedrich Wilhelm I. von Preußen, dessen Besuch
er 1728 in Dresden, 1730 in dem glänzend organisierten militärischen »Lustlager« bei Zeithain empfing, und rüstete sich zur Teilnahme am Kampf um die Erbschaft der Habsburger, deren Pragmatische

*27 Friedrich August I. (der Starke), Kurfürst von
Sachsen (1673-1733); als König von Polen seit 1697 August II.*

Sanktion von 1713, die die weibliche Thronfolge und die Unteilbarkeit der Habsburgischen Lande sichern sollte, er nicht anerkannte.

Der Übertritt erst des Kurfürsten, dann 1717 auch des Kurprinzen und damit des ganzen Herrscherhauses zur römischen Kirche veränderte trotz der tiefen Trauer, die er in dem protestantischen Volk erregte, in der kursächsischen Landeskirche nichts. Denn gemäß seiner in Lobskowa bei Krakau am 27. Juli/6. August 1697 abgegebenen Erklärung, daß er seine Untertanen »bei der Augsburgischen Konfession hergebrachten Gewissensfreiheit, Kirche, Gottesdienst, Universitäten kräftigst erhalten und handhaben« werde, übertrug der Kurfürst seine landesbischöflichen Rechte den »in Evangelicis« beauftragten Geheimen Räten, das Direktorium der Evangelischen am Reichstag dem Herzog Friedrich II. von Gotha und erhielt für die wenigen sächsischen Katholiken nur die Erlaubnis zum öffentlichen Gottesdienst, die nun auch den Reformierten gewährt wurde (zuerst in Leipzig 1701). Dagegen verlor die Stellung Kursachsens an der Spitze der evangelischen Reichsstände alle Bedeutung, und deren Führung ging tatsächlich an Brandenburg-Preußen über. Zu einer weiteren Abbröckelung der Macht Sachsens im Reich führte die Veräußerung ansehnlicher Gebiete oder Ansprüche (des Anrechts auf Sachsen-Lauenburg an Hannover 1697, der Vogtei über Quedlinburg und Nordhausen sowie des Amts Petersberg bei Halle 1698 an Brandenburg, der Landeshoheit über die schwarzburgischen Fürstentümer 1699), um die steigenden Kosten des Nordischen Krieges und der prunkvollen Hofhaltung zu decken.

Die absolutistischen Anläufe in Sachsen hatten wenig Erfolg. Die Oberleitung der Zentralverwaltung übernahm das 1706 gegründete Geheime Kabinett, und die Einführung einer indirekten Steuer, der Akzise in den Städten, nach preußischem Muster (seit 1703) sowie der Landeslotterie 1713 sollte die Finanzverwaltung unabhängiger von den Bewilligungen der Stände machen; allein diese behaupteten ihre Rechte und erlangten noch in der Landtagsordnung von 1728 deren Bestätigung. Bei alledem wurde die Volkswohlfahrt mannigfach gefördert. Die Post erhielt 1713 eine neue Ordnung. Nach der neuen Vermessung der Poststraßen 1721 durch Adam Friedrich Zürner (1679-1742) wurden überall im Lande Meilensäulen und in den Städten hohe, wappengeschmückte Distanzsäulen gesetzt. Die blühende Industrie, die nach der von Johann Friedrich Böttger (1682-1719) erfundenen Herstellung des europäischen Hartporzellans, die seit 1710 in der Albrechtsburg zu Meißen manufakturell betrieben wurde, einen neuen wichtigen Zweig des Kunstgewerbes ausbildete, fand in Polen ein ergiebiges Gebiet für den Bezug von Rohstoffen und einen weiten Markt ebenso dort wie nach dem Handelsvertrag von 1728 in Preußen, wenigstens für viele Artikel. Die Rechtspflege erhielt 1724 eine neue Prozeßordnung und im Codex Augusteus, aus privater Initiative entstanden, eine wertvolle Sammlung aller Konstitutionen, Verordnungen u. dgl.; den Vollzug der Freiheitsstrafen sicherte besser und humaner als bisher das 1716 eingerichtete Zuchthaus in Waldheim. Für die Ausbildung der Offiziere sorgte das Kadettenhaus in Dresden 1725; die Armee wurde seit 1729 auf inländische statt auf ausländische Werbung gegründet.

Die Persönlichkeit des Kurfürsten-Königs kam noch wirksamer als in seiner Politik in seinem ebenso glänzenden wie sittenlosen Hofe zum Ausdruck, dessen Leben aus einer wenig unterbrochenen Kette prunk- und geschmackvoller Feste bestand, und in einer zunächst freilich nur für diese Zwecke bestimmten, immerhin aber großartigen und verdienstlichen Pflege der Kunst nicht nur durch Fremde wie den

*28 Der Zwinger zu Dresden von Mattäus Daniel Pöppelmann.
Wallpavillon (Baubeginn 1715)*

Hofmaler Louis de Silvestre (1675-1760), sondern auch durch deutsche und heimische Meister wie Matthäus Daniel Pöppelmann (1662-1736), Johann Melchior Dinglinger (1664-1731) und Balthasar Permoser (um 1651-1732) sowie Gottfried Silbermann (1683-1753). Ein namhafter Vertreter des bürgerlichen sächsischen Barock war George Bähr (1666-1738). So verwandelte sich Dresden in diesem »Augusteischen Zeitalter« einer »opulenten somptuosité« durch zahlreiche Prachtbauten im bald großartigen, bald üppig-phantastischen Barockstil (Zwinger, Japanisches Palais, Augustusbrücke mit dem Reiterstandbild Augusts des Starken unweit des rechtselbischen Brückenkopfes, Frauenkirche und eine Reihe von Adelspalästen wie das Brühlsche Palais) in die schönste Residenzstadt Deutschlands und erhielt zugleich herrliche Kunstsammlungen (Museum Augusteum, Gemäldegalerie, Grünes Gewölbe, Porzellansammlung, Kupferstich-Kabinett). Dazu entstanden prächtige Landsitze mit Gärten im französischen Stil (Moritzburg, Großsedlitz, Pillnitz). Für die Verwertung dieser Vorbilder gab die 1705 gestiftete Malerakademie in Dresden die erste Anregung.

Nach Augusts Tode in Warschau am 1. Februar 1733 behauptete sein einziger Sohn aus der Ehe mit der ihrem protestantischen Bekenntnis treu gebliebenen Christiane Eberhardine von Ansbach-Bayreuth († 1727 in Pretzsch an der Elbe), Friedrich August II. (1733-1763), die polnische Krone nur mit Hilfe der Ostmächte im Polnischen Thronfolgekrieg (1733-1735). Nicht unbegabt und kunstsinnig wie sein Vater, aber bequem und ohne dessen sinnliche Neigungen, reinigte er seinen Hof sofort von der anstößigen Mätressenwirtschaft des Vorgängers und gab ihm die Gestalt einer geschmackvollen italienischen Hofhaltung.

Italienische Künstler (»Italienisches Dörfchen« in Dresden) bauten und schmückten ihm die prächtige katholische Hofkirche neben dem Schloß (Gaetano Chiaveri), wie sie schon die mythologischen Gruppen im Großen Garten gemeißelt hatten; Anton Raphael Mengs (1722-1779), ganz in italienischen Kunstanschauungen gebildet, und Bernardo Bellotto (1721-1780), der Meister der realistischen Barockvedute und Prospektmalerei, wurden seine Hofmaler. Italienische Gemälde machten die Galerie zur ersten Nordeuropas, italienische Sänger wie Faustina Bordoni bildeten die glänzend ausgestattete italienische Oper unter dem genialen Johann Adolf Hasse (1699-1783). In Dresden bereitete sich Johann Joachim Winckelmann (1717-1768), der Begründer der modernen Kunstgeschichtswissenschaft, in den Jahren von 1748 bis 1755 für Italien vor.

29 Die Frauenkirche zu Dresden - der bedeutendste protestantische Sakralbau des Barock, ein Werk George Bährs, entstanden 1726-1743 unter Mitwirkung von Johann Gottfried Fehre, Daniel Ebhardt und Johann Christian Feige d. Ä.

Dresden wurde die erste Kunststadt Deutschlands, das »deutsche Florenz« (Herder), eine »vorgeschobene Kolonie des Südens« (Carl Justi). Im scharfen Gegensatz dazu wurde in diesen Jahrzehnten Leipzig, hervorragend durch die eigentümliche Verbindung von Handel, Gelehrsamkeit und weltmännischer Bildung, ein »Klein-Paris«, der Hauptsitz des deutschen Buchhandels und der aufstreben-den deutschen Literatur, eine Hauptstadt der Musik, ein Brennpunkt deutscher Wissenschaft. Hier lebten und wirkten Johann Christoph Gottsched (1700-1766), der Reformator der deutschen Sprache und des deutschen Dramas, worin ihn die verdienstvolle Schauspielerin Karoline Neuber (1697-1760) wirkungsvoll unterstützte, und von seinen Gegnern Christian Fürchtegott Gellert (1715-1769) dauernd, 1747 Friedrich Gottlieb Klopstock und der größte deutsche Kritiker, Gotthold Ephraim Lessing (1729-1781), wenigstens in ihren Anfän-gen, dann der große Thomaskantor Johann Sebastian Bach (1685-1750), die Philologen Johann August Ernesti (1707-1781), Johann Jakob Reiske (1716-1774) und Johann Friedrich Christ (1700-1756), ein Vorläufer J. J. Winckelmanns, der Historiker Johann Jacob Mascov (1689-1762), dessen »Geschichte der Teutschen« Graf Heinrich von Bünau (1697-1762) auf Nöthnitz bei Dresden mit seiner »Teutschen Kaiser- und Reichshistorie« fortsetzte. Das kirch-liche Leben bewegte sich überall in den hergebrachten Formen; doch begann die Philosophie der Aufklärung die Herrschaft der lutheri-schen Orthodoxie auch in Kursachsen innerlich zu erschüttern, und der lange verpönte Pietismus erlangte einen praktischen Erfolg, als Graf Nikolaus Ludwig von Zinzendorf (1700-1760) durch eine Schar böhmisch-mährischer Brüder 1722 auf seinem Gut Berthelsdorf in der Oberlausitz den Flecken Herrnhut gründete. Die Herrnhuter Brüdergemeine wurde 1748 als Augsburgische Konfessionsverwandte anerkannt und bald zum Mittelpunkt einer weit ausgedehnten Mis-sions- und Handelstätigkeit.

In der inneren Politik brachte die Tüchtigkeit des Beamtentums noch manche Fortschritte (Kommerziendeputation 1735, Appel-lationsgerichtsordnung). Aber sie geriet bald mehr und mehr unter den Einfluß des Grafen Heinrich von Brühl (1700-1765), der durch die geschmeidige Gewandtheit, mit der er die Lieblingsneigungen und -wünsche seines Herrn zu befriedigen wußte, ihn völlig unter seine Leitung brachte und schließlich als Premierminister seit 1746 der allmächtige Gebieter in Sachsen wurde.

Inzwischen eröffnete die Thronbesteigung König Friedrichs II. in Preußen (1740- 1786) und das Aussterben der Habsburger in Öster-reich im Mannesstamme mit dem Tode Kaiser Karls VI. 1740 eine neue Zeit, die auch die Geschicke Sachsens entscheidend bestimmte. Da Sachsen die Pragmatische Sanktion Karls VI., nach der mit Zurückweisung aller anderen Ansprüche das ganze habsburgische Erbe seiner ältesten Tochter Maria Theresia zufallen sollte, nicht anerkannt hatte, so verbündete es sich 1741, um die Rechte der Kurfürstin Maria Josepha, der Tochter Josephs I., wahrzunehmen, nach dem Ausbruch des ersten Schlesischen Krieges (1740-1742) mit Friedrich II. und Kurfürst Karl Albert von Bayern, der 1742 zum Kaiser gewählt wurde, und ließ seine Truppen in Böhmen und Mähren fechten. Als aber Friedrich durch den Frieden von Breslau am 28. Juli 1742 Schlesien erhalten hatte, mußte auch Sachsen seine Ansprüche aufgeben und sah sich zugleich in einer politisch völlig veränderten Lage, denn mit der Erwerbung Schlesiens gewann Preußen die Großmachtstellung, umklammerte mit seinem Zollsystem

30 Johann Sebastian Bach (1685-1750)

Sachsen auch von Osten und zerstörte jede Aussicht, eine Territorial-
verbindung zwischen Sachsen und Polen herzustellen. Daher trat
Sachsen im Dezember 1743 zu dem inzwischen siegreichen Österreich über, konnte zwar 1744, als Friedrich der Große den zweiten
Schlesischen Krieg (1744-1745) begann, den reichsmäßigen,
»ohnschädlichen« preußischen Durchmarsch nach Böhmen nicht
hindern, schloß sich aber 1745 an die Koalition Österreichs, Eng-
land-Hannovers und Rußlands gegen Preußen an, um Franz Stephan
von Lothringen, den Gemahl Maria Theresias, zum Kaiser zu erhe-
ben, Preußen zu zerschlagen und für sich selbst Magdeburg, Cottbus,
Crossen und Sternberg (als Brücke von der Niederlausitz, wo Brühl
große Besitzungen hatte, nach Polen) zu erwerben (Leipziger
»Partagetraktat«). Doch Friedrich wies den österreichisch-sächsi-
schen Einfall in Schlesien durch seinen glänzenden Sieg bei
Hohenfriedberg am 4. Juni 1745 zurück und erzwang durch den Sieg
des Fürsten Leopold von Anhalt-Dessau bei Kesselsdorf am
15. Dezember, der den geplanten Einbruch seiner Gegner in Brandenburg vereitelte, am 25. Dezember den Frieden von Dresden, die
Erneuerung des Breslauer Friedens.
   Als sich nun zur Vernichtung der neuen preußischen Großmacht
allmählich ein Einvernehmen Österreichs mit Frankreich und Rußland bildete, trat Brühl diesem zwar nicht förmlich bei, weil der
Geheime Rat widersprach, aber tat nichts, um Sachsen für den großen
Entscheidungskampf zu rüsten, und verminderte sogar das Heer von
45 000 auf 17 000 Mann. So traf der Ausbruch des Siebenjährigen
Krieges (1756-1763) mit dem preußischen Einmarsch im August
1756 Sachsen völlig ungerüstet. Um die Verbindung mit Böhmen
nicht zu verlieren, sammelte Generalfeldmarschall Friedrich August
Graf Rutowski (1702-1764) die Armee bei Pirna unter dem Schutz
des Königsteins, wo sich der Kurfürst mit Brühl befand; da aber die
Österreicher nach ihrer Niederlage bei Lobositz am 1. Oktober
außerstande waren, die preußische Einschließung zu durchbrechen,
so mußten die Sachsen am 16. Oktober, von der Versorgung abgeschnitten und vom Hunger überwältigt, die Waffen strecken und sich
zwangsweise in die preußische Armee einreihen lassen, aus der sie
freilich zum größten Teile desertierten und wieder zur Gegenpartei
übergingen. Der Kurfürst ging mit Brühl nach Warschau, während
die Kurfürstin und der Kurprinz Friedrich Christian in Dresden
aushielten; der Königstein wurde für neutral erklärt, das Land trat
unter preußische Verwaltung und war fortan ohne eigenen Willen
ebensosehr Schauplatz wie Hauptkampfpreis des Krieges, bot aber für
Friedrich die wertvollste Stellung und reiche Hilfsquellen.

Gegen das europäische Bündnis, das sich 1757 nun wirklich gegen ihn bildete, ging er zunächst angreifsweise wieder in Böhmen vor, wurde aber durch seine Niederlage gegen den österreichischen Feldmarschall Leopold Joseph Graf Daun (1705-1766) bei Kolin am 18. Juni 1757, an der vier sächsische Reiterregimenter entscheidend mitwirkten, in die Verteidigung gedrängt und nach Sachsen zurückgeworfen, wobei die Österreicher am 23. Juli das gewerbebefleißige Zittau durch eine zwecklose Beschießung fast ganz in Asche legten. Aber der Sieg bei Roßbach unweit Merseburgs am 5. November sicherte ihm Sachsen gegen den Anmarsch der Franzosen und der Reichstruppen, und selbst seine schwere Niederlage bei Hochkirch gegen Daun am 14. Oktober 1758 entriß es ihm nicht. Erst die schlimmste seiner Niederlagen bei Kunersdorf am 12. August 1759 nötigte ihn, das belagerte Dresden am 5. September übergeben zu lassen, und sein erster Versuch, es wiederzunehmen, endete mit der Kapitulation seines Generalleutnants von Finck bei Maxen am 21. November, sein zweiter im Juli 1760 nach einer Beschießung der Altstadt Dresdens, die gewaltige Zerstörungen hinterließ, mit seinem Abzug nach Schlesien. Aber den größten Teil des ihm schon verlorenen Sachsen gewann er durch die Schlacht bei Torgau am 3. November zurück. Als der Tod der Kaiserin Elisabeth von Rußland am 5. Januar 1762 die antipreußische Koalition aufgelöst und Prinz Heinrich von Preußen (1726-1802) bei Freiberg am 15. Oktober einen letzten Angriff der Österreicher und der Reichstruppen auf Sachsen zurückgeschlagen hatte, kam am 24. November ein Waffenstillstand, am 15. Februar 1763 durch die besonderen Bemühungen des Kurprinzen Friedrich Christian der Friede im Schloß Hubertusburg zustande, und zwar auf der Grundlage des Besitzstandes vor dem Krieg. Friedrich II. hatte also die Großmachtstellung behauptet. Damit war der Dualismus zwischen Preußen und Österreich zur bestimmenden Macht im Staatsleben Deutschlands geworden, Sachsens Geltung aber dauernd herabgedrückt. Der Tod Friedrich Augusts II. am 5. Oktober 1763 löste auch die Verbindung Sachsens mit Polen.

Politischer Stillstand und wirtschaftlicher Aufschwung 1763-1806

Die so völlig veränderte Lage unumwunden anerkannt und danach gehandelt zu haben, ist das Verdienst des Kurfürsten Friedrich Christian (5. Oktober bis 17. Dezember 1763) und seiner geistvollen, energischen Gemahlin Maria Antonia Walpurgis von Bayern. Nach der Entlassung Brühls, der kurz darauf starb, ordnete der Kurfürst eine Untersuchung seiner Verwaltung an, gab dem Geheimen Konsil, in das er tüchtige Männer wie Graf Flemming, Graf Einsiedel und Thomas Frh. v. Fritsch - letzterer hatte 1762/63 in der Restaurationskommision bereits entscheidende Weichen für die künftige Reformpolitik gestellt - berief, seine alten Rechte zurück und stellte durch sie mit Hilfe der Stände einen Tilgungsplan für die Landesschulden (30 Millionen Rthlr.) fest. In den Ausgaben für das Heer und die Hofhaltung möglichst sparsam, gab er doch mit der Gründung der Kunstakademie in Dresden (unter Christian Ludwig Hagedorn) und der ihr untergeordneten Zeichenakademie in Leipzig (unter Adam Friedrich Oeser, 1717-1799) den Anstoß zur Benützung der angehäuften Kunstschätze für die heimische Kunst. Nach außen bahnte er ein freundliches Verhältnis zu Preußen an.

Sein rascher Tod (durch die Pocken) brachte, da sein Nachfolger Friedrich August III., der Gerechte (1763-1827), noch unmündig war (geb. 23. Dezember 1750), den Bruder des verstorbenen Kurfürsten, den Prinzen Xaver, als Administrator ans Ruder (1763-1768). Sein Bemühen, die während des Krieges völlig zerrüttete Armee und das ganze Kriegswesen nach preußischem Muster wiederherzustellen und neuzugestalten, führte zunächst zum Aufgeben aller bisherigen Festungen mit Ausnahme Dresdens und des Königsteins, aber auch zu neuen finanziellen Auflagen auf Genußmittel und deshalb zum Streit mit den Ständen. Die Armeereform wurde trotzdem durchgeführt, so daß das Heer, ungerechnet die Spezialtruppen, auf 6200 Reiter und 21000 Mann Infanterie gebracht wurde; doch verstimmt über die Haltung der Stände, legte der Prinz noch vor dem Termin am 13. September 1768 die Regentschaft nieder und zog sich ins Privatleben zurück (†1806 auf seinem Gut Zabeltitz bei Riesa).

Obwohl Friedrich August sehr jung zu selbständiger Regierung kam, so zeigte er doch von Anfang an in seinen Entschließungen große Selbständigkeit, einen unbestechlichen Rechtssinn und ehrliches Wohlwollen. Er änderte daher in der schwerfälligen, uneinheitlichen Verfassung des Kurstaates und an der Stellung der Stände nichts, aber innerhalb der ihm gezogenen Schranken suchte er nach den Grundsätzen der vor allem von Friedrich dem Großen repräsentierten aufgeklärten Selbstherrschaft das Wohl aller seiner Untertanen, nicht nur die Interessen des Fürstenhauses oder der herrschenden Stände, auf allen Gebieten eifrig zu fördern. Im humanen Sinne der Zeit trennte er 1784 die Domänenverpachtung von der Justizverwaltung der Ämter, die an den Justizamtmann überging; um ihre Unparteilichkeit zu sichern, schaffte schon 1770 nach dem Vorgang Friedrichs II. die Folter ab, gestaltete den Vollzug der Freiheitsstrafen menschlicher durch die Errichtung der Zuchthäuser in Zwickau und Torgau und des Arbeitshauses in Colditz, gründete 1768 das Sanitätskollegium zur Überwachung der Volksgesundheit, zu deren Sicherung jetzt die Pockenschutzimpfung gesetzlich eingeführt wurde, und regelte die Armenpflege als Sache der Gemeinden durch die treffliche Armenordnung von 1772. Die von Friedrich Christian begonnene Neuordnung der Finanzen, die schon 1772 das Papiergeld (die »Kassenbillets«) als neues Zahlungsmittel einführte, übernahm 1782 das neu geschaffene Geheime Finanzkollegium neben dem ständischen Steuerärar mit solchem Erfolg, das schon 1789 der Staatskredit völlig wiederhergestellt und bis 1806 die Schulden fast ganz getilgt waren. Das Heer, keine Söldnertruppe, sondern »die einzige Nationalarmee in Deutschland«, wurde in gutem Stand gehalten, wenngleich die lange Friedenszeit mancherlei Übelstände (Kompaniewirtschaft der Hauptleute, zu lange Dienstzeit, Soldatenfamilien: 1806 etwa 7400) herbeiführte.

Die volkswirtschaftliche Entwicklung drängte in Kursachsen die Industrie mehr und mehr in den Vordergrund. Denn die Fortschritte der Landwirtschaft waren gering, da sie durch die Gutsuntertänigkeit der Bauern gehemmt wurden; erst das schwere Not- und Hungerjahr 1771/72 führte zur allgemeineren Verbreitung des Kartoffelanbaus, und die übliche Dreifelderwirtschaft wurde nur hie und da durchbrochen. Die Ökonomische Sozietät (1765) wirkte daher mehr durch theoretische Aufklärung. Die nachdrückliche Förderung der altheimischen Schafzucht durch Einführung des spanischen Merinos und Errichtung kurfürstlicher Stammschäfereien (»Elektoralwolle«) diente vor allem den Zwecken der Industrie. Neben die Tuchmacherei und Leineweberei (in der Oberlausitz) traten namentlich im Erzgebirge und Vogtland in einer größeren Ausdehnung Baumwoll- und Musselinfabrikation, Strumpfwirkerei, Kattundruckerei, Spitzenklöppelei, Holzdreherei u. a. m., alle Zweige noch überwiegend als ein mehr oder weniger durch größere Unternehmer (»Faktoren«) geleitetes und zentralisiertes Hausgewerbe. Der Erzbergbau, seit der Gründung der Bergakademie in Freiberg 1765 (Friedrich Anton von Heynitz, 1725-1802) immer wissenschaftlicher, seit der Errichtung des Amalgamierwerkes Halsbrücke 1787 immer feiner betrieben, lieferte daher noch ansehnliche Silberausbeute, trat aber allmählich hinter dem Kohlenbergbau, namentlich um Zwickau, zurück, dessen Erträge die Industrie immer mehr in Anspruch nahm. Diese arbeitete mehr und mehr auch für die überseeische Ausfuhr, meist unter Vermittlung Hamburgs. Durch die Teilnahme daran und als Markt für die Einfuhr englischer Gewerbeprodukte erwuchs Leipzig damals zum größten deutschen Binnenstapelplatz auch für Osteuropa, zugleich durch seinen blühenden Buchhandel zum »großen Schaumarkt der Literatur«. Gleichwohl geschah für die Verbesserung der schlechten Landstraßen und Flußbahnen gar nichts, die Postverbindungen blieben daher unbequem und langsam (zwischen Leipzig und Dresden zwei Tage), die Schiffe auch auf der Elbe wegen des ungleichmäßigen Fahrwassers klein, und die zahlreichen Zollstätten (zwischen Dresden und Magdeburg 16) wirkten verteuernd auf die Fahrt und die Warenpreise.

Das damit beginnende Übergewicht der Industrie, die schon ein Drittel der Bevölkerung Kursachsens beschäftigte, förderte deren Vermehrung und Verdichtung besonders in den Städten. Sie wuchs 1772-1785 von 1632000 auf 1945000 Einwohner, von denen schon ein Viertel in den 275 Städten lebte. Von diesen hatte Dresden

31 Hauptgebäude der Bergakademie Freiberg um 1766

52000, Leipzig 34000 Einwohner; erst in weitem Abstand folgten mit
10000 Zittau, Chemnitz mit 8 000 Einwohnern.

Wie der bürgerliche Mittelstand das wirtschaftliche Leben beherrschte, so gab er auch, die französierende Richtung der Höfe und
des Adels siegreich zurückdrängend und beide sich allmählich unter-
werfend, der geistigen Bildung sein Gepräge. Sie beruhte auf der
klassisch-theologischen Gelehrsamkeit der Lateinschulen, die, indem
sie diese Grundlage festhielten, nach Ernestis Schulordnung von
1773 doch auch schon der Muttersprache, der Mathematik und den
Naturwissenschaften einen bescheidenen Raum gewährten und, da
ihre Lehrer durchweg Theologen, ihre unteren Klassen noch eine Art
allgemeiner Bürgerschule waren, auch eine gewisse Einheitlichkeit
der gesamten Bildung vermittelten. Gesonderte »Bürgerschulen« in
den Städten entstanden allgemeiner erst seit 1803 (die erste in

32 Rathaus und Markt zu Leipzig (1790)

Leipzig). Eine bessere Vorbildung für die Volksschullehrer bahnte erst das Seminar in Dresden-Friedrichstadt (1788) an. So überwogen in der Wissenschaft noch Theologie und Philologie; doch begann jene in die Bahnen des Rationalismus einzulenken, diese ihre Methode einerseits auf die semitischen Sprachen (J. J. Reiske), andererseits auf die deutsche Muttersprache (Johann Christoph Adelung, 1732-1806) anzuwenden. Eine sächsische Geschichte auf wissenschaftlicher Grundlage zu schreiben, unternahm zuerst der treffliche Christian Felix Weiße in den Jahren 1802-1806. Die Naturwissenschaften erhielten in Leipzig ein chemisches Laboratorium und eine Sternwarte (auf dem Turm der Pleißenburg).

Wenn somit Kursachsen in diesen Beziehungen seinen alten Rang behauptete, so verlor es seine Vorherrschaft in der Kunst und Literatur mit dem Siebenjährigen Krieg; nur in der Musik bewahrte es einen anerkannten Vorrang durch die Leipziger Gewandhauskonzerte (das »große Konzert« seit 1763, im Gewandhaus seit 1781), und auch das dortige Theater, 1766 erbaut, 1798 städtisch, wurde eine wichtige Pflegestätte des Schauspiels. In der bildenden Kunst wich auch in Sachsen der prächtige Barockstil dem Klassizismus. An die Wiederentdeckung der griechischen Kunst durch J. J. Winckelmann anknüpfend, suchte daher die Architektur (Friedrich August Krubsacius, 1718-1790) die Schönheit in harmonischen Verhältnissen, geraden Linien und glatten Flächen mit geringer Verwendung der Farbe (Landhaus in Dresden 1776), die Malerei (A. F. Oeser) mehr in dem Gedankengehalt und in der Zeichnung als in der Farbenwirkung. Doch war Anton Graff (1736-1813) aus Winterthur einer der bedeutendsten Bildnismaler der Zeit.

Der größere Wohlstand veranlaßte den stattlichen Ausbau der Städte und die größere Behaglichkeit des Bürgerhauses, die Anlage von Zier- und Lustgärten vor den Toren, an denen Leipzig besonders reich war, die vielfache Verwandlung der zwecklos gewordenen Festungswerke in Promenaden (wie in Leipzig seit 1776 durch den Bürgermeister Karl Wilhelm Müller). Auch gegen die steifen, abgezirkelten, devoten Formen des geselligen Verkehrs erhob sich in der »Sturm- und Drangperiode« ein neuer, freierer Geist, der zugleich die Freude an kräftiger Bewegung und das Verständnis für Naturschönheiten wie die »Entdeckung« der »Sächsischen Schweiz« um 1800 durch die Pfarrer Wilhelm Leberecht Götzinger (1758-1818) und Carl Heinrich Nicolai (1739-1823) in immer weitere Kreise trug. Trotz aller dieser Fortschritte standen jedoch selbst die Gebildeten dem Staat, der nur auf den privilegierten Ständen, dem Beamtentum und dem Heer beruhte, als reine Privatmenschen oder als Weltbürger ohne wirkliches Interesse und Urteil gegenüber wie damals überall in Deutschland.

In seiner Reichspolitik schloß sich Friedrich August eng an Preußen an. Durch die österreichische Besetzung der ursprünglich reichs-unmittelbaren Schönburgischen Rezeßherrschaften, die sich 1740 der kursächsischen Landeshoheit unterworfen hatten, als böhmisches Lehen 1776 im eigenen Land unmittelbar angegriffen und durch die Ansprüche Kaiser Josephs II. (1765-1790) auf bayerische Territorien nach dem Tode des letzten Wittelsbachers Maximilian III. Joseph 1777 im Erbrecht seiner Mutter Maria Antonia (auf die Wittels-bachischen Allodien) gekränkt, griff Friedrich August im Bunde mit Preußen zu den Waffen und nötigte den Kaiser im Bayerischen Erbfolgekrieg 1778/79, auf seine bayerischen Pläne zu verzichten und die böhmische Lehnshoheit über die Schönburger aufzugeben; für die Ansprüche Maria Antonias erhielt er eine Entschädigung von

33 Das Societätstheater in Dresden-Neustadt (gegr. 1777)

6 Millionen Gulden, die er zur Begründung der Sekundogenitur für die jüngeren Prinzen seines Hauses verwandte. Späteren Versuchen Josephs II. trat er durch den zunächst mit Preußen und Hannover am 23. Juni 1785 zum Schutz des Reichsrechts abgeschlossenen Deutschen Fürstenbund wirksam entgegen.

Die Grundlagen dieser sächsischen Reichspolitik begannen zu zerfallen, als Österreich und Preußen auf der einen Seite die polnischen Wirren, auf der anderen die Französische Revolution (seit 1789) benützten, um ohne weitere Rücksicht auf die gesamtdeutschen Interessen wetteifernd auf Eroberungen auszugehen. Daher nahm Kursachsen nur als Reichsstand am ersten Koalitionskrieg gegen Frankreich (1792-1797) teil (Kämpfe bei Pirmasens und Kaiserslautern) und zog sich trotz des preußischen Sonderfriedens von Basel (April 1795), der das linke Rheinufer grundsätzlich preisgab, erst 1796 vom Kampf durch den Neutralitätsvertrag von Erlangen vom 13. August zurück. Seitdem mit ganz Norddeutschland durch die preußische »Demarkationslinie« gedeckt, mußte es die Vernichtung der geistlichen Fürstentümer und fast aller Reichsstädte durch den Reichsdeputationshauptschluß 1803, der die Reichsverfassung tatsächlich schon auflöste, geschehen lassen. Die Erhebung Napoleons I. zum Kaiser der Franzosen 1804, die Niederwerfung Österreichs 1805, die Stiftung des Rheinbundes am 17. Juli 1806 und die kurz darauf erfolgte förmliche Auflösung des Heiligen Römischen Reiches Deutscher Nation am 6. August gaben Kursachsen eine Selbständigkeit, der weder sein Umfang noch seine veraltete Verfassung gewachsen waren.

Die Napoleonische Zeit und ihre Nachwirkungen 1806-1830

Indem der Kurfürst in dieser allgemeinen Auflösung zunächst wieder Anlehnung an Preußen suchte, verhandelte er mit diesem und Hessen-Kassel über die Gründung eines norddeutschen Bundes, trat dann, als der Krieg gegen Frankreich drohte, wenigstens in ein Bündnis mit Preußen und sandte seine Truppen (22000 Mann unter Zezschwitz) zur preußischen Armee nach Thüringen. Nach der Niederlage eines sächsisch-preußischen Korps bei Saalfeld am 10. Oktober zertrümmerte die Unglücksschlacht bei Jena am 14. Oktober 1806 auch das sächsische Kontingent, gegen 7000 Mann gerieten in Gefangenschaft, der Rest ging mit den Preußen nach Nordthüringen zurück und trennte sich erst im Mansfeldischen von ihnen (17. Oktober). Der Kurfürst aber, von Preußen ohne Schutz gelassen, nahm den ihm von Napoleon sofort angebotenen Waffenstillstand an, öffnete den Franzosen die Elbübergänge und schloß am 11. Dezember 1806 den Frieden von Posen. Kursachsen trat dem Rheinbund bei und wurde zum Königreich erhoben. Katholiken und Protestanten waren von jetzt an in der Ausübung ihres Gottesdienstes gleichberechtigt. Sachsen stellte 6000 Mann zum Krieg gegen Preußen.

Kurfürst Friedrich August III. ließ sich am 20. Dezember zum ersten König des Königreiches Sachsen proklamieren. Daß ihm, übrigens ohne sein Zutun, Napoleon im Frieden von Tilsit am 9. Juli 1807 auch den Cottbuser Kreis und die Preußen zugeschlagenen polnischen Provinzen als Herzogtum Warschau zuwies, verfeindete Sachsen aufs neue mit Preußen, und es wurde zu um so festerem

34 Das von Ernst Rietschel geschaffene Denkmal Friedrich Augusts III. (des Gerechten), Kurfürst von Sachsen, als König von Sachsen seit 1806 Friedrich August I.

Anschluß an Frankreich gedrängt. Doch verschmähte es der König, die neu gewonnene Souveränität nach dem Beispiel der süddeutschen Fürsten zum Umsturz der alten Landesverfassung zu benützen und begnügte sich mit der Umbildung seines Heeres nach französischem Muster. In Polen aber blieb sein Regiment mit einer Scheinkonstitution nach französischem Muster nominell, und die Verfügung über die polnische Armee überließ er dem Kaiser Napoleon.

Das Bündnis mit Frankreich verwickelte Sachsen 1809 auch in den Krieg gegen Österreich. Der Einfall der »schwarzen« Freischaren des Herzogs von Braunschweig-Oels in der Oberlausitz wurde in den Kämpfen um Zittau durch den Oberst Johann Adolf von Thielmann (1765-1824) abgewehrt; aber als die sächsischen Truppen nach der Donau abgezogen waren, wo sie an der entscheidenden Schlacht bei Wagram am 5. und 6.Juli rühmlichen Anteil nahmen, wurden das westliche Sachsen und Dresden doch von österreichischen Truppen besetzt und der König zur Flucht nach Frankfurt a. M. genötigt, bis westfälische und französische Truppen heranzogen. Im Frieden von Preßburg am 14. Oktober 1809 erhielt Sachsen einige böhmische Enklaven in der Oberlausitz und die in Sachsen liegenden Güter des Deutschen Ordens. Das Herzogtum Warschau wurde durch das von Österreich abgetretene Neu-Galizien vergrößert und zum Großherzogtum erhoben. Seitdem stand der Glaube an die Unbesiegbarkeit Napoleons und an die Dauer seines Weltreichs auch in Sachsen um so fester, je weniger auch hier ein deutsches Nationalbewußtsein vorhanden war.

Auch von dem Feldzug gegen Rußland 1812, den nach dem Glauben des Volkes der große Komet von 1811 vorausverkündigt hatte, erwartete man nur eine Befestigung der Herrschaft Napoleons, der sich gerade in Dresden, umgeben von seinen Verbündeten, noch einmal im vollem Glanze zeigte; in sächsischen Regierungskreisen hoffte man sogar auf neue Landerwerbungen. Bereitwillig stellte man deshalb dem Kaiser 21000 Mann, 7000 Pferde und 48 Geschütze zur Verfügung. Während die Hauptmasse als 7. Armeekorps (Reynier) der »Großen Armee« mit den Österreichern zusammen über Brest-Litowsk gegen Südrußland vorging und dort nach dem unglücklichen Gefecht bei Kobrin am 27. Juli in der Schlacht bei Podobna (Podubny) am 12. August einen Sieg erfocht, folgten die schwere Reiterbrigade und ein leichtes Reiterregiment dem Marsch der französischen Hauptmacht gegen Moskau, wirkten in der Schlacht bei Borodino am 7. September durch die Erstürmung der Rajewskischanze entscheidend mit und zogen am 14. September im verlassenen Moskau ein, ging aber auf dem schrecklichen Rückzug, den Napoleon erst am

18. Oktober antrat, bis auf 55 Mann zugrunde. Auch die Hauptmasse der Sachsen brachte nur 6000 streitfähige Leute nach Polen zurück, die dann langsam nach Sachsen zurückwichen (Gefecht bei Kalisch am 13. Februar 1813). Napoleon selbst kam am 14. Dezember bei strenger Kälte durch Dresden, wo er übernachtete.

Obwohl sich nun unter dem Eindruck dieser schrecklichen Opfer der Fremdherrschaft, als die einmütige Erhebung des preußischen Volkes im Februar 1813 begann, auch in Sachsen der deutsche Geist regte (Theodor Körner), so wagte doch der König, unerschüttert im Glauben an den »Stern« seines »großen Alliierten« und mißtrauisch ebensosehr gegen die Absichten der verbündeten Ostmächte Preußen und Rußland wie gegen ihre Kräfte, nicht, sich ihnen anzuschließen, sondern wich einer Entscheidung durch die Abreise nach Plauen aus. Erst nach der Sprengung der Dresdner Elbbrücke durch Marschall Davoust am 19. März gab er dem in Torgau kommandierenden General Johann Adolf von Thielmann Befehl, diese Festung für beide Parteien zu sperren und versuchte nun in Anlehnung an Bayern und Österreich, eine bewaffnete Neutralität zu behaupten, ging deshalb auch erst nach Regensburg, dann nach Prag. Da inzwischen Sachsen von den Verbündeten besetzt wurde, so erwarteten diese, Thielmann werde, der Stimmung weiter Bevölkerungskreise entsprechend, seine Truppen und damit das Land zu ihnen herüberführen. Aber der General, der Stimmung seiner Offiziere nicht sicher, schreckte vor einem so eigenmächtigen Schritt zurück, und inzwischen gewann Napoleon Zeit, ein neues Heer nach Sachsen zu führen. Am 2. Mai bei Großgörschen (sö. Lützen) siegreich, drängte er die Verbündeten über die Elbe zurück, besetzte Dresden und nötigte dadurch den König, sich ihm wieder anzuschließen, nach Dresden zurückzukehren (12. Mai), Torgau den Franzosen zu öffnen und sein Heer ihnen wieder zur Verfügung zu stellen. Die Schlacht bei Bautzen am 20. und 21. Mai und die ihr folgenden blutigen Rückzugsgefechte zwangen die Verbündeten, bis nach Schlesien zurückzugehen, wo der Waffenstillstand von Poischwitz bei Jauer am 4. Juni dem Kampf vorläufig ein Ende machte.

Während nun Preußen und Rußland mit Österreich über dessen Beitritt verhandelten und in Prag ein Friedenskongreß zusammentrat, erlag das schon erschöpfte Sachsen beinahe dem Druck der meist hier lagernden französischen Armee und der neuen ihm auferlegten Rüstungen. Auch nach dem Wiederausbruch des Krieges am 12. August blieb Dresden (mit Stolpen, dem Königstein und dem Sonnenstein) Napoleons Hauptstellung und wurde von ihm, auch nachdem seine Generale, Oudinot bei Großbeeren vor Berlin am 23., Macdonald an der Katzbach am 26. August, völlig geschlagen worden waren, in zweitägiger Schlacht am 26. und 27. August gegen die Hauptarmee der drei verbündeten Mächte siegreich verteidigt. Aber sein Versuch, den über das Erzgebirge weichenden Kolonnen den Austritt in das Tal von Teplitz zu sperren, endete am 29. und 30. August mit der vernichtenden Niederlage seines Marschalls Vandamme bei Kulm, der zweite Vorstoß gegen Berlin mit der Niederlage des Marschalls Ney bei Dennewitz unweit Jüterbog am 6. September.

Endlich nötigte ihn der Vormarsch Blüchers von Schlesien her (Elbübergang Yorks bei Wartenburg am 3. Oktober) und das erneute Vordringen der böhmischen Armee über das Erzgebirge, also die Bedrohung seiner Rückzugsstraße, Dresden am 7. Oktober zu verlassen und sein Heer bei Leipzig zu vereinigen, wohin ihm auch König Friedrich August folgte, indem er somit freiwillig sein Schicksal bis zuletzt an das des Kaisers knüpfte. In der »Völkerschlacht« (16., 18. und 19. Oktober 1813) fochten die Sachsen, die erst am 17. von Torgau heranzogen, längst mißmutig über das fremde Joch, am 18. Oktober noch tapfer mit, aber noch während des Kampfes gingen sie mit verzweifeltem Entschluß zu den Verbündeten über, um aus der unvermeidlichen Katastrophe die Selbständigkeit des Landes zu retten. Am 19. Oktober fiel auch der König in der erstürmten Stadt den Siegern in die Hände. Diese sandten ihn als kriegsgefangen nach Friedrichsfelde bei Berlin und stellten Sachsen als erobertes Land unter ein russisches Gouvernement (Fürst Repnin), das nun seine Kräfte zum weiteren Kampf gegen Frankreich aufbot, aber am 8. November 1814 durch ein preußisches abgelöst wurde. Doch wurde Sachsen erst durch die Übergabe von Dresden (11. November), Torgau und Wittenberg (Januar 1814) ganz von den Franzosen befreit.

Über die Zukunft des Landes entschied erst nach langem Hader der Wiener Kongreß. Da Preußen für die Abtretung des größten Teils seiner polnischen Provinzen an Rußland durch deutsche Gebiete entschädigt werden sollte, überwies der Vertrag vom 10. Januar 1815 mehr als die Hälfte Sachsens, nämlich den Thüringischen Kreis, den Kurkreis, die ganze Niederlausitz und die östliche Hälfte der Oberlausitz, für die zugleich die alten böhmischen Erbansprüche aufgehoben wurden, an Preußen, während der Neustädter Kreis an die Ernestiner (Sachsen-Weimar) zurückfiel. Der König nahm den Vertrag erst am 18. Mai an, schloß sich am 27. Mai auch dem Kriegsbündnis gegen den wieder heimgekehrten Napoleon, am 8. Juni dem Deutschen Bund an und kehrte am 7. Juni nach Dresden zurück. Seine Truppen aber, die schon in Belgien bei Blüchers Heer standen,

gingen durch die verhängnisvolle Meuterei in Lüttich der Ehre
verlustig, an dem ruhmvollen Sieg bei Belle-Alliance (Waterloo) am
18. Juni 1815 teilzunehmen.

Damit war das lange Ringen der Wettiner und Hohenzollern über
die Vorherrschaft in Nordostdeutschland zu Ende. Im wesentlichen
auf die alte Mark Meißen und einige kleine Nachbargebiete, die alten
Stammlande der Wettiner, im ganzen auf einen Umfang von 272
Quadratmeilen (14992 km²) beschränkt, schloß sich das verkleinerte
Königreich Sachsen aufs engste in sich und um die ehrwürdige
Persönlichkeit des greisen Königs unter dem neuen geschichtslosen
weiß-grünen Banner zusammen. Aber diese verstärkte Vaterlandslie-
be des schwer getroffenen Volkes, das an dem nationalen Befreiungs-
kampf keinen Anteil gewonnen hatte, sondern sein Opfer geworden
war, äußerte sich auch in einem tiefen Haß gegen Preußen und
erzeugte einen unnatürlichen Bonapartismus, der zäh an der Hoffnung auf Wiederherstellung des alten Umfanges festhielt und die
Erkenntnis dessen, was die neue Lage forderte, aufs äußerste erschwerte. Da nun auch der hochkonservative Sinn des Königs und
seines Kabinettchefs, des Grafen Detlev von Einsiedel, jeder Neuerung mißtrauisch gegenüberstand, so blieb im Inneren alles wesentlich beim alten. Nur die Verwaltung des Restes der Stiftslande wurde
mit der Zentralverwaltung vereinigt, ebenso 1817 ihre und die
oberlausitzischen Stände zum Landtag der Erblande zugezogen, obwohl daneben der geschmälerte Bautzner Sonderlandtag bestehen
blieb. Das Augenmerk der Regierung richtete sich vor allem auf die
Wiederherstellung der durch den Krieg zerrütteten Finanzen, die bis
1818 gelang, und des verkleinerten Heeres, das 1825 auf die inländische Aushebung (mit Stellvertretung) begründet wurde und neue
Bildungsanstalten (1816 die Militärakademie, 1821 die Unteroffi-
ziersschule in Struppen statt wie bisher in Annaburg) sowie ein neues
Militärstrafgesetzbuch (1822) erhielt. Fast nur die blühenden Messen und der Buchhandel in Leipzig, wo 1824 der Börsenverein der
deutschen Buchhändler das Zentrum für den gesamten deutschen
Buchhandel schuf, hielten den inneren Zusammenhang zwischen
Sachsen und dem übrigen Deutschland aufrecht.

König Friedrich August hatte 1818 sein fünfzigjähriges Regierungs-
jubiläum unter allgemeiner Teilnahme gefeiert. Sein Tod am 5. Mai
1827 änderte jedoch an dem konservativen Charakter der Regierung
nichts. Nachfolger wurde der um wenige Jahre jüngere (1755 gebo-
rene), ursprünglich für den geistlichen Stand bestimmte Bruder
Anton (1827-1836), der Einsiedel beibehielt. Und doch drängte alles
zu umfassenden Neugestaltungen, vor allem die Einführung konsti-

tutioneller Verfassungen in den süddeutschen Staaten, der mächtige
Aufschwung des preußischen Einheitsstaates unter seiner neuen energischen und weitsichtigen Verwaltung und die beginnende wirtschaftliche Einigung des außerösterreichischen Deutschlands durch
den preußischen Zollverein, der, indem er im Inneren den Verkehr
völlig freiließ, nach außen sich durch Grenzzölle schützte und so der
schon durch die Napoleonische Kontinentalsperre von 1806 schwer
erschütterten sächsischen Industrie immer mehr den Absatz beschränkte. Der Beitritt Hessen-Darmstadts 1828 und die Verbindung des preußischen Zollgebiets mit dem neuen Bayerisch-würt-
tembergischen Zollverein umschnürte Sachsen noch enger, der schwache
Versuch, durch den Mitteldeutschen Handelsverein von 1828 (Sachsen, Thüringen, Kurhessen, Hannover, Bremen und Frankfurt a. M.)
die Fortschritte der Zolleinigung zu hemmen, vermochte dagegen
nichts, und die Fortdauer der gewerblichen Zwangsrechte wie der
anderwärts längst beseitigten bäuerlichen Abhängigkeit hemmten
auch im Inneren jeden wirtschaftlichen Aufschwung.

Fortschritte in dieser Beziehung waren nur die Sicherung wissenschaftlicher Forstpflege durch die Gründung der Forstakademie in
Tharandt 1816 unter Heinrich Cotta (1763-1844), die Entwicklung
des technischen Unterrichtswesens seit der Stiftung der Technischen
Bildungsanstalt in Dresden 1828, der Bau von Kunststraßen (bis
1830 gegen 130 Meilen) und die Einrichtung der Eilpost (1823
zwischen Leipzig und Dresden), dankenswert an sich, aber ungenü-
gend. Trotzdem fehlte es an einer starken, volkstümlichen Strömung.
Die Gebildeten lebten noch fast ganz ihren ästhetisch-literarischen
oder gelehrten Interessen. Dresden wurde durch Christoph August
Tiedge (1752-1841) und Ludwig Tieck (1773-1853) ein Hauptsitz
der ausgehenden Romantik, durch Carl Maria von Weber auch der
volkstümlichen deutschen Oper (seit 1817); die Universität Leipzig
behauptete ebenso ihren guten Ruf vor allem durch den Philologen
Johann Gottfried Hermann (1772-1848) wie das gelehrte Unterrichtswesen, und in der Landeskirche trat dem lange herrschenden
Rationalismus eine positivere Richtung entgegen, die 1814 zur Gründung der Sächsischen Bibelgesellschaft führte und 1817 in der 300jäh-
rigen Jubelfeier der Lutherischen Reformation zu lebendigem Ausdruck kam. Eine politische Opposition gab es nicht. Die einzige
politische Zeitung des Landes neben der amtlichen »Leipziger Zeitung«, die »Biene«, beschränkte sich auf die Kritik der ländlichen
Abhängigkeitsverhältnisse. So bedurfte es eines starken Anstoßes von
außen, um Sachsen in neue Bahnen zu drängen und es wieder in
engere Verbindung mit dem gesamtdeutschen Leben zu bringen.

Die Ausbildung des Verfassungs- und Industriestaates 1831-1866

Den Anstoß gab die politische Bewegung, die von der französischen Julirevolution 1830 ausging. Ihre Träger waren in Sachsen einerseits das wirtschaftlich aufstrebende Bürgertum, andererseits das jüngere Beamtentum und die jüngeren Mitglieder des Königshauses, vor allem die Söhne des Prinzen Maximilian (1759-1838), eines jüngeren Bruders König Friedrich Augusts I., Friedrich August (geb. 18. Mai 1797) und Johann (geb. 12. Dezember 1801), die in enger Gemeinschaft erzogen, mit dem vielseitigsten geistigen Interesse einen offenen Blick für die Bedürfnisse ihrer Zeit und eine durch nachhaltige Erfahrungen nicht erschütterte deutsche Gesinnung verbanden. Daher genügten die Bewegungen in Leipzig und Dresden (September 1830) gegen die verrottete Stadtverwaltung, um den König zur Entlassung des Grafen Einsiedel (13. September) und zur Ernennung des Prinzen Friedrich August zum Mitregenten zu bewegen.

Die neue Regierung mit Bernhard August von Lindenau als leitendem Minister befriedigte die nächsten Bedürfnisse durch Errichtung von »Kommune-Repräsentanten« aus der Bürgerschaft neben den alten Stadträten und einer »Kommunalgarde« zum inneren Sicherheitsdienst und setzte dann in langen Kämpfen, aber in friedlicher Vereinbarung mit den zum letzten Mal berufenen alten Ständen die Verfassung vom 4. September 1831 durch, wesentlich so, daß, wie sonst in Deutschland, jene in der Ersten Kammer erhalten blieben, in der Zweiten Kammer aber ihnen eine auf Wahlen aus den Ansässigen beruhende Volksvertretung (20 ritterschaftliche, 30 städtische, 25 bäuerliche Abgeordnete, auf 6 Jahre gewählt) zur Seite trat. Das Königshaus verzichtete auf seine Domänen zugunsten einer sehr mäßigen Zivilliste, und auch die Schlösser und Sammlungen gingen in das Eigentum des Staates über, sollten aber dem jeweiligen König zur Verfügung stehen. Die Landesgesetzgebung setzte an die Spitze des Staates statt der bisherigen Oberbehörden die sechs Fachministerien für das Innere, die Justiz, die Finanzen, den Kultus und Unterricht, das Kriegswesen und das Auswärtige, neben denen der Staatsrat, aus den königlichen Prinzen und den höchsten Beamten gebildet, besonders wichtige, ihm zugewiesene Sachen beraten sollte (November 1831); sie gab den Städten durch die Städteordnung vom 2. Februar 1832 nach preußischem Vorbild eine neue Verwaltung (Stadtrat und

Stadtverordnete), errichtete auf dem zweiten Landtag 1833/34 für die Landesverwaltung die vier Kreisdirektionen von Dresden, Leipzig, Zwickau und Bautzen und vollendete die Staatseinheit, indem sie die Verwaltung des Staatsvermögens der Hauptstaatskasse, die Verteilung der Staatseinnahmen der Finanzzentralkasse, die Aufsicht über die Staatsschulden (1834 einschließlich der oberlausitzischen Landesschulden etwa 13800000 Rthlr.) der Staatsschuldenkasse unter Leitung einer ständischen Deputation übertrug. Die Oberlausitz behielt ihren 1834 durch bäuerliche Abgeordnete verstärkten Sonderlandtag, trat aber im übrigen unter die Verfassung des Gesamtstaates. Ebenso wurde das bisher höchst verwickelte Steuerwesen einheitlich geregelt (Grund-, Gewerbe- und Personalsteuer). Grundlegend für die neue wirtschaftliche und soziale Ordnung wurde die Aufhebung des Gesindezwanges, der Fronen und der Servituten durch das Gesetz vom 17. März 1832, deren allmähliche »Ablösung« die 1834 gegründete Landrentenbank vermittelte, und die Aufhebung des mittelalterlichen Lehnsverbandes 1834. Der so befreite Bauernstand erhielt in der Landgemeindeordnung von 1838 die Selbstverwaltung seiner Angelegenheiten. Dagegen gelang es weder die städtischen Zunftrechte noch die Patrimonial- und Stadtgerichte (im ganzen über 1100) zu beseitigen; nur in den obersten Instanzen ging die Rechtspflege mit der Errichtung der vier Appellationsgerichte unter dem Oberappellationsgericht in Dresden an rein staatlich-monarchische Organe über, und zugleich sicherte das Strafgesetzbuch von 1836 die Einheitlichkeit des Kriminalverfahrens. Für die Volkswohlfahrt sorgte die Regierung besonders durch das Heimatgesetz von 1834, die Armenordnung von 1840 und die Ernennung von Bezirksärzten 1840. Die Verwaltung der Landeskirche blieb dem Konsistorium, das sich bei den Kreisdirektionen durch Kirchen- und Schulräte vertreten ließ; die Oberlausitz behielt ihre eigene Kirchenverfassung (ohne Superintendenten), ihr Domkapitel und ihre beiden Klöster, doch war die Errichtung neuer Klöster im ganzen Land verfassungsmäßig untersagt. In das höhere Schulwesen griff die Regierung, nachdem sie schon 1828 die Reifeprüfung an den Gymnasien allgemein eingeführt hatte, zuerst nur durch die Beschlüsse der Rektorenkonferenz 1835 bestimmend ein, dagegen gab sie dem Volksschulwesen schon 1836 eine allgemeine gesetzliche Grundlage, und die Universität Leipzig erhielt 1834 eine neue Verfassung (Beschränkung der akademischen Gerichtsbarkeit, Aufhebung der »Nationen«, s. S. 53).

Erst diese Umgestaltungen seit 1831 ermöglichten den dringend notwendigen Eintritt Sachsens in den Deutschen Zollverein nach dem Vertrag vom 24. März 1833, der, als in der Neujahrsnacht 1833/

34 alle Zollschranken in Mitteldeutschland fielen, etwa 8 200 Quadratmeilen mit 25 Millionen Einwohnern umfaßte, also über vier Fünftel Deutschlands außerhalb Österreichs. Damit verschwand die wirtschaftliche Selbständigkeit der Einzelstaaten und machte der nationalen Wirtschaftseinheit Platz, der Grundlage der künftigen politischen Einheit.

Das unerwartet rasche Aufblühen Sachsens trat zuerst unter Friedrich August II. (1836-1854) hervor. Wie die Landwirtschaft, aus ihren Fesseln befreit, von der Dreifelderwirtschaft jetzt allgemein zur Fruchtwechselwirtschaft überging, so fand die im Verlauf der industriellen Revolution hochentwickelte sächsische Industrie im Zollvereinsgebiet einen weiten Markt und ging mehr und mehr zum Fabrik- und Dampfbetrieb über, der nun wieder den Kohlenbergbau mächtig förderte. Damit verband sich die Einführung der Dampfschiffahrt auf der Elbe 1837 und die Erbauung der ersten Fernbahnen, die zunächst noch Aktiengesellschaften überlassen blieben (die Leipzig-

35 Die erste deutsche Ferneisenbahn Leipzig-Dresden,
fertiggestellt 1839 (bei Niederau)

Dresdner Eisenbahn in ganzer Ausdehnung 1839 eröffnet). Seit 1850 traten die elektrischen Telegraphen und die Erleichterung des Postverkehrs durch die Briefmarke hinzu. Dem gewaltig steigenden Verkehr gab die Münzkonvention von 1838 ein allgemein norddeutsches Zahlungsmittel in der Annahme des preußischen Münzfußes (1 feine Mark Silber = 14 Rtlr. = 20 Gulden rheinisch). In dem raschen Anwachsen der Bevölkerung (1834-1855 von 1595000 auf 2 Millionen) trat der wirtschaftliche Aufschwung besonders deutlich hervor.

Dem entsprach eine neue Blüte der Kunst, die, den nüchtern und geistlos gewordenen Klassizismus überwindend und an die italienische Renaissance anknüpfend, namentlich Dresden mit edlen Bauten zierte (Gottfried Sempers Hoftheater und Museum) und die Hauptstadt zum Sitz einer monumentalen Plastik (Ernst Hähnel, Ernst Rietschel) wie einer reich entwickelten Malerei (Julius Schnorr von Carolsfeld, Ernst Bendemann, Ludwig Richter) machte. Das deutsche Schauspiel und die Oper erlebten in dem neuen prachtvollen Haus dort ihre schönste Zeit (Richard Wagner), während die Leipziger Gewandhauskonzerte (Felix Mendelssohn-Bartholdy) den alten musikalischen Rang der Stadt behaupteten. Der Pflege der reinen Wissenschaft gab die Sächsische Gesellschaft der Wissenschaften in Leipzig 1846 eine neue Heimstatt, die Gymnasien erhielten durch das Regulativ von 1846 eine neue Ordnung, die sie aus Lateinschulen zu Pflegestätten einer humanistischen, exakte, christliche und nationale Elemente mit umfassenden Bildung umwandelte. Daneben erwuchs ein vielgegliedertes technisches Unterrichtswesen (1831 Handelsschule in Leipzig,1836 die Höhere Gewerbeschule in Chemnitz, 1837-40 fünf Baugewerkeschulen). An diesem reichen Geistesleben nahm das königliche Haus regen und tätigen Anteil, der König durch seine botanischen Studien, Prinz Johann (»Philalethes«) durch seine Danteübersetzung, Prinzessin Amalie durch ihre scharf charakterisierenden Lustspiele aus dem bürgerlichen Leben.

Doch auf dieses lichte Bild fielen schon dunkle Schatten. Die Fortdauer mancher gutsherrlicher Rechte und des Zunftzwanges widersprachen der sonst gewährten wirtschaftlichen Freiheit, die Zensur engte die rege literarische Tätigkeit namentlich in der Presse peinlich ein und reizte beständig das gesteigerte Selbstgefühl vor allem des Bürgertums, die neu erwachte kirchlich-evangelische Gesinnung, die 1832 zur Stiftung des Gustav-Adolf-Vereins geführt hatte, nahm Anstoß an der Maßregelung der Freigemeinden und veranlaßte in Leipzig im August 1845 Demonstrationen gegen den der Zuneigung zu den Jesuiten grundlos verdächtigten Prinzen Johann, die blutig unterdrückt und mit großer Härte bestraft wurden;

Bernhard von Lindenaus Rücktritt als Vorsitzender des Gesamtministeriums 1843 galt zu Unrecht als ein Sieg des reaktionären Adels, und das schwere Not- und Hungerjahr 1846/47, die Folge einer langen Dürre, regte auch die Massen auf. Das alles stärkte die seit 1836 auftretende liberale Partei in ihrem Bestreben nach Erweiterung der Freiheitsrechte. Dazu kam die immer deutlicher in ganz Deutschland wenigstens von den Gebildeten empfundene Notwendigkeit, den lockeren monarchischen Staatenbund, der es nur notdürftig zusammenhielt, in eine zugleich leistungsfähige und volkstümliche Gesamtverfassung umzuwandeln.

Ein abermals von Frankreich durch die Februarrevolution 1848 gegebener Anstoß warf daher in Sachsen wie in ganz Deutschland die

36 Chemnitz, die wichtigste sächsische Industriestadt des 19. Jahrhunderts

alte Ordnung der Dinge, an deren Haltbarkeit auch das stark mit liberalisierenden Elementen durchsetzte Beamtentum nicht mehr glaubte, jäh um, und am 16. März übernahmen auch hier die bisherigen Führer der liberalen Opposition, Braun und Oberländer, die Leitung des Gesamtministeriums (Braun als dessen Vorsitzender). Die Zensur wurde aufgehoben, und unter dem Schutz des neuen Versammlungsrechts entstanden zahllose politische Vereine, die konstitutionell-monarchischen »deutschen Vereine« und die demokratischen »Vaterlandsvereine«. Da diese, von energischen und gewandten Agitatoren (Robert Blum in Leipzig) geleitet, die Massen beherrschten, so siegte diese Partei, deren eigentliches Ziel die demokratisch-nationale Förderativrepublik war, auch bei den Wahlen zur deutschen Nationalversammlung in Frankfurt. Während nun diese, am 18. Mai 1848 zusammentretend, an die Arbeit ging, um kraft der von ihr beanspruchten Souveränität der Nation eine bundesstaatliche Verfassung für Gesamtdeutschland zu entwerfen und daher am 29. Juni den Erzherzog Johann von Österreich als »Reichsverweser« an die Spitze der provisorischen »Zentralgewalt« stellte, der Bundestag aber zu deren Gunsten zurücktrat, genehmigte der sächsische Landtag die Gesetze über Presse-, Vereins- und Versammlungsfreiheit, Schwurgerichte und allgemeine Wehrpflicht (ohne Stellvertretung) und gestaltete das Wahlrecht so um, daß künftig beide Kammern aus direkten Wahlen hervorgehen sollten.

Aber als der Landtag am 17. November geschlossen wurde, hatten in Österreich und in Preußen schon die konservativ-monarchischen Elemente mit Hilfe des Heeres wieder das Übergewicht erlangt, und als das Frankfurter Parlament nach heißem Streit endlich am 28. März 1849, um die neue Reichsverfassung abzuschließen, König Friedrich Wilhelm IV. von Preußen zum »Kaiser der Deutschen« wählte, da wies dieser die Krone als eine revolutionäre Schöpfung der Volkssouveränität am 3. April zurück und brachte dadurch die ganze nationale Bewegung zum Scheitern. Inzwischen war in Sachsen aus Furcht vor dem Vordringen der Demokratie auf dem neuen »Unverstandslandtag« (seit 17. Januar) das »Märzministerium« schon am 24. Februar zurückgetreten, und das neue, konservative Ministerium Held (Beust, Rabenhorst) stieß heftig mit den Kammern zusammen, als diese die Anerkennung der demokratischen Reichsverfassung forderten. Nach dem Vorgang Preußens und seines militärischen Beistandes für den Notfall schon versichert, löste der König am 28. April den Landtag auf. Dies gab das Zeichen zu der längst geplanten republikanischen Erhebung in Dresden unter dem populären Ziel einer Anerkennung der Reichsverfassung. Nur unter harten Kämpfen und nur mit preußischer Hilfe bewältigten die wenig zahlreichen sächsischen Truppen den Dresdner Maiaufstand (3. bis 9. Mai). Eine harte Reaktion folgte. Die Vaterlandsvereine, die meisten Stadtverordnetenversammlungen und die Kommunalgarden wurden aufgelöst, viele Teilnehmer an dem Aufstand zu Zuchthausstrafen (August Röckel) verurteilt. Gottfried Semper und Richard Wagner gingen außer Landes.

Fern von diesem Bürgerkrieg erneuerte die sächsische Brigade, die im März 1849 unter dem General von Heintz und begleitet von dem jugendlichen Prinzen Albert zum Reichsheer nach Schleswig abgegangen war, um dort den schon im März 1848 begonnenen Kampf der Herzogtümer gegen die Einverleibung Schleswigs in Dänemark zu unterstützen, den alten sächsischen Waffenruhm im Kampf um die Düppeler Höhen am 13. April.

Nach der Niederwerfung der revolutionären Einheitsbewegung versuchte Preußen durch das »Dreikönigsbündnis« (Union) vom 26. Mai 1849 zunächst im Verein mit Sachsen und Hannover dem außerösterreichischen Deutschland eine bundesstaatliche Verfassung

37 Gottfried Semper (1803-1879)

unter der Leitung Preußens zu geben und übernahm im Dezember 1849 zusammen mit Österreich die deutsche Zentralgewalt. Allein der Widerspruch Österreichs gegen diesen preußisch dominierten Bundesstaat war so stark, der Wille Friedrich Wilhelms IV., ihn durchzusetzen, so schwach, daß Sachsen, dessen auswärtige Politik seit dem Februar 1849 der gewandte, aber unzuverlässige und eitle Ferdinand Freiherr von Beust (1809-1886) leitete, sich schon im Februar 1850 wieder zurückzog und weder den Unionsreichstag in Erfurt (März und April) noch den Fürstentag in Berlin (Mai) beschickte. Als der »Widerstandslandtag« trotzdem die weitere Teilnahme an der Union forderte, wurde er am 1. Juni aufgelöst und am 3. Juni durch einen Staatsstreich die Wiederherstellung der alten Stände von 1831 verkündet (die »reaktivierten Stände«), zugleich das Vereins- und Versammlungsrecht sowie die Pressefreiheit beschränkt.

Seitdem schloß sich Sachsen in den deutschen Angelegenheiten eng an Österreich an, obwohl es durch den Zollverein wirtschaftlich unauflöslich mit Preußen verbunden blieb. Es beteiligte sich daher an der Wiedereröffnung des Bundestages (2. September), war in den Streit, der zwischen diesem und Preußen über die Rechtsgültigkeit der kurhessischen Verfassung ausbrach, bereit, Österreich selbst mit den Waffen zu unterstützen, vereinigte deshalb seine Truppen bei Großenhain und beförderte, nachdem Preußen der drohenden Haltung Österreichs und Rußlands gegenüber seine Union aufgelöst (15. November) und in Olmütz Kurhessen wie Schleswig-Holstein preisgegeben hatte (29. November), in den Dresdner Konferenzen (23. Dezember 1850 bis 15. Mai 1851) die einfache Wiederherstellung des untauglichen Bundestags. Mit tiefem Groll mußten darauf auch die deutschgesinnten Sachsen zusehen, wie unter dessen Schutz und Zustimmung die kurhessische Verfassung aufgehoben, Schleswig-Holstein den Dänen ausgeliefert und durch das Londoner Protokoll vom 8. Mai 1852 das Erbrecht der nur in Dänemark (nach Friedrich VII.) zur Nachfolge berechtigten Glücksburger auch für die Herzogtümer anerkannt, endlich am 1. Dezember 1852 die Reichsflotte, die populärste Schöpfung des Frankfurter Parlaments, meistbietend versteigert wurde.

Dem König Friedrich August indessen trug man diese schmerzlichen Enttäuschungen der nationalen Hoffnungen persönlich nicht nach. Sein jäher Tod am 9. August 1854 durch einen Sturz aus dem Wagen beim Weiler Brennbüchel unweit Imst in Tirol erregte deshalb die aufrichtigste Trauer. Von seinem Nachfolger König Johann (1854-1873) durfte man bei seiner gereiften Erfahrung, seinem

ernsten, pflichttreuen Sinn und seiner umfassenden Bildung ein
ebenso wohlwollendes und einsichtiges wie festes Regiment erwarten.

Obwohl manche Errungenschaften der Jahre 1848/49 wieder beseitigt worden waren, so machte doch die monarchisch-konstitutio-
nelle Umgestaltung des Staatswesens und die Befreiung der Volkswirtschaft von alten Fesseln rüstige Fortschritte.

Das Gerichtsverfassungsgesetz vom 11. August 1855 ersetzte vom
1. Oktober 1856 ab die Patrimonial- und Stadtgerichte durch 15
königliche Bezirksgerichte und 107 Gerichtsämter. In demselben
Jahr 1856 trat ein neues Strafgesetzbuch in Kraft, 1865 ein neues
Bürgerliches Gesetzbuch. Das Heer wurde, unter Aufhebung der
allgemeinen Wehrpflicht und mit Beibehaltung der langen (sechsjäh-
rigen) aktiven Dienstzeit, unter dem Kriegsminister Bernhard von
Rabenhorst in seinem Bestand verdoppelt, neu organisiert (in 5 Infanteriebrigaden zu 4 Bataillonen, 4 Reiterregimentern und 12 Bat-
terien) und neu bewaffnet. Die Ablösung der gutsherrlichen Jagd-
rechte 1858, die Einführung der Gewerbefreiheit 1861, die Aufhebung der veralteten Wuchergesetze 1864, die Beseitigung der Elbzölle
1863 bildeten die moderne Verkehrsfreiheit weiter aus, die Einrichtung der Handels- und Gewerbekammern verbürgte diesen Zweigen
sachverständigen Beirat, während die Errichtung zahlreicher Spar-
kassen und der Altersrentenbank 1858 auch einfachen Leuten die
Sorge für die Zukunft erleichtern half. Die sächsische Landeskirche
erhielt eine volkstümliche Grundlage durch die Kirchen- und Synodal-
ordnung von 1865. Die Universität Leipzig nahm unter der persönlichen Fürsorge des Königs durch den Kultusminister Paul von Falkenstein einen neuen Aufschwung; die stark vermehrten Lehrersemi-
nare, neben denen schon 1850 eine besondere Turnlehrerbildungs-
anstalt in Dresden entstanden war, erhielten 1858, die als städtische
Anstalten sich rasch entwickelnden sechsklassigen Realschulen 1860
ein Regulativ, die Gymnasien gingen größtenteils in die Verwaltung
des Staates über.

Unter einer einsichtigen Gesetzgebung, begünstigt durch ein hoch-
entwickeltes gewerbliches Unterrichtswesen, auf Grund alter Traditionen wurde Sachsen zum ersten Industrieland Deutschlands, vor
allem in der Nähe der großen Kohlenlager, im Vogtland, im Erzgebirge um Chemnitz und in der Oberlausitz um Zittau.

Die Verwendung der Dampfmaschinen drängte die Handarbeit,
der Fabrikbetrieb, der eine immer größere Arbeitsteilung ermöglichte, das Hausgewerbe in den Hintergrund und gestattete die Ausbildung fast aller überhaupt vorhandenen Industriezweige. Das sich
immer dichter gestaltende Eisenbahnnetz, das 1854 nur 520 km

betrug, 1854-1873 um 707 km vermehrt wurde, und die planmäßige Verbesserung der Fahrrinne in der Elbe, die vor allem den Einsatz größerer Schiffe ermöglichte, setzte die sächsische Industrie mit aller Welt in Verbindung. Um so mehr wurde sie freilich auch von großen Wirtschaftskrisen betroffen (1854 und 1857). So stieg die Bevölkerung 1855-1867 von 2039000 auf 2426000 Einwohner, die großen Handels- und Industriestädte wuchsen rasch (Leipzig 1855-1867 von 70000 auf 91000 Einwohner), und mit dem Volkswohlstand stieg das Staatsbudget (1852 8280000 Rtlr., 1864 13658000 Rtlr.) und das Staatsvermögen (1865 105 Mill. Rtlr. gegen 66 Mill. Rtlr. Staatsschulden).

Diese reiche Entwicklung war nur möglich, weil Sachsen einen Teil der nationalen Wirtschaftsgenossenschaft, des Deutschen Zollvereins, bildete, ohne den sie gar nicht mehr bestehen konnte. Da er somit trotz aller politischen Gegensätze für alle Teilnehmer unzerreißbar geworden war, wurde er durch den Vertrag vom 4. April 1853 auf weitere zwölf Jahre erneuert und durch Beitritt der Staaten des Steuervereins vom 1. Januar 1854 ab bis an die Nordsee ausgedehnt, so daß er nunmehr etwa 9000 Quadratmeilen mit 35 Millionen Einwohnern umfasste. Nur die Hansestädte, Holstein und Mecklenburg standen bis 1867noch außerhalb.

Je mehr nun die Nation wirtschaftlich zusammenwuchs, je stärker zugleich das Bewußtsein der Zusammengehörigkeit wurde, wozu auch die großen Nationalfeste der Turner, Sänger und Schützen das Ihrige beitrugen, desto ungenügender erwies sich der lockere Staatenbund, der Deutschland ohne Einheit der Vertretung nach außen und des Heerwesens, ohne Kriegsflotte und ohne starke Zentralgewalt ließ, also die unentbehrlichsten Forderungen jedes großen Volkes nicht erfüllte. Der unversöhnliche Widerspruch zwischen dem Kulturzustand der Nation und ihrer unbrauchbaren Gesamtverfassung wurde allgemein und bitter empfunden, aber über die Art der Neugestaltung gingen die Anschauungen weit auseinander. Die führenden Minister der Mittelstaaten, Beust in Dresden, von der Pfordten in München, Dalwigk in Darmstadt, wollten die deutschen Mittel- und Kleinstaaten in eine in sich enger verbundene und nach außen möglichst selbständige Gruppe neben den beiden Großmächten zusammenfassen; doch bot dieser Gedanke, die »Triasidee«, wenig Aussicht, weil der notwendige Verzicht auf wichtige Hoheitsrechte den einzelnen Staaten zwar zugunsten einer mächtigen, wirklich Schutz gewährenden Gemeinschaft, aber nicht einer doch nur schwachen Verbindung zugemutet werden konnte. Preußen arbeitete, besonders seitdem sein Bundestagsgesandter, Otto von Bismarck-

Schönhausen (1851/59), immer stärkeren Einfluß gewann, zunächst auf Gleichberechtigung mit Österreich hin, weiter auf die Gründung des schon 1849 geplanten Bundesstaates unter preußischer Führung, hatte deshalb alle diejenigen für sich, die sich für dieses Ideal begeisterten. Nur Österreich wirkte, da es an einem deutschen Bundesstaat nicht teilnehmen und seine führende Stellung nur in dem bisherigen lockeren Staatenbund behaupten konnte, für dessen Erhaltung, fand aber bei den deutschen Mittelstaaten insofern Unterstützung, als auch diese dem preußischen Bundesstaat widerstrebten.

Die Notwendigkeit, den deutschen Gesamtorganismus leistungsfähiger zu machen, trat besonders deutlich hervor, als die Wiederherstellung des bonapartischen Kaisertums unter Napoleon III. (1852-1870) Europa und besonders Deutschland mit neuen Eroberungskriegen zu bedrohen schien. Andererseits war die Stimmung gegen den Druck, den das absolutistische Rußland seit der Demütigung Preußens in Olmütz 1850 auf die deutschen Regierungen ausübte, namentlich bei den deutschen Liberalen so feindselig, daß diese die

38 Die Göltzschtalbrücke des sächsischen Ingenieurs Johann Andreas Schubert der Eisenbahnlinie Chemnitz-Hof (1855)

Niederlage Rußlands im Krimkrieg gegenüber Frankreich und England (1853-1856) mit lebhafter Befriedigung begrüßten und zu der neutralen Haltung Deutschlands in diesem Kampf wesentlich beitrugen. Als mit der Regentschaft des Prinzen Wilhelm in Preußen (1858 -1861) die preußische Politik kräftiger einsetzte und der italienische Krieg 1859 die Herrschaft Österreichs in Italien bedrohte, da machte zwar der Prinzregent jede Waffenhilfe von Zugeständnissen in Deutschland abhängig, aber das erregte Nationalgefühl sah in Mittel- und Süddeutschland die Sache Österreichs als eine deutschnationale an, begrüßte daher mit Jubel die 60000 Österreicher, die im Mai von Prag durch Sachsen und Bayern nach Italien transportiert wurden, und verurteilte das Verhalten Preußens. Die allgemeine Feier der einhundertsten Wiederkehr des Geburtstages Friedrich Schillers am 10. November 1859 regte das erwachte Nationalgefühl besonders stark an, und der Nationalverein (seit September 1859) suchte es auf ein bestimmtes Ziel, den deutschen Bundesstaat mit preußischer Spitze, zu lenken. In der Würdigung dieser steigenden Bewegung scharten sich die Souveräne der Mittelstaaten, König Johann von Sachsen voran, einmütig um den Prinzregenten von Preußen, als dieser im Juni 1860 Napoleons III. Annäherungsversuche in Baden-Baden kühl ablehnte, und stellten dann am Bundestag Anträge auf eine Bundesreform im Sinne der Triasidee. Allein diese scheiterten an dem Widerspruch beider Großmächte, und als dann Kaiser Franz Joseph im August 1863, unter dem mächtigen Eindruck des dritten deutschen Turnfestes in Leipzig, auf dem Frankfurter Fürstentag die Bundesreform im österreichisch-mittelstaatlichen Sinne in die Hand nahm, genügte die Weigerung König Wilhelms von Preußen (seit 1861), an der er unter dem Einfluß seines Ministerpräsidenten von Bismarck (seit 24. September 1862) auch gegenüber den persönlichen Vorstellungen des Königs Johann, seines alten Freundes, festhielt, das ganze Projekt zu vereiteln. Wenig später, im Oktober 1863, brachte die groß angelegte Feier zum Gedenken an die Leipziger Völkerschlacht die Verdienste Preußens um Deutschland aufs neue in Erinnerung.

Nach dem Scheitern der bisherigen Bundesreformpläne von widerstrebenden Parteiungen zerrissen und in seiner Mehrheit von um so stärkerer Abneigung gegen Preußen erfüllt, als dort der »Konflikt« über die Heeresorganisation die Rechte der von den Liberalen beherrschten Volksvertretung zu bedrohen schien, sah sich das deutsche Volk unerwartet vor eine schwere auswärtige Verwicklung gestellt. Gegenüber dem Bestreben der in Kopenhagen herrschenden eiderdänischen Partei, Schleswig dem Königreich Dänemark einzuverleiben und dadurch rechtswidrig von dem deutschen Bundesstaat Holstein zu trennen, beschloß der Bundestag nach endlosen Verhandlungen, den König von Dänemark als Herzog von Holstein mit der bewaffneten Exekution zu bedrohen, um die verfassungs- und vertragsmäßige Zusammengehörigkeit der Herzogtümer zu schützen. Als nun König Friedrich VII. unerwartet am 15. November 1863 starb und damit in Dänemark die nur nach dem Londoner Protokoll auch in Schleswig-Holstein erbberechtigte Glücksburger Linie mit Christian IX. zur Regierung kam, so vollzog dieser die neue Verfassung vom 13. November, in den Herzogtümern aber sprach sich die öffentliche Meinung überwiegend für das damals beiseite geschobene Erbrecht Friedrichs (VIII.) von Augustenburg aus, um so auf gesetzlichem Wege die Trennung von Dänemark herbeizuführen. Dafür erhob sich in ganz Deutschland ebenso eine breite Volksbewegung wie die Politik der Mittelstaaten, die diese Gelegenheit schon deshalb gern ergriffen, um durch selbständiges Eintreten für ein nationales Ziel Popularität und durch sie verstärkte Bürgschaften für ihren eigenen Fortbestand zu gewinnen. Doch die beiden Großmächte, die sich zunächst noch an das von ihnen anerkannte Protokoll hielten und nicht ohne Grund, falls sie sich davon lossagten, eine Einmischung der dänenfreundlichen Westmächte befürchteten, setzten am 7. Dezember am Bundestag den Beschluß durch, die schon angedrohte Exekution über Holstein zu verhängen und mit ihrer Vollstreckung Sachsen und Hannover zu beauftragen. So rückten zu Weihnachten 1863 12 000 Mann Bundestruppen unter dem sächsischen Generalleutnant v. Hake, gestützt auf eine ebenso starke preußisch-österreichische Reserve, in Holstein ein und besetzten das Land ohne Schwertstreich, da sich die Dänen widerstandslos hinter die Eider zurückzogen. Prinz Friedrich nahm unter dem Schutz der beiden Bundeskommissare als Privatmann seinen Aufenthalt in Kiel.

Als aber der Antrag Preußens und Österreichs, nunmehr auch Schleswig als Pfand für die Erfüllung der Forderung, die Novemberverfassung aufzuheben, am 14. Januar 1864 im Bundestag gegen die Stimmen der Mittel- und Kleinstaaten, die vielmehr die »Okkupation« des Landes für Friedrich (VIII.) als den rechtmäßigen Landesherrn verlangten, in der Minderheit blieb, nahmen die beiden Großmächte nach ihrem Bündnis vom 16. Januar die ganze Sache als europäische Mächte selbständig in die Hand und ließen, als Dänemark ihr kurzfristiges Ultimatum abgelehnt hatte, am 1. Februar ihre Truppen die Eider überschreiten, während die Bundestruppen untätig in Holstein stehen mußten. Nun eroberten die Preußen und Österreicher in raschem Siegeszug (Erstürmung der Düppeler Schanzen am 18. April) Schleswig bis auf die Insel Alsen und rückten in Jütland ein. Trotzdem beharrte Dänemark auch auf den Londoner Konferenzen, an denen der sächsische Minister v. Beust als selbständiger Vertreter des Deutschen Bundes teilnahm, bei seiner Weigerung, die staatliche Selbständigkeit Schleswig-Holsteins anzuerkennen. Nunmehr sagten sich Preußen und Österreich vom Londoner Protokoll los und nötigten nach der Eroberung von Alsen (29. Juni) und der Besetzung ganz Jütlands Dänemark im Frieden von Wien am 30. Oktober 1864 zum Verzicht auf Schleswig-Holstein und Lauenburg. Da diese Länder in ihren gemeinsamen Besitz übergegangen, die Bundesexekution also gegenstandslos geworden war, so erzwangen sie im Dezember den Abzug der Bundestruppen aus Holstein, die verbittert und grollend heimkehrten. Die deutsche Nordmark war von der Fremdherrschaft befreit, aber der Versuch der Mittelstaaten zu einer selbständigen Politik war völlig gescheitert und der politische Zwiespalt nur weiter aufgerissen.

Diese Lage verschärfte sich, als die Frage über die Zukunft Schleswig-Holsteins bald auch die beiden Großmächte entzweite, da Preußen nunmehr auf die Annexion losging, Österreich seinem alten Nebenbuhler diesen Machtzuwachs nicht gönnte, daher jetzt für das Erbrecht der Augustenburger eintrat, sich also dem populären Standpunkt der Mittelstaaten wieder näherte. Noch einmal schlichtete die Gasteiner Konvention am 14. August 1865 diesen Streit; da aber der österreichische Statthalter von Holstein, General von Gablenz, die augustenburgische Agitation bald wieder zuließ, so entschloß sich Preußen grundsätzlich zum Krieg, sicherte sich durch das Bündnis vom 8. April 1866 die Hilfe Italiens und stellte am 9. April in Frankfurt den entscheidenden Antrag auf Berufung eines deutschen Parlaments zur Beratung einer Bundesreform. Indem nun die Gegensätze klar heraustraten, begann Österreich gegen Ende April, Preußen zu Anfang Mai die Mobilisierung seiner Truppen. Vermittlungsversuche der Mittelstaaten blieben naturgemäß erfolglos. In Erkenntnis dieser Verhältnisse und die Konsequenzen aus der bedrohten Lage des Landes mit Klarheit und Entschlossenheit ziehend, machte sich auch Sachsen kriegsfertig, so daß schon um den 20. Mai fast die ganze sächsische Armee, 32000 Mann (5 mobile Infanteriebrigaden zu 4 Bataillonen, 1 Depotbrigade und 4 Reiterregimenter mit 68 Geschützen), unter dem Oberbefehl des Kronprinzen Albert bei Dresden konzentriert stand, um entweder die Vorhut der österreichischen Armee zu bilden oder sich ungefährdet nach Böhmen zurückzuziehen. Die Kosten der Mobilisierung bewilligte der außerordentliche Landtag (vom 28. Mai bis 14. Juni). Die Erklärung Österreichs in

Frankfurt am 1. Juni, daß es die Entscheidung über Schleswig-Holstein dem Bundestag überlasse, also der Bruch der Gasteiner Konvention, der Einmarsch preußischer Truppen in Holstein zur Sicherung des Mitbesitzrechts am 7. Juni und der Rückzug der Österreicher aus dem Land, der preußische Entwurf einer Bundesreform, der Österreich ausschloß, vom 10.Juni, der Antrag Österreichs auf Mobilisierung aller außerpreußischen Bundeskontingente am 11. Juni, endlich die Annahme dieses Antrags und der Austritt Preußens aus dem Bund am 14. Juni machten den Krieg unvermeidlich. Da Sachsen (wie Hannover und Kurhessen) das preußische Ultimatum (grundsätzliche Annahme des Bundesreformentwurfs und Entwaffnung bei Verbürgung des Besitzstandes) ablehnte, so übergab der preußische Gesandte schon am 15. Juni auch in Dresden die Kriegserklärung.

Nicht aufgehalten durch die Zerstörung der Elbbrücken bei Riesa und Meißen rückte die preußische Elbarmee am 16. Juni in Sachsen ein. Da die allgemein weit überschätzte österreichische Hauptmacht unter dem Feldzeugmeister Ludwig August von Benedek noch in Mähren stand und nur das Korps Clam-Gallas an die Iserlinie nach Böhmen vorgeschoben hatte, also ganz unfähig war, Sachsen zu schützen, so verließ König Johann am 16. Juni Dresden, das die Preußen am 18. Juni besetzten, und ließ seine Armee am 18. über das Erzgebirge nach Böhmen (Teplitz) zurückgehen; nur der Königstein und die Strafanstalten blieben besetzt. Auch die Kassen und die Lokomotiven der Staatseisenbahnen gelang es zu retten. Zur Verwaltung des Landes blieb eine Landeskommission unter dem Minister Paul von Falkenstein in Dresden zurück, die gegen Zahlung von täglich 10000 Rtlrn. vom preußischen Zivilkommissariat in der Ausübung ihrer Befugnisse belassen wurde. Da die preußischen Truppen auf die strengste Manneszucht achteten, gestaltete sich der Kriegszustand für Sachsen ganz erträglich.

Inzwischen hatten sich die Sachsen am 24. Juni mit Clam-Gallas an der Iser vereinigt, während die preußischen Heeressäulen schon am 23. Juni, bei Zittau die südliche Grenze der sächsischen Oberlausitz überschreitend, in Böhmen einmarschierten. Da diesen gewaltigen Massen gegenüber die Iserlinie nicht haltbar war, so ging der Kronprinz Albert nach dem Rückzugsgefecht bei Münchengrätz am 28. Juni auf Gitschin zurück und nahm hier in der Erwartung, Benedek werde zu ihm stoßen, um dann zum Angriff überzugehen, am 29. Juni die Schlacht an (die Brigade »Kronprinz« bei Diletz), mußte sie aber im ungünstigsten Moment wieder abbrechen und also verloren geben, als am Abend die Nachricht eintraf, die österreichische Haupt-

macht, von den aus Schlesien hereinbrechenden preußischen Kolonnen in der rechten Flanke gepackt, habe auf den Vormarsch verzichtet
und sammle sich zu einer großen Verteidigungsschlacht. In dieser
bildeten die Sachsen bei Königgrätz am 3. Juli den äußersten linken
Flügel der österreichischen Schlachtordnung um Prschim und Problus
und behaupteten bis in die ersten Nachmittagsstunden tapfer ihre
Stellung, mußten aber, als gegen 2 Uhr der rechte Flügel und das
Zentrum der Österreicher zusammenbrachen, den Rückzug antreten.
Obwohl auseinandergerissen, kamen sie doch in geschlossenen Abteilungen über die Elbe und rückten am 11. Juli im Lager von Olmütz
ein, um dann nach der Donau zurückzugehen.

Die Schlacht bei Königgrätz entschied den Krieg. Im Vorfrieden
von Nikolsburg an der Thaya am 26. Juli erklärte sich Österreich
bereit, aus dem Deutschen Bund auszuscheiden und die Neugestaltung Norddeutschlands dem siegreichen Preußen zu überlassen; nur
den ungeschmälerten Besitzstand Sachsens bedang es sich aus. Auf
dieser Grundlage kam der endgültige Friede von Prag am 23. August
zustande. Für Sachsen wurde der Friede erst am 21. Oktober 1866 in
Berlin durch die Minister v. Friesen und v. Fabrice abgeschlossen,
nachdem Beust am 15. August zurückgetreten war. Es versprach, sich
dem geplanten Norddeutschen Bund unter der Führung Preußens
anzuschließen, seine Truppen als XII. Armeekorps des Norddeutschen Bundesheeres nach preußischem Muster zu reorganisieren,
Post- und Telegraphenwesen dem Bund zu überlassen und zahlte
10 Millionen Rtlr. Bis zur Durchführung der Militärreorganisation
blieben preußische Truppen im Land. Darauf kehrte König Johann
am 26. Oktober nach Pillnitz, am 3. November nach Dresden zurück.
Nachdem auch der sächsische Landtag den Vertrag genehmigt hatte,
reiste der König am 17. Dezember mit dem Kronprinzen nach Berlin,
um das neue Bundesverhältnis auch persönlich einzuleiten.

*Sachsen bei der Begründung und beim Ausbau des Deutschen Reiches
seit 1867*

»Mit derselben Treue, mit der ich zu dem alten Bunde gestanden bin,
werde ich zu der neuen Verbindung halten«, hatte König Johann bei
seiner Rückkehr in der Proklamation vom 26. Oktober seinem Volk
zugerufen. Er machte sein Wort wahr und leitete damit für Sachsen
ein neues Verhältnis zu Preußen ein. Mit der Zerstörung des alten
Dualismus waren die Grundlagen für eine neue leistungsfähige Gesamtverfassung der Nation gesichert, und obwohl die süddeutschen Staaten vorläufig noch außerhalb blieben, nur durch den Zollverein und

die Schutz- und Trutzbündnisse vom August 1866 mit dem Norden verbunden, so wurde für diesen doch die neue Ordnung mit der Verfassung des Norddeutschen Bundes vom 17. April 1867, die am 1. Juli in Kraft trat, fest begründet und damit 30 Millionen Einwohner auf einem Gebiet von 7500 Quadratmeilen in bündisch-monarchischen Formen unter der Krone Preußens als Präsidialmacht, dem Bundesrat (43 Stimmen, von denen Preußen 17, Sachsen 4 führte) unter dem Vorsitz des Bundeskanzlers und dem Reichstag (mit 23 sächsischen Abgeordneten) mit einheitlicher Organisation des Heeres und der Flotte unter preußischem Oberbefehl, des Post- und Telegraphenwesens und einer durchgreifenden Bundesgesetzgebung über Handels-, Obligations-, Straf- und Heimatsrecht geeinigt. Indem die Einzelstaaten auf die selbständige Ausübung einer ganzen Reihe von Hoheitsrechten zugunsten des Bundes verzichteten, behaupteten sie doch die Selbständigkeit ihrer inneren Verwaltung (Sachsen auch seines Heerwesens) und nahmen an der Ausübung der Gesamtsouveränität durch ihre Gesandten im Bundesrat teil. Die sächsische Bevölkerung nahm, obwohl manche Kreise der neuen Ordnung anfangs zurückhaltend oder abgeneigt gegenüberstanden, die Neugestaltung doch im ganzen willig an, und die Regierung zeigte vor allem in der Durchführung der Bundesgesetze und der Heeresreorganiation, die unter der Leitung des Kronprinzen Albert sowie des Kriegsministers Alfred von Fabrice die sächsischen Truppen auf eine Stärke von 29 Bataillonen Infanterie in 2 Divisionen zu 2 Brigaden, 6 Reiterregimentern und 96 Geschützen brachte, ihre ehrliche Bundestreue. Als eine Anerkennung dafür durfte sie es betrachten, daß die preußischen Besatzungstruppen bald zurückgezogen wurden (mit Ausnahme des Königsteins) und daß der Sitz des neuen Bundesoberhandelsgerichts 1869 Leipzig wurde.

Doch die innerliche Verschmelzung der Nation und die Vollendung der deutschen Einheit durch den Anschluß der Südstaaten gelang erst, als im Juli 1870 die Kriegsgefahr von Frankreich her plötzlich heraufstieg. Bismarck hatte es verstanden, den längst drohenden Kampf so lange hinauszuschieben, bis Deutschlands Rüstung keine Öffnung mehr bot, und ihn dann in dem Augenblick zum Ausbruch zu bringen, als Frankreich das geplante Kriegsbündnis mit Österreich und Italien noch nicht abgeschlossen hatte, also isoliert war. Inmitten einer täglich wachsenden patriotischen Erregung begann auch in Sachsen am 16. Juli die Mobilisierung, und während zugleich das V. und VI. Armeekorps in endlosen Militärzügen durch das Land gingen, brach das XII. Armeekorps zu Ende des Monats nach Mainz auf, wohin sich Kronprinz Albert als sein Oberbefehlshaber am 29. Juli begab.

Da die Sachsen, zur II. Armee unter Prinz Friedrich Karl gehörig, zunächst noch in zweiter Linie standen und erst am 11. August die französische Grenze von der bayerischen Pfalz her überschritten, so nahmen sie an den ersten entscheidenden Schlägen noch keinen Anteil; aber in der Schlacht bei Gravelotte und St. Privat am 18. August führte der Kronprinz durch die selbständig angeordnete Umgehung des rechten französischen Flügels den Sieg herbei. Schon am nächsten Tag von König Wilhelm an die Spitze der neugebildeten IV. (Maas-)Armee (Garden, IV. und XII. Korps) gestellt, führte er diese neben der III. Armee des Kronprinzen Friedrich Wilhelm westwärts auf Châlon und vollzog dann mit dieser zugleich die große Rechtsschwenkung, die Mac Mahon von seinem Zug zum Entsatz von Metz abschneiden sollte. Als der Marschall, zuerst von sächsischen Truppen (am 27. August bei Buzancy, am 29. August bei Nouart) erreicht und gedrängt, nach der Maas auswich, wurde er am 30. August bei Beaumont von Kronprinz Albert völlig geschlagen und über die Maas gedrängt. Hier eröffneten die Sachsen am Morgen des 1. September im Osten die Schlacht bei Sedan, die mit der Niederlage und Waffenstreckung des gesamten französischen Heeres (2. September) endete. Bei der Einschließung von Paris seit dem 19. September stand die Maasarmee in Nordosten der Riesenfestung, die Sachsen besonders in der Gegend der Mündung der Marne in die Seine um das Hauptquartier des Prinzen Georg, Le Vert galant, während der Kronprinz das seinige in Margency bei St. Denis hatte. Dort wehrten sie am 30. November und 2. Dezember bei Brie und Villiers unter den schwersten Verlusten den großen Ausfall der Pariser Regierungstruppen ab und begannen am 27. Dezember die Beschießung des Mont Avron, dann die der Pariser Ostforts. Einzelne Truppenteile des XII. Armeekorps wirkten außerdem an den Kämpfen gegen die französischen Provinzialheere mit, unter v. Werder an der Lisaine gegen Bourbaki vom 15.- 17. Januar und unter v. Goeben bei St. Quentin gegen Faidherbe am 18. und 19. Januar 1871. Endlich bildete die Kapitulation von Paris und der Waffenstillstand am 28. Januar das Ende des gewaltigen Kampfes. Während dieser Zeit war die Heimat nicht müde geworden, für ihre Söhne im Feld durch freiwillige Gaben zu sorgen. Besonders der 1867 unter der Leitung der Kronprinzessin Carola gegründete Albertverein wirkte segensreich für die Pflege der Kranken und Verwundeten im Feld und daheim.

Inzwischen hatte Graf Bismarck in schwierigen Verhandlungen, an denen für den Norddeutschen Bund auch der sächsische Minister

v. Friesen teilnahm, mit den süddeutschen Staaten die Verträge über ihren Anschluß an den Norddeutschen Bund und die Erneuerung von Kaiser und Reich zustande gebracht. Nachdem der Reichstag diese am 9. Dezember angenommen und alle deutschen Regierungen der Kaiserwürde zugestimmt hatten, wurde am 18. Januar 1871 im Königsschloß zu Versailles inmitten einer glänzenden Versammlung, zu der auch Kronprinz Albert und sein Bruder Prinz Georg gehörten, König Wilhelm von Preußen, der siegreiche Oberfeldherr des deutschen Heeres, zum erblichen Deutschen Kaiser ausgerufen. Als solcher unterzeichnete er am 3. März den Vorfrieden von Versailles (5 Milliarden Franc Kriegskostenentschädigung, Abtretung von Elsaß und Deutsch-Lothringen mit Metz an das Deutsche Reich) und nahm vor seiner Rückkehr am 7. März über das sächsische Armeekorps auf dem Schlachtfeld von Brie und Villiers seine erste Kaiserparade ab. Kronprinz Albert blieb als nunmehriger Oberbefehlshaber der deutschen Okkupationstruppen noch längere Zeit in Frankreich auf Schloß Compiègne zurück; neben ihm stand der Kriegsminister von Fabrice als kaiserlicher Generalgouverneur des besetzten Gebiets. Nach dem endgültigen Frieden von Frankfurt a. M. am 10. Mai 1871 kehrten auch die Sachsen teilweise heim. Der Kronprinz nahm zunächst an dem glänzenden Triumpheinzug des siegreichen deutschen Heeres in der Reichshauptstadt Berlin am 16. Juni teil, dann hielt er selbst am 11. Juli, vom Kaiser mit dem Feldmarschallsstab ausgezeichnet, an der Spitze der 1. Division Nr. 23 des XII. Armeekorps seinen Siegeseinzug im jubelnden Dresden.

So war unter Teilnahme des Hauses Wettin, das dem Reich einen seiner ersten Feldherren gestellt hatte, und der sächsischen Truppen eine lange Entwicklung abgeschlossen und dem deutschen Volk eine Gesamtverfassung errungen worden, die ebensowohl seinen Gesamtinteressen eine kraftvolle Vertretung wie den Einzelstaaten ihren gesicherten Bestand und die ihrer historischen Eigenart entsprechende innere Selbständigkeit verbürgte. Zum festen Hort des neuen Reichs aber wurde bald »Deutschlands einträchtiger Fürstenrat«, und in ihm nahm König Johann, mit Kaiser Wilhelm durch alte Freundschaft verbunden, eine hervorragende Stelle ein. Um so fester schloß sich das sächsische Volk um ihn und sein Haus zusammen und betrauerte ihn tief, als er, kaum ein Jahr nach der Feier seiner goldenen Hochzeit (10. Dezember 1872), den Seinigen und dem Vaterland nach schwerem Leiden am 29. Oktober 1873 in Schloß Pillnitz entrissen wurde. Sein Sohn Albert in bester Manneskraft (geb. 23. April 1828), erprobt in Rat und Tat und mit allgemeiner Sympathie begrüßt, bestieg den Thron (1873 bis 1902).

Die nachfolgende Periode der Entwicklung Sachsens stand unter dem Zeichen inniger und vielseitiger Gemeinschaft mit dem gesamtdeutschen Leben und einer auf diesem Grund ruhenden, in mancher Beziehung eigenständigen Kulturarbeit. Unmittelbar der Reichsverwaltung gehören seit 1867 das Heerwesen sowie der Post- und Telegraphendienst. Das sächsische Kriegsministerium ist die oberste Reichsmilitärbehörde für Sachsen geblieben, und die sächsischen Truppen bilden eine geschlossene Abteilung des Reichsheeres mit besonderem Offizierskorps, eigenem Kadettenhaus (während die höheren Militärbildungsanstalten gemeinsam waren) und eigenen Feldzeichen unter dem Kommandorecht des Königs als Kontingentsherrn. Sie erhielten, möglichst in größeren Garnisonen vereinigt, fast überall neue geräumige Kasernen (die Albertstadt bei Dresden 1873 - 1876) und wurden allmählich mit dem allgemeinen Wachstum der deutschen Heeresstärke so vermehrt, daß sie seit dem 1. April 1899 zwei Armeekorps, das XII. und XIX. des Reichsheeres, mit den Generalkommandos in Dresden und Leipzig bilden. Die Reichspost- und Telegraphenverwaltung, seit 1875 vereinigt, bildete sich so aus, daß neben der ältesten Oberpostdirektion Leipzig schon 1872 eine zweite in Dresden, 1897 eine dritte in Chemnitz errichtet wurde und die Zahl der Postanstalten mit vielen neuen zweckmäßigen Gebäuden 1873-98 von 346 auf 1754 stieg.

Von der Reichsgesetzgebung bestimmt, aber unter Landesverwaltung standen das Zollwesen an der Reichsgrenze und die wichtigsten indirekten Steuern (als Reichssache), Eisenbahn-, Schiffahrts- und Münzwesen, die Rechtsprechung, die Gerichtsorganisation und die sozialen Einrichtungen für die Arbeiterschaft.

Die Eisenbahnen gingen seit 1876 fast alle in das Eigentum oder in den Betrieb des sächsischen Staates über, erhielten vielfach neue, erweiterte Bahnhofsanlagen (so seit 1890 in Dresden), wurden durch zahlreiche Sekundärbahnen bis in entlegene Gebirgsgegenden verzweigt und erreichten um 1900 eine Gesamtlänge von etwa 3200 km. Das Fahrwasser der Elbe wurde planmäßig durch Korrektionsdämme verbessert und für die Ladungsstellen durch ausgedehnte Kai- und Hafenanlagen (König-Albert-Hafen in Dresden; Riesa) gesorgt, besonders seitdem die Einführung der Kettenschleppschiffahrt 1869 den Verkehr außerordentlich gesteigert hatte; dagegen harrte Leipzig, die größte Handelsstadt Mitteldeutschlands, vergeblich eines Schiffahrtsweges. Das deutsche Münzwesen wurde 1873 auf Grund der Goldwährung einheitlich geordnet. Nachdem noch 1870 der Norddeutsche Bund ein einheitliches Strafgesetzbuch erlassen hatte, das nach der Erneuerung des Reichs auch für Süddeutschland Geltung erhielt, wurde die Einheit auch des bürgerlichen Rechts so weit gefördert, daß das 1897 abgeschlossene Bürgerliche Gesetzbuch am 1. Januar 1900 in Kraft treten konnte. Die Gerichtsverfassung wurde durch die Reichsgesetze von 1878 neugestaltet, so daß in Sachsen vom 1. Oktober 1879 an 1 Oberlandesgericht, 7 Landgerichte und 103 Amtsgerichte in Tätigkeit traten; das Reichsgericht, aus dem Bundesoberhandelsgericht hervorgegangen, erhielt seinen Sitz 1879 in Leipzig und bezog 1895 seinen neuen stolzen Palast. Mit Härte wurde das Reichsgesetz gegen »die gemeingefährlichen Bestrebungen« der Sozialdemokratie 1878-1890 in Sachsen angewendet, aber auch die Kranken-, Unfall- und Invaliditätsgesetzgebung zum Wohle der Bevölkerung ausgeübt (1899 Mitglieder aller Krankenkassen in Sachsen 962 000, Vermögen der sächsischen Versicherungsanstalt ca. 48 Millionen Mark).

Gar nicht oder nur mittelbar von der Reichsgesetzgebung beeinflußt blieben Kirche und Schule, die Kunstpflege, das Steuerwesen (abgesehen von den indirekten Steuern), die eigentliche Landesverwaltung und die Landesverfassung.

Das Volksschulwesen trat nach dem Gesetz von 1873 unter die fachmännische Aufsicht von staatlichen Bezirksschulinspektoren und

39 Das Reichsgericht in Leipzig

wurde durch die Fortbildungsschule ergänzt. Das höhere Unterrichtswesen (Gymnasien, Realschulen, Seminare) erhielt 1876 eine gemeinsame gesetzliche Grundlage und eine weitere Ausbildung durch Vermehrung der Gymnasien (18), der lateinlosen Realschulen (30) und der Seminare (22), zweckentsprechende Schulgebäude und Verbesserung der Lehrergehälter sowie durch eine gewisse Modernisierung des Unterrichtsbetriebes (Regulative von 1882 und 1893 für die humanistischen Gymnasien, 1902 für die Realgymnasien). Charakteristisch für Sachsen entwickelte sich daneben ein hochstehendes technisches Unterrichtswesen, dessen Spitze die neuorganisierte Technische Hochschule in Dresden bildet. Die Landesuniversität, bei der König Albert die Würde des Rector magnificentissimus annahm, und die er regelmäßig besuchte, erhielt zahlreiche neue Anstalten (Seminare), unterzog ihre Hauptgebäude einem prachtvollen, zweckmäßigen Umbau (Arwed Roßbach) und stieg in der Studentenzahl zur dritten Deutschlands auf. Die evangelisch-lutherische Landeskirche gewann durch die Synodalverfassung (S. 119) und die neue Organisation des Landeskonsistoriums 1873 größere Selbständigkeit und regere Teilnahme der Laienwelt, die sich auch in einer ausgebreiteten freiwilligen sozialen Tätigkeit (Krankenpflege, Innere Mission) äußerte. Die Kunstpflege nahm einen neuen Aufschwung durch Vergrößerung und Ausbildung der staatlichen Sammlungen (Albertinum in Dresden), Berufung hervorragender Lehrkräfte an die Kunstakademie und große Aufträge.

Dies alles war nur möglich, weil die Neuordnung des Steuerwesens 1878 (progressive Einkommensteuer anstatt der bisherigen Gewerbe- und Personalsteuer neben der Grundsteuer) steigende Erträge lieferte und dem Staat gestattete, den Gemeinden einen Teil der Grundsteuer zur Deckung ihrer stetig wachsenden Schullasten zu überweisen. So wie dadurch Staats- und Gemeindefinanzen in enge Verbindung traten, war die Verwaltungsreform von 1873 geeignet und bestimmt, einerseits die Selbständigkeit der Gemeinden zu erweitern (revidierte Städteordnung, Städteordnung für mittlere und kleinere Städte, Landgemeindeordnung), andererseits die Selbstverwaltung noch mehr auszudehnen und somit immer weitere Kreise zur tätigen Teilnahme an der Lösung staatlicher Aufgaben heranzuziehen (27 Amtshauptmannschaften mit Bezirksausschüssen aus Vertretern der Höchstbesteuerten und der Gemeinden, 5 Kreishauptmannschaften mit Kreisausschüssen aus Abgeordneten der Bezirksversammlungen). Einen ähnlichen Erfolg hatte das Landtagswahlgesetz vom 28. März 1896, insofern es das allgemeine Wahlrecht einführte; aber es machte auch das Maß der politischen Rechte von dem Maß der Steuerleistung dadurch abhängig, daß es danach die Wähler in drei Klassen teilte, von denen jede ein Drittel der Abgeordneten (zur Zweiten Kammer) wählte, und die indirekte Wahl (Urwähler und Wahlmänner) einführte. Damit gewann im Widerspruch zum städtisch-industriellen Charakter des Landes die konservativ-agrarische Partei in der Zweiten Kammer das Übergewicht, und die arbeitenden Klassen wurden faktisch von der Volksvertretung ausgeschlossen.

Unter vielgestaltiger Fürsorge wurde Sachsen das Land des Deutschen Reichs, das am Ende des 19. Jahrhunderts die modernen Entwicklungszüge am stärksten zum Ausdruck brachte. Vor allem bildete sich der städtisch-industrielle Charakter, die Dichte der Bevölkerung und das Wachstum des Wohlstandes immer mehr aus. Von 1871-1895 wuchs die Bevölkerung auf 3787000 Einwohner, die Zahl der Großstädte (über 100000 Einwohner) teilweise auch durch »Eingemeindung« der bisher selbständigen »Vororte« von 2 auf 3, die der Mittelstädte (über 20 000 Einwohner) von 5 auf 9, der Kleinstädte (über 5 000 Einwohner) von 50 auf 91, der Landstädte (unter 300 Einwohner) von 142 auf 185, die der städtischen Bevölkerung im ganzen von 1263 000 auf 2 477 000 Menschen, während die Bevölkerung der Landgemeinden fast gar nicht zunahm (1871-1896 von 1292000 auf 1310000). Daher stieg die Dichte der Bevölkerung auf 252 Menschen für 1 km², und große Teile des Landes gewannen das Ansehen einer zusammenhängenden, nur etwas weitläufig gebauten Stadt, was durch Ausbildung der Straßenbahnen noch beschleunigt wurde. In noch höherem Maß verschob sich das Verhältnis der in Industrie und Handel beschäftigten und von ihnen ernährten Bevölkerung zur landwirtschaftlichen, denn jene betrug 1895 etwa 58% und 14%, diese nur noch 15,1%. Mit dem Wachstum der Volkszahl auf 4202000 Einwohner im Jahr 1900 verschob sich dieses Verhältnis nur noch weiter. Um großen sozialen Übelständen vorzubeugen, mußte der Staat 1886 die nicht mehr ertragreichen Erzgruben in Freiberg ankaufen, endlich aber doch die völlige Abrüstung beschließen. Trotzdem erhielt sich die Landwirtschaft in blühendem Zustand, da sie für ihre Produkte in der rasch anwachsenden Bevölkerung bequemen Absatz fand; doch kam sie ohne polnische Wanderarbeiter (»Sachsengänger«) auf größeren Gütern nicht mehr aus, und die alte auf Wollerzeugung gerichtete Schafzucht ging unter der Konkurrenz der überseeischen Wolle fast ganz zugrunde; dagegen wurde die Fläche der vorzüglich bewirtschafteten Staatsforsten namentlich im Erzgebirge noch vermehrt. Im Handel behaupteten auch unter den veränderten Verhältnissen die Leipziger Messen besonders für Tuch, Leder und Rauchwaren sowie als Mustermessen große

Bedeutung. Das Wachstum des Volkswohlstandes blieb hinter dem der industriell tätigen Bevölkerung nicht zurück. 1878-1896 wuchs der Vermögensbestand der Einzelwirtschaften von 7 auf 12 Milliarden Mark, die Summe der Sparkasseneinlagen 1849-1900 von 11 Millionen auf 925 Millionen.

Dieser Volkswohlstand findet einen charakteristischen Ausdruck in dem Bestreben, das Leben durch künstlerischen Schmuck zu adeln. Daraus ist ebenso ein blühendes Kunstgewerbe hervorgegangen, das mit den glänzendsten Zeiten des sächsischen Kunstgewerbes wetteifert wie eine überaus rege und vielseitige Tätigkeit der Architektur (Konstantin Lipsius, Paul Wallot, Hugo Licht, Arwed Roßbach), der Plastik (Johannes Schilling, Ernst Hähnel, Robert Diez, Karl Seffner, Max Klinger) und der Malerei (Friedrich Preller, Leonhard Gey, Leo Pohle, Kiesling). Durch Um- und Neubauten zeichneten sich vor allem Dresden (Kunstakademie, königliches Schloß, Finanzministerium, Polizeigebäude, Ständehaus, König-Johann-Denkmal) und Leipzig (Reichsgericht, Gewandhaus, Kunstakademie, Universitätsbauten, Neues Rathaus, Mendebrunnen) und Meißen (Neugestaltung der Albrechtsburg) aus. Aber auch stattliche, oft prächtige Privatbauten entstanden allerorten mit dem Umbau und der Erweiterung der Städte.

Die früher blühenden Finanzen des Landes gerieten durch Belastung mit oft unrentablen Eisenbahnbauten und durch den Druck konkurrierender Linien in Schwierigkeiten. Die Masse der sächsischen Industriearbeiter stand der bestehenden Staats- und Gesellschaftsordnung kritisch gegenüber. Sachsen blieb Hochburg der deutschen Sozialdemokratie, die bei den Reichtagswahlen von 1903 im Königreich alle Sitze bis auf einen eroberte. Das Königreich Sachsen war als überwiegend industrielles Land noch stärker von dem fremden Absatz, also von den Verhältnissen des Weltmarkts abhängig als das übrige Deutschland. Damit war es den Ereignissen in Europa am Beginn des 20. Jahrhunderts besonders ausgesetzt.

Die Endjahre der Monarchie in Sachsen (1900-1918)

Innenpolitik, Wirtschaft, Wissenschaft, Kultur und Schulwesen nach der Jahrhundertwende

In realistischer Einsicht, daß es keine Alternative zum Nationalstaat gab, haben auch die letzten regierenden Wettiner ihre Landespolitik den Interessen des Deutschen Reiches angepaßt. Als 1902 König Albert (geb. 1828), der seit 1873 an der Spitze des Staates gestanden hatte, starb, folgte ihm sein Bruder Georg (geb. 1832), der nur zwei Jahre die Geschicke des Landes leitete. Friedrich August III. (geb. 1865), ältester Sohn König Georgs, entsagte nach vierzehnjähriger Regierungszeit am 13. November 1918 dem Thron und starb 1932 in Sibyllenort (Kreis Oels) in Schlesien, wohin er seinen ständigen Wohnsitz verlegt hatte.

Die Innenpolitik Sachsens wurde seit dem Ende des 19. Jahrhunderts primär bestimmt durch den Widerspruch zwischen den veränderten sozialökonomischen Verhältnissen und den im wesentlichen auf dem Stand von 1831 verharrenden politischen und staatlichen Verhältnissen. Während Georgs kurzer Wirkungszeit verschärfte sich die innenpolitische Situation, zumal er als ein nur mit dem Militärwesen eng vertrauter und zudem betagter Monarch wenig Verständnis für notwendige Veränderungen aufbrachte. So war keine Sanierung des Staatshaushaltes erkennbar, und die Reform des Landtagswahlrechts blieb ein Desiderat. Bei den Reichstagswahlen von 1903 erhielt die Sozialdemokratische Partei Deutschlands (SPD) einen Stimmenzuwachs von 48 Prozent gegenüber 1898, sie besaß nun 22 von den 23 sächsischen Reichstagswahlkreisen und gewann damit fast 60 Prozent der abgegebenen Stimmen.

Sachsen war die Region in Deutschland, die bei allen Reichstagswahlen die meisten sozialdemokratischen Stimmen bei wechselnden Ergebnissen aufwies. Als Hochburg der Sozialdemokratie galt Sachsen zu Recht bis 1918 als »rotes Königreich«. Dieser Begriff, entstanden in den letzten Jahrzehnten des 19. Jahrhunderts, hat der Popularität der monarchischen Staatsspitze nicht wesentlich geschadet. Mit der Zunahme der sozialen Probleme wuchs der Einfluß der SPD in Sachsen meist nur in Städten und Industrieorten. Die straff organisierten örtlichen Parteiorganisationen im Königreich notierten einen deutlichen Mitgliederzuwachs, und die in diesem deutschen Bundesstaat stattgefundenen wirtschaftlich-politischen Auseinandersetzungen, beispielsweise Streiks, hatten nicht nur regionale Bedeutung.

1904 bestieg Friedrich August III. den Thron. Er hat dank seiner volksnahen Art, der Unmittelbarkeit seines Wesens und auch seiner verbindlichen Leutseligkeit versöhnend und sozial vermittelnd gewirkt. Er bemühte sich um eine Bewältigung der seit längerem anstehenden politischen Aufgaben. Das Landtagswahlgesetz vom 5. Mai 1909, die letzte Weiterbildung der sächsischen Verfassung vom 4. September 1831, löste das seit 1896 geltende Dreiklassenwahlrecht ab und führte das Mehrstimmenwahlrecht (Pluralwahlrecht) ein, das neben der Grundstimme, über die jeder Wahlberechtigte verfügte, entsprechend dem Alter, der Bildung und dem Besitz der Wähler einen Zusatz bis zu vier Stimmen ermöglichte.

Sachsen gehörte auch zu Beginn des 20. Jahrhunderts zu den am stärksten industrialisierten Gebieten Deutschlands, wo der Anteil der Erwerbstätigen, die im Bergbau und Hüttenwesen, in der Industrie sowie im Bauwesen beschäftigt waren, kontinuierlich anstieg (1907 betrug er, bezogen auf die Gesamtbevölkerung, 27 Prozent). Obwohl nach der Jahrhundertwende nicht mehr das wirtschaftliche Wachstumstempo der letzten Jahrzehnte feststellbar war, fand ein stetiger ökonomischer Aufstieg trotz zeitweiliger Stockungen statt. Im sächsischen Gewerbe dominierten nach der Zahl der Beschäftigten traditionelle Zweige wie die Textilindustrie, das Bekleidungs- und Reinigungsgewerbe, der Handel und das Baugewerbe. Das mitteldeutsche Land verfügte über eine nur geringe Rohstoff- und Energiebasis. Das fast vollständige Fehlen einer Grundstoffindustrie und das Übergewicht der Fertigwarenindustrie bestimmten in ganz Sachsen weiterhin die durchschnittlich geringen Betriebsgrößen. Industrielle Fortschritte zeigten sich, beispielsweise die Walzstahlproduktion in Riesa, neue Industriezweige fanden Eingang und die Verbesserung der energiewirtschaftlichen Basis unterstützte diese Entwicklung.

Gleichfalls nach 1900 setzte sich die vornehmlich wirtschaftlich bedingte Bevölkerungsbewegung fort. Im Rahmen der weiteren Urbanisierung wanderten ländliche Bevölkerungsteile in die Städte, und diesen Prozeß reflektierten die Einwohnerzahlen von Leipzig, Dresden, Chemnitz, Plauen und Zwickau. 1895 waren in Sachsen 58 Prozent, im Reichsdurchschnitt nur 39 Prozent der Bewohner in der Industrie beschäftigt. In der sächsischen Landwirtschaft, die auch von der Industrialisierung erfaßt worden war, arbeiteten nur noch 15 Prozent der Bewohner gegenüber 36 Prozent im Reich. In zehn Jahren, von 1904 bis 1914, stieg die Bevölkerung Sachsens um 13 Prozent und betrug annähernd fünf Millionen. Als Antwort auf die schon in den Gründerjahren einsetzende Zerstörung der historisch gewachsenen Landschaft und der Städte zugunsten der Verkehrs- und

Wirtschaftsbedürfnisse der Neuzeit entstand in Sachsen die Heimat-
schutzbewegung (1908 Gründung des Landesvereins Sächsischer
Heimatschutz), die sich bald zur bedeutendsten Organisation ihrer
Art in Deutschland entwickelte. Symptomatisch dafür war die Förde-
rung der landesgeschichtlichen Forschung (1896 Gründung der
Sächsischen Kommission für Geschichte in Leipzig, Publikation von
Quellen und Werken zur Entwicklung des Territoriums, Bildung von
Geschichtsvereinen und Herausgabe von Heimatzeitschriften) mit
der Pflege des sächsischen Heimatgefühls und der Volkskunde (1897
Entstehung des Vereins für sächsische Volkskunde).

Die Hochschulen in Leipzig, Dresden, Freiberg und Tharandt, seit
1889 die Tierärztliche Hochschule in Dresden und ab 1898 die
Handelshochschule in Leipzig als zweite Anstalt ihrer Art in Deutschland, konnten ihr hohes Niveau halten und ausbauen. 1890 erfolgte
die Umwandlung des Polytechnikums der Residenzstadt in die Tech-

40 König Friedrich August III. von Sachsen (1865-1932)

nische Hochschule Dresden. Ein Jahrzehnt später stand diese an dritter Stelle der meistbesuchten technischen Bildungsstätten in Deutschland, und ihre wissenschaftliche Leistungsfähigkeit führte zu engen Beziehungen zwischen Forschung und Industrie.

Namhafte Wissenschaftler verschiedener Fachgebiete mit hervorragendem Ruf lehrten an sächsischen Hochschulen, beispielsweise der Historiker Karl Lamprecht (1856-1915), der Germanist Eduard Sievers (1850-1932), der Kunsthistoriker Cornelius Gurlitt (1850-1938), die Maler Robert Sterl (1867-1932) und Hermann Prell (1854-1922), der Architekt Paul Wallot (1841-1912), die Chemiker Wilhelm Ostwald (1853-1932) und Fritz Foerster (1866-1931), der Textil- und Farbenchemiker Hans Bucherer (1869-1949) und der Psychologe Wilhelm Wundt (1832-1920). Unter Beteiligung des sächsischen Staates erfolgte im Jahre 1912 die Gründung der Deutschen Bücherei in Leipzig - ein Kulturereignis ersten Ranges. Die großen Kunstausstellungen in Sachsen zu Beginn des 20. Jahrhunderts reflektierten moderne Entwicklungstendenzen und machten auf den Leistungsstand des mitteldeutschen Landes in Wirtschaft und Kultur aufmerksam. Die Hygieneausstellung in Dresden 1911, die mit Unterstützung des Industriellen Karl August Lingner (1861-1916) zustande kam, erlangte eine über die Elbestadt weit hinausreichende Bedeutung. Sie initiierte Lingner zur Ausarbeitung einer Konzeption zur Errichtung eines Deutschen Hygiene-Museums in Dresden (1912/1913). Hinzuweisen ist auch auf die Internationale Baufachausstellung 1913 in Leipzig und die lange nachwirkende 1. Weltausstellung für Buchgewerbe und Buchgraphik (Bugra) 1914 in Leipzig.

Die Musik- und Theaterpflege mit ihren bedeutendsten Zentren in Dresden und Leipzig, die seit Jahrhunderten das mitteldeutsche Kulturleben prägten, hatte bei teilweiser Berücksichtigung neuer Akzente und Gesichtspunkte weiterhin eine europäische Ausstrahlung. Internationale Anerkennung erlangte auch die 1905 in Dresden gegründete Künstlergemeinschaft »Brücke«, die sich um die Erneuerung der Graphik verdient gemacht hat. Ihre Mitglieder, u. a. Ernst Ludwig Kirchner (1880-1938), Erich Heckel (1883-1970), Karl Schmidt-Rottluff (1884-1976), Emil Nolde (1867-1956) und Max Hermann Pechstein (1881-1955), leisteten einen entscheidenden Beitrag zur Herausbildung des deutschen Expressionismus. Zweckmäßige und ästhetisch ansprechende Bauwerke wurden vorwiegend in der Residenzstadt (Bahnhöfe der Alt- und Neustadt Dresden, das Landtagsgebäude, die Ministerialgebäude, das Sächsische Hauptstaatsarchiv und das Schauspielhaus) errichtet und in der Messestadt (der Hauptbahnhof als größter Kopfbahnhof Europas, zahlreiche Messehäuser und das Reichsgericht), in anderen sächsischen Städten und Großgemeinden vor allem neue Rathäuser. Initiiert durch die »Deutschen Werkstätten für Handwerkskunst« und unter Mitwirkung der führenden Architekten der Werkbundbewegung Richard Riemerschmid (1868-1957), Heinrich Tessenow (1876-1950) und Hermann Muthesius (1861-1927) entstanden am Rande der Dresdner Heide seit 1908 die neuen Fabrikgebäude und die Gartenstadt Hellerau, eine der noch heute bekanntesten Fabrik- und Gartenstädte. Der Bebauungsplan für Hellerau sah als Alternative zum Mietskasernenbau eine Siedlung vor, die aus mit Gärten durchsetzten Kleinhäusern bestand.

Obwohl im Schulwesen zu Beginn des 20. Jahrhunderts auf einzelnen Gebieten Verbesserungen eingeführt wurden, war es insgesamt modernisierungsbedürftig. In dieser Zeit haben Sozialdemokraten,

41 Der Chemienobelpreisträger Wilhelm Ostwald (1853-1932) von der Universität Leipzig

Liberale und Pädagogen des Sächsischen Lehrervereins eine Schulreform gefordert und ein Programm vorgelegt, das sowohl Inhalt und Gestaltung des Unterrichts als auch die Belange der Lehrer berücksichtigte.

Der Erste Weltkrieg

Bei Ausbruch des Ersten Weltkrieges am 1. August 1914 bildete die gesamte sächsische Armee, die als XII. und XIX. Armeekorps im Reichsheer längst aufgegangen war und 1913 beträchtlich vergrößert wurde, eine im wesentlichen geschlossene Formation. Unter dem Befehl des bisherigen sächsischen Kriegsministers von 1902 bis 1914, Generaloberst Max Freiherr von Hausen (1846-1922), ist sie als 3. deutsche Armee an der Westfront eingesetzt worden und nahm mit erheblichen Verlusten bis zum 9. September an der Schlacht an der Marne (5.-12. September 1914) teil. Im Verlaufe des Krieges wurden sächsische Einheiten zusammen mit den Truppen der anderen deutschen Bundesstaaten auf nahezu sämtlichen Kriegsschauplätzen eingesetzt (außer dem in Kleinasien in Belgien und Nordfrankreich, im Elsaß, in Lothringen, Ostpreußen, Kurland, Rumänien, Serbien, Finnland, Mazedonien, Weißrußland und in der Ukraine). Aus Sachsen, das 1914 rund fünf Millionen Einwohner hatte, wurden ca. 750000 Soldaten im Ersten Weltkrieg an die verschiedenen Fronten geschickt, von denen etwa 210000 (28 Prozent) fielen, 330000 (44 Prozent) verwundet und 40800 (5,6 Prozent) gefangen genommen worden sind. Die Zahl der Vermißten betrug annähernd 19000.

Als die Auswirkungen des Krieges viele Lebensbereiche restriktiv berührten, trat eine Ernüchterung an die Stelle der einstigen Kriegseuphorie, die u. a. in einer erheblichen Anzahl von Kriegsfreiwilligen zum Ausdruck gekommen war. Besonders kompliziert gestaltete sich nach dem »Hindenburgprogramm« (1916) die Situation für jene sächsischen Industriezweige, die nur teilweise für die Kriegsproduktion erforderlich waren. Als ausgesprochenes Exportland war Sachsen so gut wie vollständig von seinen auswärtigen Märkten, Finanzbeziehungen und Rohstofflieferanten abgeschnitten. Die Kriegswirtschaft ruinierte viele Industriezweige, auch die traditionsreiche Textilindustrie. Lediglich die Metallbranche profitierte durch Aufträge der Rüstungsindustrie. Ein Symptom der Kriegswirtschaft war die amtliche Verteilung der zur Verfügung stehenden Arbeitskräfte, und dazu zählten vorrangig Frauen, Kriegsgefangene und Hilfsdienstpflichtige. Die Bewohner des dichtbesiedelten sächsischen Gebietes, das stets auf Nahrungsmittelimporte angewiesen war, litten verstärkt unter Versorgungsschwierigkeiten. In Leipzig kam es 1916 zu Hungerunruhen, und nicht erst der »Kohlrübenwinter« 1916/1917 hat sich verheerend auf den Gesundheitszustand der Bevölkerung ausgewirkt.

Unter dem Einfluß ständiger Preissteigerungen, der Lebensmittelknappheit und der Hungersnot, der bedrückenden Lage der Frauen - auch sie arbeiteten in den Rüstungs- und Metallbetrieben - sowie der Agitation der Linken in der Sozialdemokratie entstand eine Antikriegsbewegung. Sie äußerte sich in einer nicht abreißenden Kette von Streiks, Demonstrationen und Hungerkrawallen, die hauptsächlich die sächsischen Städte erfaßte und eine wachsende Kriegsverdrossenheit und Kriegsmüdigkeit reflektierte. Sie war aber auch Ausdruck der beginnenden Radikalisierung von Teilen der Bevölkerung. Die 1915 um Karl Liebknecht (1871-1919) und Rosa Luxemburg (1870-1919) entstandene Gruppe »Internationale« nannte sich ein Jahr später »Spartakusbund«. Dieser ging in der um die Jahreswende 1918/1919 gegründeten Kommunistischen Partei Deutschlands (KPD) auf. Im April 1917 spaltete sich die Unabhängige Sozialdemokratische Partei Deutschlands (USPD) als linke Strömung von der SPD ab. Da die meisten Mitglieder bei der SPD blieben, wurden diese bis 1922/1923 oft als Mehrheitssozialisten

42 Die Deutsche Bücherei in Leipzig

142

(MSPD), teilweise auch nur als Sozialisten bezeichnet. Seit dem Frühjahr 1917 äußerten Sozialdemokraten und bürgerliche Linke Vorstellungen über gesellschaftliche Reformen, beispielsweise über eine Verfassungsänderung. Die Regierung lehnte die Vorschläge ab und wollte durchgreifende Reformen auf die Zeit nach Kriegsende verschieben.

Die im Januar 1918 im Reich ausbrechenden Streiks unter Beteiligung des Spartakusbundes erfaßten einen Monat später den Leipziger und Dresdner Raum. Im Sommer 1918 spitzte sich unter dem Eindruck der militärischen Verhältnisse an der Westfront, dem Abfall der zusammenbrechenden Bundesgenossen und den Absichten der Achsenmächte die Lage zu. Die brisante Situation konnte durch eine Regierungsneubildung am 26. Oktober 1918 unter dem Nationalliberalen Rudolf Heinze (1865-1928, seit Juni 1918 und nach dem 26. Oktober gleichfalls Minister der Justiz), der am 1. November 1918 vier Staatsminister ohne Geschäftsbereich, darunter die Sozialdemokraten Max Heldt (1872-1933) und Julius Fräßdorf (1857-1932), in sein Kabinett aufnahm, nicht mehr entspannt werden. Die akute politische Krise kulminierte in der Novemberrevolution.

Der Sturz der Monarchie

Am 5. November 1918 hatte Heinze, Vorsitzender des Gesamtministeriums, Reformen verkündet, als das Land bereits von der revolutionären Bewegung erfaßt worden war. An diesem Tage führten Soldaten der Dresdner Garnison Antikriegsaktionen durch, und am 6. November wurde in Großenhain der erste Soldatenrat Sachsens gewählt. Am 8. November kam es zu Massendemonstrationen in der Elbestadt und anderen Orten des Königreiches. Einen Tag später gründeten in Dresden prominente SPD- und Gewerkschaftsführer einen Arbeiter- und Soldatenrat. Etwa gleichzeitig entstand der Revolutionäre Arbeiter- und Soldatenrat, dem Mitglieder der USPD und des Spartakusbundes angehörten. Am 10. November 1918 erfolgte die Bildung des Vereinigten revolutionären Arbeiter- und Soldatenrates in der Landeshauptstadt, in dem die Sozialisten Georg Gradnauer (1866-1946), Wilhelm Buck (1869-1945), Karl Ernst Sindermann (1869-1922), Julius Fräßdorf und Max Heldt vertreten waren, die bis 1933 die Landespolitik in führenden Positionen mitgestalteten. Der Rat übernahm die Macht, erklärte den König und die Regierung für abgesetzt und die Monarchie für beseitigt. Auf dem Dresdner Schloß wurde die rote Fahne gehißt, und im Zirkus Sarrasani in Dresden rief der Sozialdemokrat Hermann Fleißner (1865-1939) die Republik aus. Bereits am Abend des 8. November hatte König Friedrich August III. das Dresdner Stadtschloß verlassen und sich zunächst nach Moritzburg begeben. Erst am 13. November 1918 verzichtete der Wettiner, der sich damals im Schloß Guteborn bei Ruhland aufhielt, für sich und alle seine Nachfahren auf den sächsischen Thron.

5. ZEITRAUM
DER FREISTAAT SACHSEN (1918-1933)

Vom Rätesystem zur parlamentarischen Demokratie

Die Regierung Heinze, von Friedrich August III. von den Amtspflichten entbunden und zurückgetreten, behielt die Geschäftsführung bis zum 14. November 1918, die letzten Tage unter Aufsicht der Vorsitzenden des Vereinigten revolutionären Arbeiter- und Soldatenrates Albert Schwarz (1876-1929, SPD) und Otto Rühle (1874-1943, USPD, dann KPD), inne. Am 15. November 1918 übernahmen sechs Volksbeauftragte die Regierungsgewalt: die Unabhängigen Sozialdemokraten (USPD) Richard Lipinski (1867-1936, Vorsitzender des Rates der Volksbeauftragten, Inneres und Äußeres), Friedrich Geyer (1853-1937, Finanzen) und Hermann Fleißner (Militärwesen) sowie die Sozialdemokraten (SPD) - damals weitgehend als Sozialisten bzw. Mehrheitssozialisten (MSPD) bezeichnet - Georg Gradnauer (Justiz), Albert Schwarz (Arbeit) und Wilhelm Buck (Kultus und Unterricht). Sie leiteten ihre Exekutivgewalt von einer Beauftragung durch Abgeordnete der Arbeiter- und Soldatenräte aus Dresden, Leipzig und Chemnitz ab, die sich am 19. November 1918 zu einem Landes-Arbeiter- und Soldatenrat konstituiert hatten. In einer Erklärung an das »sächsische Volk« vom 18. November legte die Regierung der Volksbeauftragten ihr Programm dar. Es stellte wirtschaftliche Veränderungen nach sozialistischen Grundsätzen und den Übergang zur sozialistischen Gesellschaftsordnung in Aussicht, forderte die Beseitigung der alten bundesstaatlichen Verfassung Deutschlands und die Einordnung Sachsens in die »einheitliche großdeutsche Volksrepublik mit Deutsch-Österreich«. Nach kontroversen Diskussionen faßte die Landesversammlung der sächsischen Arbeiter- und Soldatenräte am 27. Dezember 1918 den Beschluß, die Wahl zur »Volkskammer der Republik Sachsen« für den 2. Februar 1919 auszuschreiben. Da die linken Kräfte diese Entscheidung als Aufgabe der Räteherrschaft ansahen und die Sozialdemokraten die Aktivitäten jener Politiker als Verrat der Errungenschaften der Novemberrevolution bezeichneten, traten die drei Volksbeauftragten der USPD am 16. Januar 1919 zurück. Gradnauer übernahm am 21. Januar den Vorsitz innerhalb der Volksbeauftragten und bildete am nächsten Tage eine vom Vertrauen des Landes-Arbeiter- und Soldatenrates getragene ausschließlich sozialdemokratische Regierung mit sieben Volksbeauftragten. Die am 2. Februar 1919 gewählte Volkskammer für die Republik Sachsen setzte sich aus 42 Abgeordneten der SPD,

15 der USPD, 22 der Deutschen Demokratischen Partei, 13 der
Deutschen Nationalen Volkspartei und 4 der Demokratischen Volkspartei zusammen. Mit der Konstituierung des Parlaments (25. Februar) sahen die Volksbeauftragten die Aufgaben der Revolution als
erfüllt an und traten zurück. Das am 28. Februar 1919 angenommen
»Vorläufige Grundgesetz für den Freistaat Sachsen« führte wieder
eine aus Ministern bestehende Regierung und erstmals das Amt des
Ministerpräsidenten ein. Gradnauer war der erste gewählte sächsische Ministerpräsident. Sein Kabinett vom 14. März 1919 bestand
bis zum 6. Oktober des Jahres nur aus SPD-Mitgliedern, da die SPD
den Eintritt von USPD-Politikern in die Regierung von einer Anerkennung der parlamentarischen Demokratie und dem Verzicht auf
das Rätesystem abhängig machte. Gradnauer hat bis zum 1. April
1919 offiziell alle Soldatenräte aufgelöst.

*Ausklang der politischen und sozialen Auseinandersetzungen und die
nachfolgenden Regierungen*

Die geringe Stabilität der jungen parlamentarischen Demokratie
dokumentierten besonders der mitteldeutsche Generalstreik (27.
Februar-10. März 1919), die Versuche der USPD bis April 1919 zur
gewaltsamen Errichtung der Rätemacht sowie der von Rechtskräften
initiierte Lynchmord an dem sächsischen Minister für Militärwesen
Gustav Neuring (geb. 1879, SPD, 1918 Vorsitzender des Landes-
Arbeiter- und Soldatenrates) am 12. April 1919. Neue schwere
Unruhen entstanden im März 1920 durch den Putsch des Generaldi-
rektors der ostpreußischen Landschaft Wolfgang Kapp (1858-1922),
der gemeinsam mit dem Reichswehrgeneral Walther von Lüttwitz
(1859-1942) versuchte, die Reichsregierung zu stürzen. Auf der
Flucht aus Berlin hielten sich die Kabinettsmitglieder vorübergehend
in Dresden auf. In dieser Zeit wurde der Generalstreik gegen den
Kapp-Putsch ausgerufen.

Trotz politischer Auseinandersetzungen ging der Aufbau des neuen
Staates weiter. Die Volkskammer nahm am 26. Oktober 1920 die am
1. November in Kraft gesetzte Verfassung des Freistaates Sachsen an,
betrachtete damit ihre Aufgabe als erledigt und trat zurück. Mit der
Bezeichnung »Freistaat« wurde die Staatsform Sachsens als Republik
charakterisiert. Die oberste Volksvertretung erhielt nun wieder die
Bezeichnung Sächsischer Landtag. Die Wahlen vom 14. November
1920 brachten ein wesentlich schlechteres Ergebnis für die linken
Parteien (27 SPD, 16 USPD, 6 KPD und 47 Bürgerliche). An diesem
Verhältnis zwischen den Parteien änderte sich bis zum Ende der

zwanziger Jahre kaum etwas. Die Sozialdemokratie repräsentierte die vorherrschende politische Richtung, die bis 1929 den Ministerpräsidenten bei wechselnder Ausrichtung nach links oder rechts stellte. Am 13. Dezember 1920 bildete Wilhelm Buck sein seit dem 4. Mai 1920 bestehendes Kabinett um, dem nun zwei USPD-Minister (Lipinski als Minister des Innern und Fleißner als Kultusminister) angehörten. Die dritte Regierung Buck (seit dem 4. Dezember 1922) wurde am 30. Januar 1923 gestürzt, indem eine aus Kommunisten und rechtsbürgerlichen Kräften bestehende Mehrheit die Auflösung des Landtages erzwang.

Seit dem 21. März 1923 führte Erich Zeigner (1886-1949), von August 1921 bis März 1923 sächsischer Justizminister, ein Minderheitskabinett linker Sozialdemokraten. Diese Regierung entstand sowohl angesichts der Gefahr von rechts als auch zur Begrenzung der Symptome, die aus den katastrophalen Wirtschaftsverhältnissen, der Inflation und der Notlage besonders der proletarischen Schichten erwuchsen und zur Radikalisierung der Bevölkerung im Land beitrugen. Im Laufe des Jahres nahmen die Aktivitäten der Linken zu, beispielsweise der weitere Ausbau der proletarischen Hundertschaften, die Einsetzung einer gemeinsamen sozialdemokratisch-kommunistischen Kampfleitung im provisorischen Zentralausschuß der sächsischen Hundertschaften, Zusammenstöße mit der Polizei und Ausschreitungen. Am 10. Oktober bildete Zeigner sein Kabinett um und nahm drei namhafte Kommunisten auf: Fritz Heckert (1884-1936) als Wirtschaftsminister, Paul Böttcher (1891-1975) als Finanzminister und Heinrich Brandler (1881-1967) als Leiter der sächsischen Staatskanzlei. Zweifellos war im Herbst 1923 in Sachsen eine Situation herangereift, die die Möglichkeit der Durchführung einer proletarischen Revolution nicht ausschloß. Am 22. Oktober rückten Reichswehrverbände im Freistaat ein. Nachdem Zeigner eine Aufforderung der Reichsregierung zum Rücktritt zurückgewiesen hatte, enthob ihn Reichspräsident Friedrich Ebert (1871-1925) am 29. Oktober seines Amtes. Der bereits erwähnte Rudolf Heinze fungierte vom 29. bis 31. Oktober als Reichskommissar für Sachsen. Der von einer schwachen Landtagsmehrheit gewählte sozialdemokratische Ministerpräsident Alfred Fellisch (1884-1973) beendete mit seinem Amtsantritt am 31. Oktober 1923 - sein Kabinett bestand ausschließlich aus SPD-Mitgliedern - sowohl die Reichskommissariatsverwaltung als auch die Zusammenarbeit der Linksparteien.

Am 4. Januar 1924 wurde die Übergangsregierung Fellisch durch den Ministerpräsidenten Max Heldt abgelöst, der bis zum 26. Juni 1929 im Amt blieb und in dessen drei von ihm geführten Kabinetten die Deutsche Demokratische Partei, die Deutsche Volkspartei, die Wirtschaftspartei und zuletzt auch die Deutschnationalen vertreten waren. Nach den Landtagswahlen vom 12. Mai 1929 schied die SPD endgültig aus der Regierung aus. Die bürgerlichen Parteien bildeten erstmals seit 1918 allein die Regierung. Die letzte Koalitionsregierung von Wilhelm Bünger (1870-1937, Deutsche Volkspartei) vom 25. Juni 1929 bis 18. Februar 1930, geschäftsführend bis 6. Mai 1930, wies nur noch einen Sozialdemokraten auf. Das Kabinett von Walther Schieck (1874-1946) amtierte seit dem 6. Mai 1930, bestand ausnahmslos aus parteilosen Beamten, erklärte nach zweimonatiger Arbeit am 10. Juli 1930 seinen Rücktritt, führte aber mit Billigung der Mehrheitsparteien der Mitte die Geschäfte bis zur erzwungenen Demission am 10. März 1933 weiter.

In der Zeit der Weimarer Republik vollzogen sich in Sachsen wichtige Veränderungen in der kommunalen und staatlichen Verwaltung. Die Ende 1918 festgelegte Aufhebung der Sonderstellung der selbständigen Gutsbezirke und ihre Eingliederung in die benachbarten Gemeinden sollte bis zum 31. Dezember 1924 realisiert werden. Durch die neue Gemeindeordnung Sachsens vom 1. August 1923 (in der endgültigen Form verkündet am 15. Juni 1925), die gleichermaßen für Städte und Landgemeinden galt, erhielten diese den Status von Körperschaften des öffentlichen Rechts sowie das Recht der Selbstverwaltung, und die staatliche Oberaufsicht wurde erheblich eingeschränkt. So fanden Stadterhebungen und Eingemeindungen statt. Die Auseinandersetzung mit dem ehemaligen Herrscherhaus wurde 1924 im Sinne einer angemessenen Abfindung des »Vereins Haus Wettin« abgeschlossen. Die finanzielle Notlage des Freistaates Sachsen und die daraus resultierenden drastischen Sparmaßnahmen führten zur Auflösung der Kreishauptmannschaft Bautzen sowie deren Vereinigung mit jener zu Dresden (21. September 1931).

Die Wirtschaft

Als Nachwirkung der in der Novemberrevolution verkündeten Sozialisierung entstand 1924 die Aktiengesellschaft Sächsische Werke (ASW) mit Sitz in Dresden, die aus der 1916 errichteten Direktion der staatlichen Elektrizitätswerke und der 1921 gegründeten Direktion der staatlichen Braunkohlenwerke hervorging. Ihr Aktienkapital war zu 100 Prozent im Besitz des sächsischen Staates. Die ebenfalls als Staatsunternehmen gebildete Kraftverkehrsgesellschaft Sachsen (KVG) trug zur Verbreitung des Omnibusverkehrs über das ganze Land bei.

Von 1918 bis 1933 blieben die überlieferten Industrie- und Standort-
strukturen weitgehend und die Größenverhältnisse mit einigen Ausnahmen erhalten. In traditionellen Gewerben existierte eine Anzahl
von Kleinbetrieben. Die landschaftsumgestaltende Braunkohlenförderung wurde zu einem herausragenden Teil der sächsischen Wirtschaft
insbesondere um Borna, die die Elektrifizierung des Landes forcierte.
Das staatliche Böhlener Tagebaugebiet der ASW soll seit 1922 als
größtes Braunkohlenbergwerk der Welt gegolten haben. Domini-
rend blieb in ganz Sachsen eine sehr differenzierte Verarbeitungsindu-
strie, und die Spezialisierung ihrer Zweige war erheblich. Mit der in
Chemnitz, Zwickau, Zschopau, Plauen und Zittau angesiedelten
Kraftfahrzeugindustrie erhielt das Land einen neuen Wirtschafts-
zweig, dessen vier größte Werke sich 1932 zur Auto Union AG
zusammenschlossen. Der Freistaat wuchs in jenen Jahren immer
stärker in den mitteldeutschen Großwirtschaftsraum hinein.

Auf Grund seiner führenden Textilbranche war Sachsen auf
Fertigwarenexport angewiesen und daher konjunkturempfindlich,
zumal es unter allen deutschen Ländern den höchsten Prozentsatz der
in der Industrie tätigen Bevölkerung aufwies. Der Freistaat war auch
während der Zeit der Hochkonjunktur durch eine ständige Arbeitslosigkeit eines nicht geringen Teiles der Bevölkerung betroffen. Die
ersten Anzeichen der Weltwirtschaftskrise kündigten sich in Mitteldeutschland bereits im Frühjahr 1928 in der Textilbranche an, und
bis 1931 waren auch die meisten anderen Produktionszweige einbe-
zogen. Im November 1931 gab es in Sachsen 589000 Arbeitslose
(11,8 Prozent, im Reich 7,8 Prozent), und im Januar 1933 stieg die
Zahl auf 718000 (14,3 Prozent). Die auf dem Staat, den Städten und
Gemeinden liegende Schuldenlast erreichte Anfang 1933 die Höhe
von 1,5 Milliarden Reichsmark. Wirtschaft und Staat befanden sich
in einer schweren Krise, und weite Kreise der Bevölkerung sahen
einen Ausweg nur im Anschluß an die eine oder andere radikale
politische Richtung.

Die Polarisierung der politischen Kräfte zwischen rechts und links

Die am 5. Januar 1919 in München gegründete Deutsche Arbeiterpartei, am 24. Februar 1920 in Nationalsozialistische Deutsche
Arbeiterpartei (NSDAP) umbenannt, wählte am 29. Juni 1921 Adolf
Hitler (1889-1945) mit fast unbeschränkten Vollmachten zu ihrem
Vorsitzenden. Nach dem Hitlerputsch am 8./9. November 1923
wurde die NSDAP verboten, am 27. Februar 1925 neu gegründet.
1920 entstand in Leipzig die erste sächsische Ortsgruppe der Deutsch-

sozialistischen Partei. Bei der Auflösung dieser Partei im Oktober 1922, die keinen größeren Einfluß gewann, traten die Ortsgruppen teilweise geschlossen zur NSDAP über. Im Oktober 1921 entstand mit der Ortsgruppe Zwickau der NSDAP ihre erste sächsische und vierte außerbayerische lokale Formation. Vom sächsisch-vogtländischen, fränkischen und thüringischen Grenzgebiet aus breitete sich die NSDAP in Sachsen aus. Ihre beiden Spitzenfunktionäre Martin Mutschmann (1879-1947) und Karl Fritsch (1901-1944) stammten aus dieser Gegend. Der nach Aufhebung des Verbots der NSDAP im Februar 1925 entstandene Gau Sachsen mit dem Sitz in Plauen (bis zum Frühjahr 1933) - Gauleiter war Mutschmann, sein Stellvertreter seit 1928 Fritsch - gehörte bereits damals zu den größten und bedeutendsten regionalen Organisationsformen dieser rechtsradikalen Partei in Deutschland. Erstmals war sie 1926 im Sächsischen Landtag mit zwei Abgeordneten vertreten, im Mai 1929 verfügte sie über fünf Mandate, und im Juni 1930 waren es bereits 14. Fritsch, seit 1929 Mitglied des Dresdner Parlaments, hatte ein Jahr später das Amt des Fraktionsvorsitzenden der NSDAP inne. Der Rechtsruck in Deutschland war ein deutliches Kennzeichen der Weltwirtschaftskrise, weil Teile der Bevölkerung an eine sozialistische und antimonopolistische Orientierung der NSDAP glaubten. Daher stieg ihre Wählerschaft in Sachsen von 18 Prozent im Jahre 1930 auf 41 Prozent im Jahre 1932.

In der KPD, die durch die Aufnahme von Mitgliedern der USPD (um 1920) Zuwachs erhielt, existierten verschiedene ideologische Strömungen. Nach dem Verbot der KPD vom November 1923 bis Februar 1924 setzte eine langsame Konsolidierungsphase ein. Auch in dieser Partei nahm seit 1929 sowohl die Anzahl ihrer Mitglieder als auch ihrer Sympathisanten zu. In jenen Jahren erhöhte sich der Anteil der KPD-Wähler von 16 auf fast 20 Prozent. Mit dem wachsenden Einfluß extremistischer Parteien ging im Landesparlament die Anzahl der Sitze der verfassungstreuen Mitte aus SPD und den kleineren demokratischen Parteien in erschreckendem Ausmaß zurück. Die Arbeit des Sächsischen Landtages wurde durch harte Auseinandersetzungen zwischen der KPD und der NSDAP weitgehend blockiert.

Wissenschaft, Kunst und Volksbildung

Trotz der schweren, von politischen und sozialen Auseinandersetzungen geprägten sowie von ökonomischen Schwierigkeiten und auch Not gekennzeichneten Jahre der Weimarer Republik fanden Wissenschaft und Kunst Beachtung und Förderung. Am 1. Oktober 1923 wurde die Dresdner Tierärztliche Hochschule als nunmehrige veterinär-medizinische Fakultät der Universität Leipzig eingegliedert. 1926 erfolgte in Chemnitz die Gründung der Höheren Fachschule für Wirkerei- und Strickereiindustrie, damals größte Textilfachschule der Welt. Auch in der Zeit von 1919 bis 1932 wirkten an den universitären Bildungseinrichtungen Wissenschaftler von Rang, u.a. der Germanist Theodor Frings (1886-1968), der Literatur-wissenschaftler Hermann August Korff (1882-1963), der Slawist Reinhold Trautmann (1883-1951), der Historiker Rudolf Kötzschke (1867-1949), der Sinologe Eduard Erkes (1891-1958), der Physiker Werner Heisenberg (1901-1976), der Thermodynamiker Richard Mollier (1863-1935) und der Maschinenbauer Adolph Nägel (1875-1939). Auf Grund der beginnenden Rationalisierung und techni-schen Modernisierung der Wirtschaft erhielten Naturwissenschaften und Technik einen höheren Stellenwert.

Dresden galt weiterhin als Stadt berühmter Museen, interessanter, moderner und progressiver Theateraufführungen und als Zentrum der Musikpflege. Im deutschen Musikleben nahm auch das Leipziger Gewandhausorchester einen bedeutenden Platz ein. 1920 begründete die Tänzerin und Choreographin Mary Wigman (1886-1973) in Dresden die Schule für künstlerischen Tanz, aus der Gret Palucca (1902-1993) hervorging. Sie legte 1925 in der Landeshauptstadt den Grundstein für eine eigene Ausbildungsstätte. Die Höhepunkte der bürgerlichen Kultur der zwanziger Jahre lagen auf dem Gebiet der Entwicklung der Massenmedien. Presse, Rundfunk und Film entfal-teten sich mit staatlicher Unterstützung. In den zwanziger Jahren entstand eine von linksorientierten und der KPD angehörigen oder ihr nahestehenden Künstlern entwickelte Richtung beziehungsweise ein Stil. Jene gründeten auch Berufsverbände (beispielsweise Assozia-tion revolutionär-bildender Künstler, ASSO und Bund proletarisch-revolutionärer Schriftsteller).

Neue Akzente in der Volksbildung setzten das Übergangsgesetz für das Volksschulwesen vom 22. Juli 1919, das Gesetz über die Tren-nung des Kirchen- und Schuldienstes der Volksschullehrer vom 10. Juli 1921 und das Schulbedarfsgesetz vom 31. Juli 1922. Diese basierten auf den Vorschlägen der Schulreformer aus der Zeit nach der Jahrhundertwende, auf Anregungen des Sächsischen Lehrer-vereins und berücksichtigten die nach dem November 1918 eingetre-tenen politischen und gesellschaftlichen Veränderungen (u.a. Tren-nung von Schule und Kirche, Unterricht in und Gebrauch der sorbischen Sprache, Qualifizierung der Lehrer und Einflußnahme der Eltern). Nach der Trennung von Staat und Kirche wurde auf

Grund der damit verbundenen anderen Aufgabenstellung das Kultusministerium am 6. Juli 1923 in Ministerium für Volksbildung umbenannnt. Den Tenor der Veränderungen im sächsischen Schulwesen prägte der Dresdner Reformpädagoge Richard Seyfert (1862-1940), Mitglied der Deutschen Demokratischen Partei, der von Oktober 1919 bis Dezember 1920 als sächsischer Kultusminister amtiert hatte. Die Verlegung der Volksschullehrerausbildung von den Seminaren in die Hochschulen war eines der Ziele, wofür sich Seyfert engagierte. In Würdigung dieser Verdienste wurde er 1924 zum ersten Direktor des Pädagogischen Instituts der Technischen Hochschule Dresden ernannt.

43 Gret Paluccca (1902-1993)

6. Zeitraum
Die nationalsozialistische Diktatur in Sachsen
(1933-1945)

Die »Gleichschaltung«

Die Ernennung Adolf Hitlers zum deutschen Reichskanzler am 30. Januar 1933 veränderte sehr bald den staatlichen Aufbau des Deutschen Reichs und dessen Verhältnis zu den Ländern. Diese Entwicklung führte zu Beginn des Jahres 1935 zur Beseitigung ihrer Eigenständigkeit (»Gleichschaltung«). Am 6. März 1933 wurde Kapitänleutnant a. D. Manfred Freiherr von Killinger (1886-1944, seit 1927 NSDAP-Mitglied und zwei Jahre später Abgeordneter des Sächsischen Landtages) als Polizeikommissar für Sachsen eingesetzt. Vom 8. März 1933 datierte seine Ernennung zum »Reichsbeauftragten für Sicherheit und Ordnung« in Sachsen durch den Reichsinnenminister. Killinger veranlaßte nun das Kabinett Schieck zum Rücktritt (10. März) und übernahm als Reichskommissar für das Land Sachsen die Leitung der Regierung (erste Kommissariatsregierung Killingers vom 10. März bis 6. Mai 1933). Bei der Bildung des Kabinetts berücksichtigte Killinger vorrangig »bewährte« Nationalsozialisten. Justizminister von 1933 bis zur Aufhebung des Ministeriums Ende 1934 war Otto Georg Thierack (1889-1946), der spätere Präsident des Volksgerichtshofes und Reichsjustizminister. Seit dem 5. Mai 1933 hatte der Gauleiter Mutschmann das Amt eines Reichsstatthalters für Sachsen inne, und am Tage danach setzte er eine neue Regierung Killinger ein (zweite Kommissariatsregierung Killingers vom 6. Mai 1933 bis 28. Februar 1935). Am 4. April 1933 wurde der Sächsische Landtag entsprechend dem Ergebnis der Reichstagswahl vom 5. März 1933 umgebildet (einige Mandate entfielen u.a. durch Verhaftung und Emigration von Abgeordneten), und am 30. Januar 1934 erfolgte die förmliche Auflösung des Parlaments.

Bereits im Frühjahr 1933 begann die nationalsozialistische Umgestaltung der Behörden, bei der die Personalpolitik (Gesetz zur Wiederherstellung des Berufsbeamtentums vom 7. April 1933) eine erhebliche Rolle spielte. Die rasch eingerichteten Konzentrationslager Hohnstein und Sachsenburg sowie örtliche Schutzhaftlager füllten sich mit den Gegnern der nationalsozialistischen Diktatur. Das für Sachsen zuständige Sondergericht Freiberg nahm am 12. April 1933 seine Tätigkeit mit der Aburteilung von Aktivitäten des Widerstandes und politisch Andersdenkenden auf. Am 28. Februar 1935 löste Mutschmann den Ministerpräsidenten Killinger als »Führer der sächsischen Landesregierung« ab und war von September 1936 bis 1945 »Der Reichsstatthalter in Sachsen - Landesregierung«. Der Gau Sachsen war identisch mit dem Territorium des Landes. Wenn auch das Land Sachsen nach der vollzogenen »Gleichschaltung« einer eigenen Hoheit und Regierungsgewalt entbehrte, blieb es doch als Verwaltungseinheit unverändert erhalten. Änderungen beschränkten sich nur auf Äußerlichkeiten, beispielsweise wurden die Amts- und Kreishauptmannschaften nach preußischem Vorbild 1939 in Landkreise und Regierungsbezirke umbenannt.

Die Evangelisch-Lutherische Landeskirche Sachsens erlebte ebenfalls eine »Gleichschaltung«, die sich im wesentlichen in Eingriffen des sächsischen Innenministeriums in kirchliche Personalangelegenheiten und in dem am 21. November 1935 vom Reichskirchenministerium eingesetzten Landeskirchenausschuß zur Leitung der sächsischen Landeskirche äußerten. Die innerkirchlichen Verhältnisse jener Zeit waren gekennzeichnet durch latente Spannungen zwischen Bekenntnispfarrern und deutschchristlichen Geistlichen sowie den im Landeskirchenamt tätigen Personen, die teilweise unter nationalsozialistischem Einfluß standen.

Das Mutschmann-Regime

Mutschmann wurde auch in seiner Funktion als Führer der sächsischen Landesregierung vom Rechts- und Staatswissenschaftler Karl Fritsch (seit 1922 NSDAP-Mitglied) vertreten, der seit Mai 1933 das Amt eines Ministers des Innern in Dresden innehatte. Der Plauener Spitzenfabrikant Mutschmann, von geistig durchschnittlichem Format und seit Ende 1918 Mitglied des Deutsch-Völkischen Schutz- und Trutzbundes, trat 1923 der NSDAP bei. Nach dem Verbot dieser Partei gründete er den Völkischen Block, wurde dessen Landesführer (1924) und überführte ihn geschlossen in die am 27. Februar 1925 neuentstandene NSDAP. Mutschanns Ernennung zum Gauleiter (1925) resultierte wesentlich aus der Tatsache, daß er als vermögender Unternehmer Hitler und die NSDAP finanziell unterstützen konnte. Nach dem 30. Januar 1933 begann Mutschmanns Karriere als Politiker, deren Rahmen von der Reichsleitung der NSDAP abgesteckt und durch die Reichsgesetzgebung festgelegt war. Nach dem 28. Februar 1935 übte Mutschmann sowohl die oberste Funktion der NSDAP als auch des Staates in Sachsen aus. Damit war er nahezu ein unumschränkter Herrscher im Land, zumal er stets auf die Unterstützung Hitlers rechnen konnte. Ansatzpunkte einer eigenständigen Politik waren erkennbar, beispielsweise die Pflege der sächsischen Geschichte (1936 Gründung des »Heimatwerkes Sachsen«). Schwerpunkte seiner Tätigkeit sah Mutschmann zunächst in politischen Säuberungen, in der Verwirklichung des antisemitischen Programms der NSDAP, das er mit Fehleinschätzungen durchführte, sowie in der Besichtigung vieler Betriebe. Nach dem September 1939 wurden die Aufgaben des Reichsstatthalters erweitert. Das Wirken Mutschmanns bewegte sich zwischen kleinlich-bürokratischer Enge und feudalen Lebensvorstellungen sowie zwischen Befehlsgehorsam gegenüber der NSDAP-Reichsleitung und der Reichsregierung.

Auf Grund der Wirtschaftsstruktur Sachsens war es nicht möglich, die Arbeitslosigkeit bald zu beseitigen. Einen Wandel brachte erst die Durchführung des Vierjahresplanes (seit 1936), die auf die für die Rüstung wichtigen Industriezweige ausgerichtet war. So stieg die Braunkohlenförderung, eine Voraussetzung für die Erhöhung der Teerproduktion und der Treibstoffherstellung, gewaltig an, und die Kraftfahrzeugindustrie entfaltete sich.

Das Ziel der nationalsozialistischen Kulturpolitik bestand vorrangig in der politisch einseitigen Beeinflussung der Bevölkerung. Daher vollzog sich das geistig-kulturelle Leben im Zeichen der Propagierung der nationalsozialistischen Ideologie, vor allem des Antisemitismus und seiner Pogrome (u.a. »Reichskristallnacht« am 9. November 1938). Technische Neuentwicklungen ergaben sich aus der Förderung solcher Wissenschaftsgebiete, die die Rüstung benötigte, und für diese Arbeiten war besonders die Technische Hochschule Dresden gefragt.

Sachsen im Zweiten Weltkrieg

Mit Beginn des Zweiten Weltkriegs am 1. September 1939 übernahm Mutschmann das Amt des Verteidigungskommissars für Sachsen. Dadurch war er im Wehrkreis IV (Sachsen) im Falle eines inneren Kriegsnotstandes für die zivilen Verteidigungsmaßnahmen verantwortlich. Seit dem Herbst 1939 hatte er hauptsächlich dafür Sorge zu tragen, daß die Verwaltung, das öffentliche Leben und vor allem die Wirtschaft den Kriegsbedürfnissen untergeordnet wurden. Zur Deckung des Arbeitskräftemangels setzte man Kriegsgefangene und ausländische Zwangsarbeiter ein. Erhebliche Veränderungen entstanden auf Grund der »Vereinfachung der VErwaltung bei der Landesregierung« im Sommer 1943, durch welche die Verwaltung im Zuge der »totalen« Kriegsführung zentralisiert wurde und alle Befugnisse der sächsischen Ministerien in die Zuständigkeit des Reichsstatthalters übergingen. Die Regierungspräsidien in Chemnitz, Dresden-Bautzen, Leipzig und Zwickau stellten ihre Tätigkeit ein. Nun dominierten in der gesamten sächsischen Wirtschaft die Rüstungsinteressen. Die auch in Mitteldeutschland existierenden antinationalsozialistischen Widerstandsgruppen aus verschiedenen Bevölkerungskreisen (Bürgertum, Sozialdemokraten, Kommunisten, Christen und Wehrmachtsangehörige) sind größtenteils ausfindig gemacht, ihre Mitglieder verfolgt und hingerichtet worden. Manche linksorientierten Widerstandsgruppen hielten Verbindung mit der im sowjetischen Exil in Moskau wirkenden KPD-Leitung.

Mit dem Ende des Jahres 1943 wurden sächsische Städte Angriffsziel englischer und amerikanischer Fliegerverbände (4. Dezember 1943 Leipzig), und in den letzten Kriegsmonaten traten die größten Schäden und Verluste ein (13./14. Februar 1945 Dresden und 15.

44 Das zerstörte Dresden 1945

März 1945 Chemnitz). Vom Spätsommer 1944 an hatte Mutschmann die organisatorische Abwicklung der Transporte mit Kunstschätzen aus der Union der Sozialistischen Sowjetrepubliken (UdSSR) und den deutschen Ostgebieten in Sachsen zu sichern. Im September 1944 wurde er Beauftragter für die Aufstellung des Volkssturms in Sachsen.

Nach der Zerstörung Dresdens am 13./14. Februar 1945 verlegte Mutschmann seine Amtsitze außerhalb der Stadt. Im Jagdschloß Grillenburg arbeitete die Landesregierung, und im Felsenkeller in Lockwitz war die Gauleitung Sachsen untergebracht. Von Lockwitz aus begann am 8. Mai Mutschmanns abenteuerliche Flucht. Am 16. Mai ist er in den Nachtstunden im Ort Tellerhäuser am Fichtelberg im damals noch besatzungsfreien Kreis Schwarzenberg von der deutschen Polizei gefangengenommen und unmittelbar danach der Roten Armee übergeben worden.

7. Zeitraum
Landesverwaltung und Landesregierung Sachsen
(1945-1952)

Sachsen am Ende des Zweiten Weltkrieges

Mitte April 1945 erreichten die Fronten der Alliierten von Westen und Osten die Landesgrenzen. Die amerikanischen Truppen besetzten am 19. April Leipzig, und kurz danach blieben die 1. und 3. US-Armee an der Linie Elbe-Mulde-Westerzgebirge stehen. Im Rahmen der Berliner Operation der Roten Armee überschritten deren Einheiten zusammen mit polnischen Verbänden am 16. April 1945 die Neiße und stießen von der Oberlausitz aus über Großenhain und Riesa nach Nordsachsen vor. Am 24. April 1945 wurde zwischen dem Oberkommando der Roten Armee und dem anglo-amerikanischen Oberkommando die Elbe und die Zwickauer Mulde als Trennungslinie vereinbart. Die Eroberung des sächsischen Territoriums südlich der Linie Riesa- Großenhain-Kamenz und Niesky durch die 1. Ukrainische Front erfolgte im Zusammenhang mit deren Vorstoß auf Prag, am 6. Mai 1945 eingeleitet, und zwei Tage später war Dresden in sowjetischer Hand. Am 8. Mai 1945 kapitulierte die Deutsche Wehrmacht. Die letzten Truppen der Heeresgruppe Mitte der Deutschen Wehrmacht auf sächsischem Boden ergaben sich am 9. Mai 1945 im Raum Zittau.

Im Ergebnis der militärischen Operationen der Alliierten in Mitteldeutschland existierten in Sachsen nach dem Waffenstillstand vorübergehend drei verschiedene Regionen: das sowjetisch besetzte Ost- und Mittelsachsen bis zur Linie Wurzen, Chemnitz, Geyer und Annaberg, das amerikanisch besetzte Westsachsen bis zur Mulde mit Leipzig, Zwickau sowie Plauen und ein unbesetzter Teil im Westerzgebirge, der damals zum Landkreis Schwarzenberg gehörte. Die ersten Aktivitäten der antifaschistischen Kräfte in dem besatzungsfreien Raum von etwa 520 Quadratkilometern mit 17 Städten und über 80 Dörfern reflektierten Grundsätze des von der KPD in der sowjetischen Emigration konzipierten Progammes für einen Neuaufbau. Am 12. Mai 1945 konstituierte sich in Schwarzenberg ein antifaschistischer Aktionsausschuß für das Kreisgebiet als »Träger der öffentlichen Gewalt«. In der zweiten Junihälfte 1945 übernahm die Rote Armee auf Grund von Vereinbarungen der Alliierten das bis dahin besatzungsfreie »Niemandsland«. Mit der endgültigen Abgrenzung der Besatzungszonen Deutschlands verließen die amerikanischen Besatzungstruppen Ende Juni 1945 Westsachsen, wo unter der

Ägide der Besatzungsmacht beim beginnenden Wiederaufbau andere politische Akzente als im sowjetisch besetzten Ost- und Mittelsachsen und auch im besatzungsfreien Landkreis Schwarzenberg gesetzt worden sind. Zwischen dem 1. und 3. Juli 1945 rückte die Rote Armee in die sächsischen Gebiete westlich der Mulde ein. Ganz Sachsen gehörte nun zur Sowjetischen Besatzungszone Deutschlands (SBZ), und diese Tatsache bestimmte die politische Entwicklung der folgenden Jahrzehnte.

In Städten und Gemeinden Sachsens fanden sich vor oder unmittelbar nach dem 8. Mai 1945 Kommunisten, Sozialdemokraten, parteilose Arbeiter und auch Personen aus bürgerlichen Schichten zusammen, die Komitees und Ausschüsse bildeten. Einige von ihnen kamen aus der antifaschistischen Widerstandsbewegung. Die Gruppierungen führten unterschiedliche Bezeichnungen, beispielsweise antifaschistischer Ausschuß, antifaschistisches Komitee, antifaschistischer Ortsausschuß, aber auch die Kurzform Antifa-Komitee oder Antifa-Ausschuß. Diese verstanden sich weitgehend als Vertreter der öffentlichen Gewalt, und sie repräsentierten Keimzellen eines sich herauskristallisierenden neuen Staates. Die zahlreich entstandenen Antifa-Ausschüsse bemühten sich angesichts des Zusammenbruchs der staatlichen und kommunalen Verwaltungstätigkeit um Ruhe und Ordnung sowie Begrenzung des entstandenen Chaos. Sie wollten Plünderungen und Diebstähle von Lebensmitteln verhindern, unterbreiteten Personalvorschläge für die vielen neu zu besetzenden Stellen in den Gemeinde- und Stadtverwaltungen sowie in den Landratsämtern und beteiligten sich an den ersten spontanen Entnazifizierungsaktionen. Die Antifa-Ausschüsse hatten nach der von ihnen vorbereiteten Konstituierung von Selbstverwaltungsorganen im wesentlichen ihre Mission erfüllt, und ihre Mitglieder engagierten sich vielfach in den im Juni und Juli 1945 entstandenen Behörden und Parteien.

Immensen Einfluß auf die Nachkriegsentwicklung in Sachsen hatten die Aktivitäten der Initiativgruppe des Zentralkomitees der KPD unter Leitung von Anton Ackermann (1905-1973) in dem von der 1. Ukrainischen Front besetzten deutschen Gebiet, die Anfang Mai 1945 von Moskau nach Dresden gekommen war. Ihre Hauptaufgabe bestand in der Schaffung neuer antifaschistisch-demokratischer Selbstverwaltungsorgane. Bei der Auswahl von geeigneten Personen zunächst für die neue Stadtverwaltung Dresden, dann für die Einsetzung von Bürgermeistern, Oberbürgermeistern und Landräten beteiligten sich auch Mitglieder der Antifa-Komitees. Das Ergebnis der Personalpolitik der Gruppe Ackermann, die am 10. Juni 1945 ihre Arbeit beendete, war für die KPD sehr positiv, da mehr als die Hälfte der neuen Funktionsträger auf lokaler Ebene dieser Partei angehörten. Von den Mitgliedern der oben genannten Initiativgruppe hatten in verantwortlichen Positionen folgende Personen Einfluß auf die Entwicklung in Sachsen auch nach der Bildung der Landesverwaltung: Hermann Matern (1893-1971), Kurt Fischer (1900-1950), Egon Dreger (1899-1970, Leiter des Personalamtes) und Artur Hofmann (1907-1987, Leiter der Polizeiverwaltung und Chef der sächsischen Polizei).

Die antifaschistisch-demokratische Ordnung

Am 4. Juli 1945 bestätigte die Anfang Juni 1945 gebildete Sowjetische Militäradministration in Deutschland (SMAD) die Landesverwaltung Sachsen, die am 1. Juli 1945 ihre Arbeit aufgenommen hatte und am 9. Juli ihre erste Präsidialsitzung abhielt. Die Spitze dieser Behörde bestand aus dem Präsidenten Rudolf Friedrichs (1892 - 1947, SPD) und fünf Vizepräsidenten (Kurt Fischer, 1900-1950, KPD, Inneres; Richard Woldt, 1878-1952, SPD, Wirtschaft, Arbeit und Verkehr, bis September 1945, anschließend Fritz Selbmann, 1899-1975, KPD; Wilhelm Lenhard, geb. 1891, parteilos, Ernährung und Landwirtschaft, bis September 1945, anschließend Walther Gäbler, 1900-1974, SPD; Reinhard Uhle, geb. 1890, Liberaldemokratische Partei Deutschlands (LDPD), Justiz, und Gerhard Rohner, 1895-1971, Christlich-Demokratische Union Deutschlands (CDU), Finanzen und Steuern). Die Landesverwaltung Sachsen war ausführendes Organ der am 9. Juli 1945 in Dresden gebildeten Sowjetischen Militäradministration im Bundesland Sachsen (SMAS), von der sie Weisungen erhielt und der sie in kleinlich-bürokratischer Weise über alle Aktivitäten berichten mußte. Dieses Verhältnis bestand in modifizierter Weise auch zur SMAD in Berlin-Karlshorst. Zum Territorium des Bundeslandes Sachsen - ein von der SMAS eingeführter und bis Januar 1947 gebrauchter Terminus - gehörten nun auch die westlich der Lausitzer Neiße gelegenen Restgebiete des Regierungsbezirkes Liegnitz der preußischen Provinz Niederschlesien mit den Landkreisen Hoyerswerda, Rothenburg und Görlitz und dem Stadtkreis Görlitz, während die östlich der Neiße gelegenen Gemeinden des sächsischen Landkreises Zittau der polnischer Verwaltung unterstellt wurden.

Bereits im Sommer 1945 sind die Weichen für eine neue, der UdSSR entlehnte und dort von führenden Vertretern der KPD während der Emigration entwickelte Gesellschaftsordnung gestellt worden. Maßgeblichen Anteil an der Durchsetzung dieser Konzeption hatten der bereits erwähnte Kurt Fischer und Hermann Matern (ab Juni 1945 Erster Sekretär der Bezirksleitung Sachsen der KPD), die Anfang Mai 1945 als Mitglieder der Initiativgruppe des Zentralkomitees der KPD unter Leitung von Anton Ackermann aus Moskau nach Dresden kamen. Der wirtschaftliche Aufbau des Landes, die Bildung neuer Behörden, die Entnazifizierung sowie die weitgehend mit diesen Aufgaben verbundene Durchführung von Reformen waren Schritte zur Durchsetzung des genannten Zieles unter dem Motto einer antifaschistisch-demokratischen Ordnung, einer »Revolution von oben«, die den Weg zur späteren sozialistischen Umgestaltung ermöglichte. Die im Sommer 1945 eingeleitete Blockpolitik (16. August 1945 Gründung des Blockausschusses der antifaschistisch-demokratischen Parteien Land Sachsen) sah eine zunächst akzeptable Zusammenarbeit aller damals lizenzierten Parteien und Organisationen vor. Die KPD, die diese Kooperation initiierte, hat die Blockpolitik auf eine anfangs nicht eindeutig erkennbare Art zur Sicherung ihrer Dominanz, später die der vereinigten Arbeiterpartei, mißbraucht.

Im Mittelpunkt der Tätigkeit der Landesverwaltung stand die Entnazifizierung, die sich auf alle Bereiche erstreckte. Sie basierte auf Weisungen des Alliierten Kontrollrats, auf Befehlen sowohl der SMAD als auch der SMAS und auf Gesetzen sowie Verordnungen der Landesverwaltung. Die Führung der KPD wie auch später der SED sah in der Entnazifizierung ein Instrument zur strukturellen Änderung der Gesellschaft. Der Staatsapparat wurde gemäß der neuen Aufgabenstellung durch Entnazifizierung (Verordnung über den personellen Neuaufbau der öffentlichen Verwaltungen vom 17. August 1945) und auf Grund weitgehend politisch motivierter Einstellungen vollkommen neugestaltet.

Schwerpunkte der Verwaltungstätigkeit waren zunächst unaufschiebbare Tagesaufgaben zur Sicherung der Lebensgrundlagen (beispielsweise die Versorgung der Bevölkerung mit Lebensmitteln und die Einbringung der ersten Nachkriegsernte, die Zuweisung von Wohnraum an die vielen obdachlosen Menschen, die Beseitigung der lebenshemmenden Kriegszerstörungen vor allem auf dem Gebiet des Verkehrswesens, die Unterbringung der einströmenden vertriebenen Bevölkerung aus den Ostgebieten des Reiches und aus deutschen Siedlungsgebieten Ost- und Südosteuropas, die Beschaffung von Rohstoffen und die Wiederingangsetzung der Wirtschaft). Auch die Bewältung dieser primären Probleme wurde weitgehend mit den Maßnahmen zur Umgestaltung des Gesellschaftssystems koordiniert. Die Veränderung der wirtschaftlichen und sozialen Strukturen, wenig später in der Ideologie, leitete die Landesverwaltung sehr konsequent ein, führte sie zügig durch und schloß sie relativ rasch ab. Folgende Normative markierten in der Anfangsphase vorrangig jenen Prozeß: die Verordnung über die Gründung der Sächsischen Landesbank und die Abwicklung der bisher bestehenden Banken und sonstigen Geldinstitute vom 14. August 1945, die Verordnung über die landwirtschaftliche Bodenreform vom 10. September 1945, die Verordnung über die Beschlagnahme des Vermögens flüchtiger Nationalsozialisten vom 11. September 1945, die Verordnung über die Einsetzung eines Gerichtes zur Aburteilung nationalsozialistischer Verbrecher vom 22. September 1945, die Verordnung über die Verstaatlichung des sächsischen Bergbaues vom 24. September 1945, die Verordnung über die Gründung der Versicherungsanstalt des Bundeslandes Sachsen vom 11. Oktober 1945 und die Verordnung zum Aufbau der Sozialversicherung im Bundesland Sachsen vom 10. Januar 1946. Schon 1945 bereitete man die Justiz- und die Schulreform vor. Die Verordnung über die Förderung des Arbeiterstudiums an den Hochschulen des Bundeslandes Sachsen vom 12. Februar 1946 veränderte die soziale Zusammensetzung der Studentenschaft. Das geistig-kulturelle Leben entwickelte sich zunächst in der Hoffnung auf eine Zusammenarbeit der vier Besatzungszonen Deutschlands in moderater Weise analog den neuen politischen Realitäten. Die seit Jahresbeginn 1946 eröffneten Hochschulen Sachsens führten im technischen Sektor ihre Forschungen zunächst weitgehend im Interesse der Besatzungsmacht fort. Die Erste Deutsche Kunstausstellung, der antifaschistischen Kunst gewidmet, wurde in Dresden im August 1946 eröffnet. Namhafte Künstler, von denen vereinzelt einige aus dem nationalsozialistischen Zuchthaus beziehungsweise aus der Emigration zurückkehrten, wirkten in der Elbestadt, beispielsweise die Maler Hans Grundig (1901-1958), Wilhelm Rudolph (1889-1982) und Bernhard Kretzschmar (1889-1972) sowie die Graphikern Lea Grundig (1906-1977).

Im Zusammenhang mit dem Wiederaufbau der Wirtschaft erfolgte eine grundlegende Änderung der Besitz- und Eigentumsverhältnisse, besonders aber die Vorbereitung einer Überführung von Schlüsselbetrieben in Volkseigentum. Als laut Beschluß der Landesverwaltung vom 29. Oktober 1945 die sächsischen Unternehmen der Flick AG in Riesa, Döhlen, Bautzen und Leipzig enteignet und in Landeseigentum überführt wurden, war das die erste bedeutsame Maßnahme dieser Art in der SBZ. Die SMAD-Befehle Nr. 124/126 vom 30./31. Oktober 1945 sahen die Beschlagnahme und Übernahme einiger Eigentumskategorien sowie die Konfiszierung des Eigentums der

NSDAP, ihrer Organe und der ihr angeschlossenen Organisationen vor. Die Landesverwaltung Sachsen nahm am 25. Mai 1946 das Gesetz über die Übergabe von Betrieben von Nazi- und Kriegsverbrechern in das Eigentum des Volkes an und legte es der Bevölkerung zur Abstimmung vor. Bei dem Volksentscheid vom 30. Juni 1946 sprachen sich bei einer Beteiligung von 93,71 Prozent der Stimmberechtigten 77,62 Prozent für die Enteignung aus, 16,56 Prozent lehnten sie ab, 5,82 Prozent der Stimmen waren ungültig. Mit dieser eindeutigen Willensäußerung vom 30. Juni 1946 galt das Gesetz der Landesverwaltung als angenommen, und es erhielt das Datum dieses Tages. Das Ergebnis des Volksentscheids bildete die Grundlage für die Betriebsenteignungen, die im März 1948 von deutschen Dienststellen aufgelistet und durch SMAD-Befehl Nr. 64 vom 17. April 1948 rechtskräftig bestätigt worden sind. In Sachsen wurden nach der Liste A 2297 Unternehmen zum 1. April 1948 in Volkseigentum überführt. Dazu kamen noch 5627 Enteigungsverfahren gemäß der Liste »Sonstiges Vermögen«, die zum 15. April 1948 Rechtskraft erhielten. Die Betriebe der Liste B (1931) erhielten die Eigentümer zurück. 600 Unternehmen der Liste C blieben unter unmittelbarer sowjetischer Kontrolle, beispielsweise die für den Uranbergbau zuständige Wismut AG bei Chemnitz.

Nachdem im April 1946 die Zwangsvereinigung von KPD und SPD zur SED vollzogen und die eindeutige Richtung der Entwicklung einer Gesellschaftsordnung im Sinne der Besatzungsmacht festgelegt worden war, erfolgte die Einberufung einer »Beratenden Versammlung«, eine Art Vorparlament, das keine gesetzgebende Befugnis hatte. Es tagte nur zweimal (25. Juni und 25. Juli 1946) und befaßte sich vorwiegend mit folgenden Problemen: Volksentscheid zum Gesetz über die Übergabe von Betrieben von Nazi- und Kriegsverbrechern in das Eigentum des Volkes, Gemeindewahlen (sie fanden in Sachsen am 1. September 1946 statt), Finanzangelegenheiten, Ernährungslage und Seuchenbekämpfung. Vorsitz in diesem Gremium führte Otto Buchwitz (1879-1964). Am 20. Oktober 1946 fanden in Sachsen Landtags- und Kreistagswahlen statt. In den erstmals seit dem 22. Juni 1930 wieder freien, gleichen und geheimen Wahlen stellten sich die von der SMAD zugelassenen Parteien und Organisationen unabhängig voneinander den Wählern. Die 120 Abgeordnetensitze des Sächsischen Landtages verteilten sich entsprechend dem Abstimmungsergebnis folgendermaßen: SED 59, LDPD 30, CDU 28, Vereinigung der gegenseitigen Bauernhilfe (VdgB) 2, Kulturbund zur demokratischen Erneuerung Deutschlands 1. Da die beiden letztgenannten Organisationen nicht nur von der SED gelenkt, sondern ihre Vertreter entweder überwiegend deren Mitglieder waren oder sich zu deren politischen Zielen bekannten, verfügte die vereinigte Arbeiterpartei über die absolute Mehrheit im Landtag. Landtagspräsident war Otto Buchwitz, der diese Funktion auch in der zweiten Legislaturperiode bis zur Auflösung des Parlaments im Juli 1952 ausübte. Die Regierungsbildung erfolgte am 11. Dezember 1946, und der Präsident der bisherigen Landesverwaltung, Rudolf Friedrichs, wurde zum Ministerpräsidenten gewählt. Eine Regierungsneubildung fand nach dem plötzlichen Tode Friedrichs' (13. Juni 1947) statt, als Max Seydewitz (1892-1987, SED) das Amt des Ministerpräsidenten übernahm (30. Juli 1947), das er bis zur Auflösung des Landes Sachsen im Sommer 1952 innehatte. Weitere Regierungsumbildungen datierten vom 9. April 1948, 8. September 1948, 1. April 1949, 1. Juli 1949 und 1. März 1950.

Zu den ersten bedeutenden Gesetzen, die der am 22. November 1946 in Dresden konstituierte Landtag verabschiedete, gehörten die Demokratische Kreisordnung für das Land Sachsen vom 16. Januar

45 Rudolf Friedrichs (1892-1947)

1947, die Demokratische Gemeindeordnung für das Land Sachsen vom 6. Februar 1947 und die Verfassung des Landes Sachsen vom 28. Februar 1947. Obwohl sich diese Konstitution in einigen Passagen an die Verfassung des Freistaates Sachsen vom 1. November 1920 anlehnte, reflektierte sie eindeutig die seit dem 8. Mai 1945 grundlegend veränderten politischen und sozialen Konditionen, bespielsweise das Verbot von privaten Monopolorganisationen, die Planung der Wirtschaft, die Sicherung der Bodenreform und der Ergebnisse des Volksentscheides vom 30. Juni 1946, die Entnazifizierung und das Recht auf Arbeit.

Für die innere Verwaltung waren das Gesetz über die Änderung von Gemeindegrenzen im Zuge der Bodenreform vom 6. Juni 1947 sowie die Richtlinien für die Änderung von Kreis- und Gemeindegrenzen vom 30. Oktober 1947 von Bedeutung. Auf dieser Grundlage fand bis 1949 die Eingliederung ehemals selbständiger Gutsbezirke in die Gemeinden statt. Eingemeindungen, Zusammenschlüsse und Umbezirkungen von Gemeinden sowie Umgemeindungen und Eingemeindungen von Flurstücken erfolgten laufend bis zur Auflösung des Landes Sachsen im Sommer 1952.

Mit der Gründung der Deutschen Wirtschaftskommission (DWK) in Berlin (SMAD-Befehl Nr. 138 vom 14. Juni 1947), besonders aber mit deren Ausbau im Frühjahr 1948, begann der Prozeß des Abbaus der Eigenständigkeit des Landes Sachsen. Er war erkennbar vor allem an der Übernahme von wirtschaftspolitischen Aufgaben der Landesregierung Sachsen durch die Berliner Behörde und ihre größere Weisungsbefugnis gegenüber den Ländern der SBZ. Diese Entwicklung, forciert mit der Durchführung des Zweijahrplanes (1949-1950), erfaßte im Laufe der Zeit auch andere Bereiche außerhalb der Wirtschaft.

Sachsen als Teil der Deutschen Demokratischen Republik (DDR) und seine Auflösung

Nach der Gründung der Deutschen Demokratischen Repulik (DDR) am 7. Oktober 1949 nahmen die Kompentenzen der Länder weiterhin zugunsten der Berliner Behörden ab. Damit verbunden war der Ausbau der Vormachtstellung der SED, die sich in dieser Zeit nach dem Vorbild der Kommunistischen Partei der Sowjetunion (KPdSU) zur »Partei neuen Typus« umprofilierte und in zunehmendem Maße stalinistische Methoden anwendete.

Am 12. Januar 1950 beschloß der Sächsische Landtag, seine Legislaturperiode zu verlängern und die Wahlen zum sächsischen Parlament zusammen mit denen zur Volkskammer, zu den Kreistagen, Stadtverordnetenversammlungen und Gemeindevertretungen am 15. Oktober 1950 abzuhalten. Diese Wahlen fanden auf der Grundlage einer von der »Nationalen Front des demokratischen Deutschland« getragenen gemeinsamen Wahlvorschlagsliste der SED, der Blockparteien und der gesellschaftlichen Organisationen in Adaption sowjetischer Verhältnisse statt. Die Monate bis zum Oktober 1950 waren gekennzeichnet durch Kontroversen zwischen der SED und renommierten Politikern der bürgerlichen Parteien über deren Bedenken gegen die Einheitsliste, und damit stand im Kern die Anerkennung des Führungsanspruchs der Arbeiterpartei auf der Tagesordnung. In Sachsen fanden zu Beginn des Jahres 1950 auf politische Konfrontation abzielende Auseinandersetzungen mit der CDU statt, in deren Verlauf der Finanzminister Rohner nach der Bundesrepublik Deutschland floh und der Landesvorsitzende der CDU, Hugo Hickmann (1877-1955), abgesetzt und aus seiner Partei ausgeschlossen wurde.

Der Wirkungsbereich des am 3. November 1950 eröffneten zweiten Sächsischen Nachkriegslandtages war von Beginn an durch die Existenz einer zentralen Volksvertretung (Volkskammer) und von für das gesamte Staatsgebiet kompetenten Berliner Ministerien, vor allem aber durch die zentralistischen Tendenzen der DDR, eingeschränkt. Daher trat das Parlament in Dresden nur noch selten zusammen. Auch die Zuständigkeit des zweiten Kabinetts Seydewitz (24. November 1950 - 25. Juli 1952) ist durch die skizzierte Entwicklung stark eingeengt worden.

Das Gesetz über die Änderung der Kreis- und Gemeindegrenzen vom 27. April 1950 bestimmte, daß Grenzen der Kreise und Gemeinden geändert werden können, soweit dies infolge der wirtschaftspolitischen Entwicklung geboten erscheint. Das Gesetz enthielt auch Richtlinien für Grenzänderungen von Gemeinden (Zusammenschluß und Eingemeindung) und Landkreisen (Zusammenschluß und Aufteilung). So fanden die bereits in den vorhergehenden Jahren durchgeführten Änderungen von Kreis- und Gemeindegrenzen eine kontinuierliche Fortsetzung. Die Anzahl der Kommunen verringerte sich 1950 um 352, ein Jahr später nahm die Zahl der Gemeinden durch Zusammenlegungen nochmals um 28 ab. Neue Stadt- und Landkreise entstanden, der Landkreis Stollberg wurde aufgelöst und der Kreis Aue neu gegliedert.

Nachdem die SED auf ihrer II. Parteikonferenz in Berlin vom 9. bis 12. Juli 1952 den Aufbau der Grundlagen des Sozialismus verkündete, beschloß die Volkskammer der DDR am 23. Juli 1952 das Gesetz über die weitere Demokratisierung des Aufbaus und der Arbeitsweise der staatlichen Organe in den Ländern der DDR, das die Auflösung der fünf Länder zur Folge hatte. Am 25. Juli 1952 nahm der Sächsische Landtag in seiner letzten (außerordentlichen) Sitzung das Gesetz über die weitere Demokratisierung des Aufbaus und der Arbeitsweise der staatlichen Organe im Lande Sachsen ohne Debatte an. Damit sanktionierte die Volksvertretung die Auflösung des Landes Sachsen und ihr eigenes Ende. Auf diese Weise hat die SED-Führung Relikte des bürgerlichen Staates, förderalistische Tendenzen, Reminiszenzen an Gewaltenteilung, Rechtsstaatlichkeit und parlamentarische Demokratie, die in den Jahren der »Revolution von oben« trotz verschiedener Anläufe nicht restlos beseitigt werden konnten, endgültig überwunden und sich von Personen, die der Stalinisierung Widerstand entgegengesetzt hatten, getrennt. Nun konnte die Herausbildung von »Volksvertretern neuen Typs« forciert sowie das »sozialistische Demokratieverständnis« realisiert werden.

8. Zeitraum
Die Bezirke Chemnitz (Karl-Marx-Stadt), Dresden und Leipzig, die politische Wende 1989/90 und die Neubegründung des Freistaates Sachsen (1952-1990)

Die Aufteilung des Landes Sachsen in Bezirke und Aspekte ihrer Entwicklung

Aus dem Lande Sachsen gingen die drei Bezirke Chemnitz (1953 in Karl-Marx-Stadt umbenannt), Dresden und Leipzig unter Berücksichtigung der nach 1945 entstandenen Wirtschaftsstrukturen, der Bevölkerungsballung und verwaltungsmäßiger Zweckmäßigkeit hervor. Die Aufteilung Sachsens, als notwendig für den Aufbau der Grundlagen des Sozialismus proklamiert, knüpfte in territorialer Hinsicht in unterschiedlicher Weise an die Mittelbehörden an, die von 1874 bis 1943 zunächst als Kreishauptmannschaften, ab 1939 mit der Bezeichnung Regierungsbezirke, bestanden. Während dem Bezirk Chemnitz nur in geringem Umfang thüringische Gebiete angegliedert wurden, gehörte zum Bezirk Leipzig ein größerer Teil des aufgelösten Landes Thüringen. Der Bezirk Dresden umfaßte die östlichen Regionen Sachsens ohne die Kreise Hoyerswerda und Weißwasser, die Anschluß an den Bezirk Cottbus fanden. Mit der Bezirkseinteilung war eine Kreisreform verbunden, die zu einer größeren Anzahl kleinerer und auch neuer Landkreise führte. Die Kompetenzen der Bezirke waren im zentralistisch regierten Einheitsstaat der DDR gering, sie hatten im wesentlichen die auf zentraler Ebene gefaßten Beschlüsse zu realisieren und über deren Durchführung zu berichten (»demokratischer Zentralismus«). Die Fortführung der Bezeichnung »Land Sachsen« als Zusatz zum amtlichen Namen der drei sächsischen Bezirke hatte nur noch formale Bedeutung. Bis zur Auflösung der Länderkammer der DDR im Jahre 1958 wählten die drei sächsischen Bezirkstage gemeinsam die sächsischen Abgeordneten. Von dieser Zeit an war Sachsen als verfassungs- und verwaltungsmäßige Größe nicht mehr vorhanden.

So wie Sachsen in der SBZ und dann in der DDR das ökonomisch bedeutendste Land war, zeichneten sich die drei sächsischen Bezirke weiterhin durch ein großes Wirtschaftspotential aus, sie repräsentierten die industriellen Ballungsgebiete der DDR. Während des ersten Fünfjahrplanes (1951-1955), der Zeit der sozialistischen Industrialisierung, erfolgte in den Bezirken Dresden, Karl-Marx-Stadt und Leipzig vorrangig der Ausbau der Grundstoffindustrie. Da die Steinkohleförderung nicht mehr erweiterungsfähig war, mußte die

Gewinnung von Rohbraunkohle und die Briketterzeugung erheblich intensiviert werden. Neue Tagebaue wurden erschlossen. Im Frühjahr 1960 fand auch in den sächsischen Bezirken wie in der gesamten DDR die »sozialistische Umgestaltung auf dem Lande«, die »Kollektivierung der Landwirtschaft« statt. Die Einzelwirtschaften wurden in Landwirtschaftliche Produktionsgenossenschaften (LPG) überführt, und entsprechend dem Grad der Vergesellschaftung der Produktionsmittel, dem Umfang der zu leistenden genossenschaftlichen Arbeit und dem Grad der Anwendung der materiellen Interessiertheit unterschied man drei verschiedene Typen.

Anfang der sechziger Jahre begann der »umfassende Aufbau der sozialistischen Gesellschaft«. Zu Beginn der siebziger Jahre, in denen die Gestaltung der entwickelten sozialistischen Gesellschaft, die Einheit von Wirtschafts- und Sozialpolitik als Hauptaufgabe formuliert worden ist, kam es zum völligen Abschluß der Nationalisierung der

46 Blick in die Montagehalle des VEB Flugzeugwerk Dresden (um 1958)

Industrie (1972). In dieser Zeit entstanden in der Industrie die ersten Kombinate, sozialistische Großbetriebe unterschiedlicher Art und Leitung.

Die Industriestandorte im sächsischen Territorium, seit langem flächendeckend ausgedehnt, reichten, durch ein dichtes Eisenbahn- und Straßennetz sowie gute Busverbindungen erschlossen, bis in die kleinsten Orte des Erzgebirges, des Vogtlandes und der Oberlausitz. Erkennbar waren drei in das 19. Jahrhundert zurückreichende Ballungsgebiete, der Mittelelberaum von Dresden bis Pirna und Riesa, die Chemnitzer Region und der Westteil des Leipziger Territoriums. In den drei sächsischen Bezirken hatten in den achtziger Jahren von insgesamt 129 zentral geleiteten Kombinaten der DDR 50 ihren Hauptsitz. Der Bezirk Leipzig war der zweitgrößte Industriestandort der Republik mit vielen Hunderten von Betrieben, darunter 40 Großbetrieben. Charakteristisch für den Bezirk Leipzig waren Kom-

47 Modell der ersten Serie des PKW Trabant aus dem VEB Sachsenring-Werke Zwickau

binate mit der Produktion polygraphischer Maschinen, der Herstellung von Chemie- und Gießereianlagen, von Kranen, Kohlegroßgeräten und Werkzeugmaschinen. Das wirtschaftliche Profil des Bezirkes Dresden prägten wesentlich der Maschinen- und Fahrzeugbau, die Elektronik und Elektrotechnik, die Metallurgie, die Energie- und Brennstoffindustrie, die Zinnerzgewinnung, die chemische und pharmazeutische Industrie sowie der Güter-, Personenzug- und Lastkraftwagenbau, der Landmaschinenbau und die Textilindustrie. Der Bezirk Karl-Marx-Stadt gehörte ebenfalls zu den bedeutendsten Industriegebieten der DDR und besaß eine breite Erzeugnisstruktur. Typisch für diese Region waren die Spinnereibetriebe, die Herstellung von Haushalt- und Küchengeräten sowie, auf alter Tradition beruhend, die Erzeugung von Personenkraftwagen (»Trabant«), Motorrädern und Musikinstrumenten.

Trotz mancher vorübergehend in einzelnen Branchen erzielten Leistungen ist die Wirtschaftspolitik der SED insgesamt gescheitert und hat dem Lande Sachsen schweren Schaden zugefügt. Sie war weitgehend von der UdSSR abhängig und stark ideologisch orientiert, vernachlässigte die Rentabilität und ordnete sich der sozialistischen Integration im »Rat für gegenseitige Wirtschaftshilfe« unter.

Kultur, Kunst, Wissenschaft und Bildung sind nach 1952, besonders aber nach 1961, in forciertem Tempo den sich entwickelnden sozialistischen Verhältnissen angepaßt worden. Eine Zusammenarbeit auf diesem Gebiet bahnte sich vorrangig mit der UdSSR und den anderen sozialistischen Staaten an. Die Leipziger Universität, die Technischen Universitäten Dresden und Karl-Marx-Stadt, die Bergakademie Freiberg, die Hochschule für Verkehrswesen Dresden und noch andere Hoch- und Fachschulen erhielten staatliche Förderung, allerdings weitgehend unter ideologischen Aspekten. Viele von ihnen hatten mit Kombinaten und Betrieben Arbeitsvereinbarungen. Um 1980 trat unter dem Motto »Pflege von Erbe und Tradition« eine gewisse Auflockerung im ideologischen Bereich ein, die sich beispielsweise bei Jubiläen und Gedenkfeiern, in der Erforschung der Regionalgeschichte, im Inhalt vor allem schöngeistiger Publikationen sowie im Theaterwesen und in der Musikpflege widerspiegelte. 1985 war der Wiederaufbau des Opernhauses in Dresden, 1871 bis 1878 nach Plänen von Gottfried Semper (1803-1879) errichtet und im Zweiten Weltkrieg zerstört, beendet.

Die politische Wende im Herbst 1989

Das politische System in der DDR war trotz mancher Modifizierungen eine nach sowjetischem Beispiel und mit stalinistischen Methoden geprägte Diktatur einer Partei, die im Laufe der Zeit viele gesellschaftliche Bereiche in argwöhnischer Weise überwachte, keine Flexibilität zeigte und Reformen ablehnte. Seit Anfang der achtziger Jahre mehrten sich die Anzeichen einer Krisensituation, die die Lebensverhältnisse der Bevölkerung spürbar beeinträchtigte. Davon war in besonderem Maße der Bezirk Dresden betroffen: Verschlechterung der Versorgung, Umweltprobleme mit der ČSSR, schikanierende Sicherheitsdoktrin mit zunehmender Überwachung von weiten Teilen der Bevölkerung und Restriktionen in der Reisepolitik.

48 Die 1985 wiedererichtete Semperoper in Dresden

Mit Beginn des Jahres 1989 kulminierten Symptome, die auf gesellschaftliche Veränderung drängten, beispielsweise vorübergehend weitere Erschwerung der Reisebedingungen nach der ČSSR, die Fälschung der Ergebnisse der Kommunalwahlen im Mai, Flucht von Bürgern der DDR in die Botschaften der Bundesrepublik Deutschland, vor allem in Prag, sowie die auf schikanöse Weise durchgeführte Beförderung der »Botschaftsflüchtlinge« in die Bundesrepublik. Bei der Durchschleusung dieser Reisezüge auf ihrem weiten Weg durch Sachsen kam es zu Sympathiekundgebungen, in Dresden zu beeindruckenden Demonstrationen und friedlicher Artikulierung politischer Forderungen. Mit den Montagsdemonstrationen, die in Leipzig nach den Friedensgebeten in der Nikolaikirche stattfanden, wurde diese Stadt zu einem der Ausgangspunkte gesellschaftlicher Veränderungen durch die friedliche Revolution des Herbstes 1989.

Der Neubeginn

Das von der Volkskammer der DDR beschlossene Ländereinführungsgesetz vom 22. Juli 1990 hatte die Bildung von Ländern in der DDR für den Beitritt zur Bundesrepublik Deutschland fixiert. Am 3. Oktober 1990, dem Tag der Deutschen Einheit, wurde im Festsaal der Albrechtsburg zu Meißen der Freistaat Sachsen neu begründet. Verfassungsrechtlich existierte er erst seit der Landtagswahl vom 14. Oktober 1990. Den Namen Freistaat Sachsen führt er entsprechend dem Beschluß des Sächsischen Landtages auf dessen konstituierender Sitzung am 27. Oktober 1990. Damit wurde an demokratische Traditionen, beispielsweise an den Förderalismus, den Parlamentarismus und die Rechtsstaatlichkeit, die durch zwei totalitäre Systeme unterbrochen worden waren, angeknüpft. Am 27. Oktober wurde Kurt Biedenkopf (geb. 1930) zum Ministerpräsidenten des Freistaates Sachsen gewählt. Bereits am Tage der Konstituierung stellte sich das freigewählte Parlament die Aufgabe, eine neue Verfassung auszuarbeiten. Nach vielen Tagungen und Diskussionen und unter Berücksichtigung von 1300 Zuschriften entstand die moderne sächsische Verfassung vom 27. Mai 1992, die sich wesentlich von den Konstitutionen des Landes vom 1. November 1920 und vom 28. Februar 1947 unterscheidet. Somit bedeutete der 27. Mai 1992 einen Höhepunkt in der Geschichte des sächsischen Parlamentarismus.

49 Eingang zur Dreikönigskirche in Dresden-Neustadt, dem ersten
Sitz des neugewählten Landtages des Freistaates Sachsen 1990

ANHANG

Stammtafel
des Hauses Wettin von der Belehnung mit der Markgrafschaft Meißen bis zur Teilung von 1485

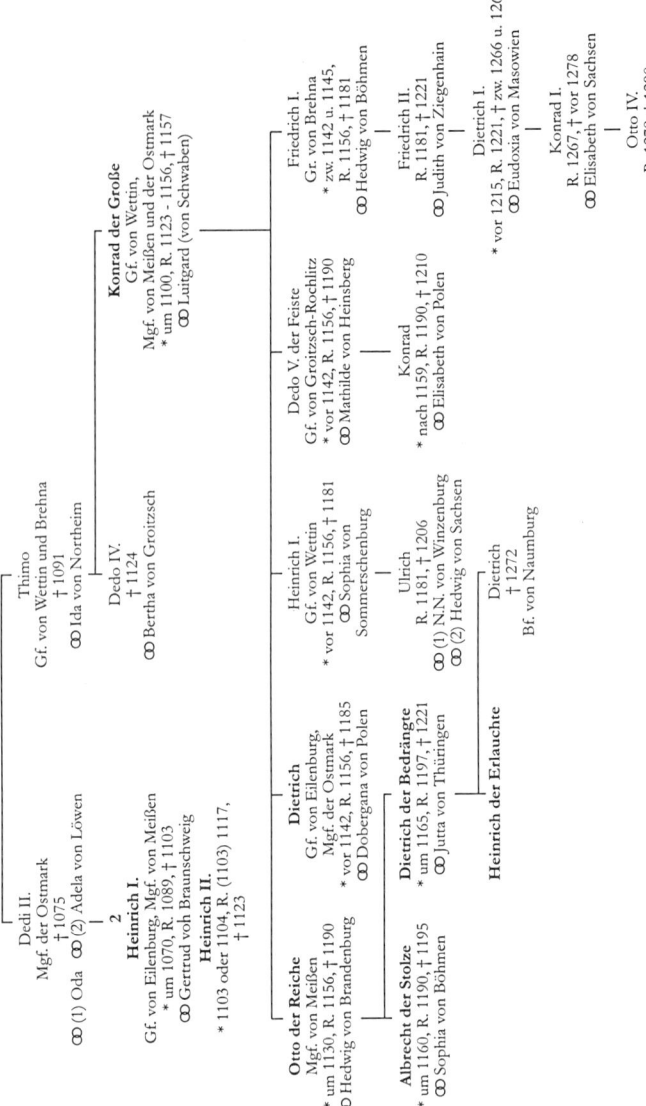

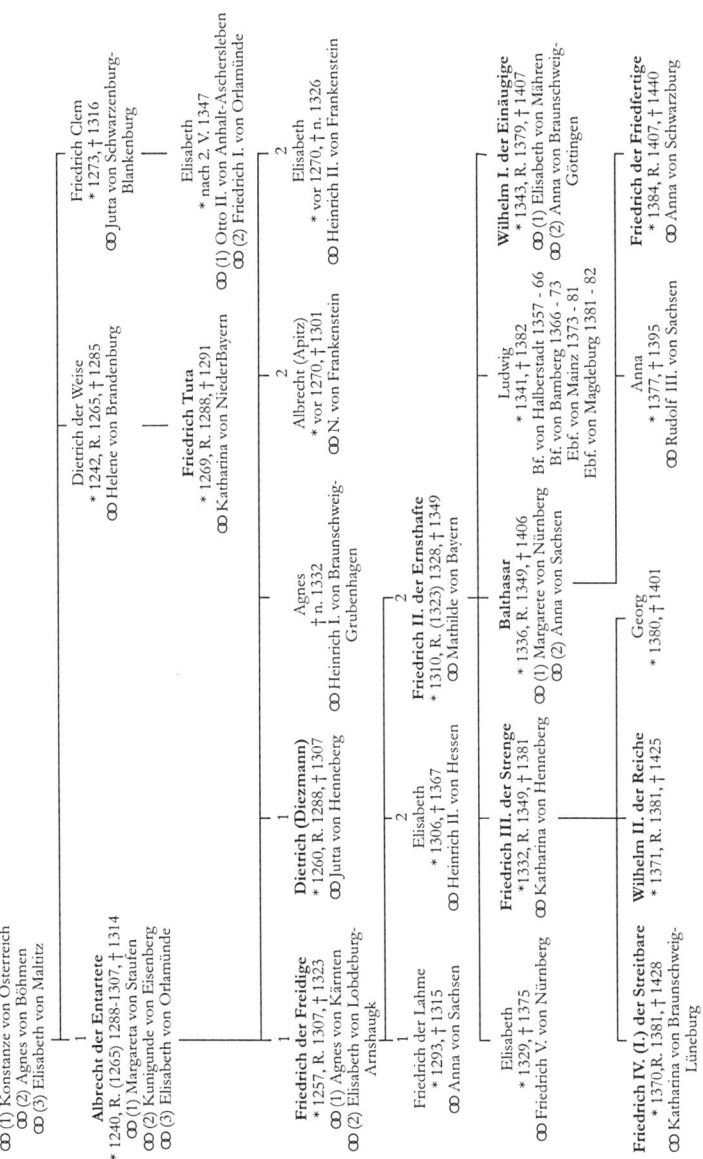

178

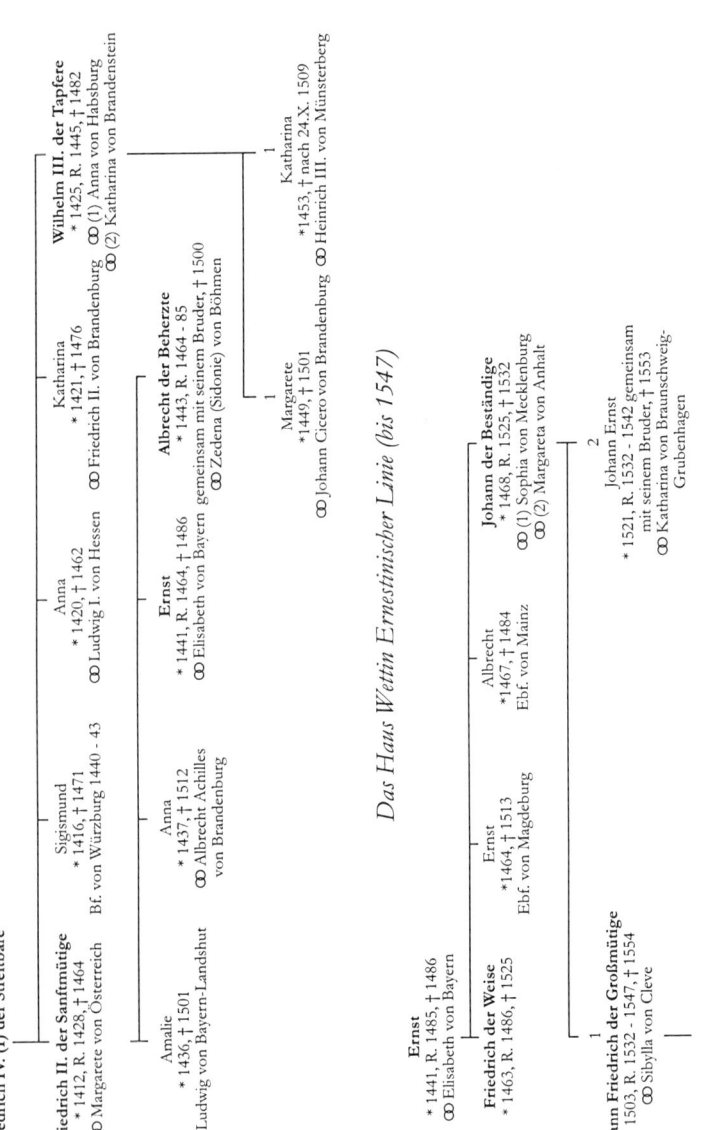

Das Haus Wettin Ernestinischer Linie (bis 1547)

Friedrich IV. (I) der Streitbare

Friedrich II. der Sanftmütige
* 1412, R. 1428, † 1464
⚭ Margarete von Österreich

Sigismund
* 1416, † 1471
Bf. von Würzburg 1440 - 43

Anna
* 1420, † 1462
⚭ Ludwig I. von Hessen

Katharina
* 1421, † 1476
⚭ Friedrich II. von Brandenburg

Wilhelm III. der Tapfere
* 1425, R. 1445, † 1482
⚭ (1) Anna von Habsburg
⚭ (2) Katharina von Brandenstein

Amalie
* 1436, † 1501
⚭ Ludwig von Bayern-Landshut

Anna
* 1437, † 1512
⚭ Albrecht Achilles
von Brandenburg

Ernst
* 1441, R. 1464, † 1486
⚭ Elisabeth von Bayern

Albrecht der Beherzte
* 1443, R. 1464 - 85
gemeinsam mit seinem Bruder, † 1500
⚭ Zedena (Sidonie) von Böhmen

Katharina
*1453, † nach 24.X. 1509
⚭ Heinrich III. von Münsterberg

Margarete
*1449, † 1501
⚭ Johann Cicero von Brandenburg

Ernst
* 1441, R. 1485, † 1486
⚭ Elisabeth von Bayern

Friedrich der Weise
* 1463, R. 1486, † 1525

Ernst
*1464, † 1513
Ebf. von Magdeburg

Albrecht
*1467, † 1484
Ebf. von Mainz

Johann der Beständige
* 1468, R. 1525, † 1532
⚭ (1) Sophia von Mecklenburg
⚭ (2) Margareta von Anhalt

Johann Friedrich der Großmütige
* 1503, R. 1532 - 1547, † 1554
⚭ Sibylla von Cleve

Johann Ernst
*1521, R. 1532 - 1542 gemeinsam
mit seinem Bruder, † 1553
⚭ Katharina von Braunschweig-
Grubenhagen

Ernestinische Linien

Das Haus Wettin Albertinischer Linie 1485 - 1918

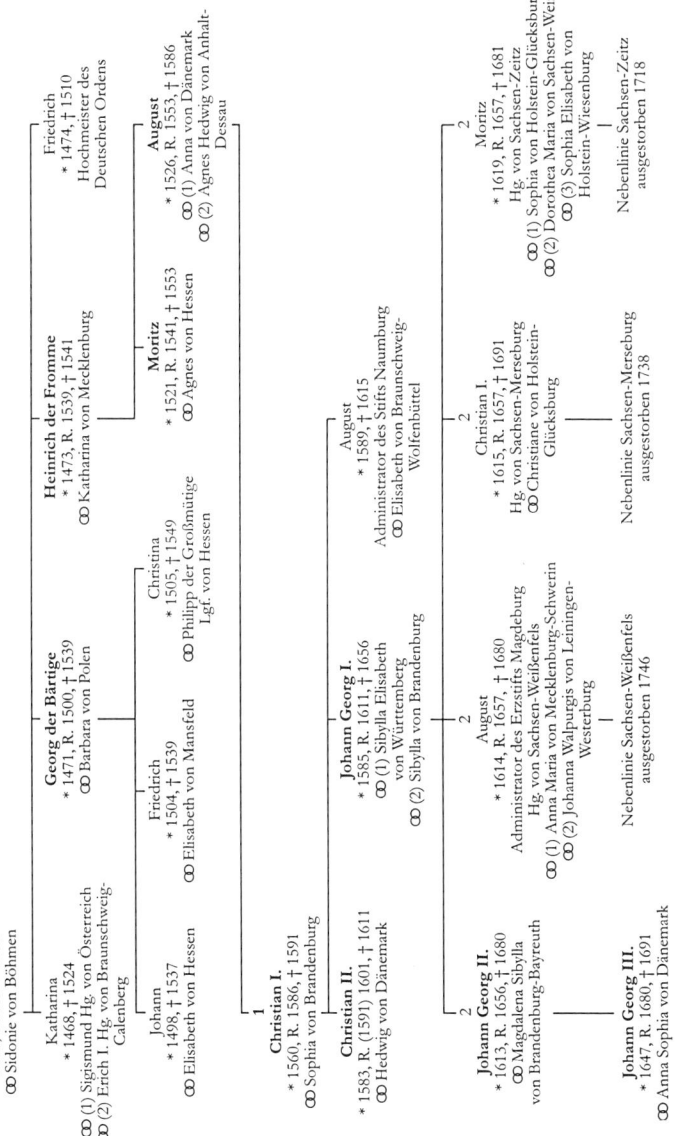

180

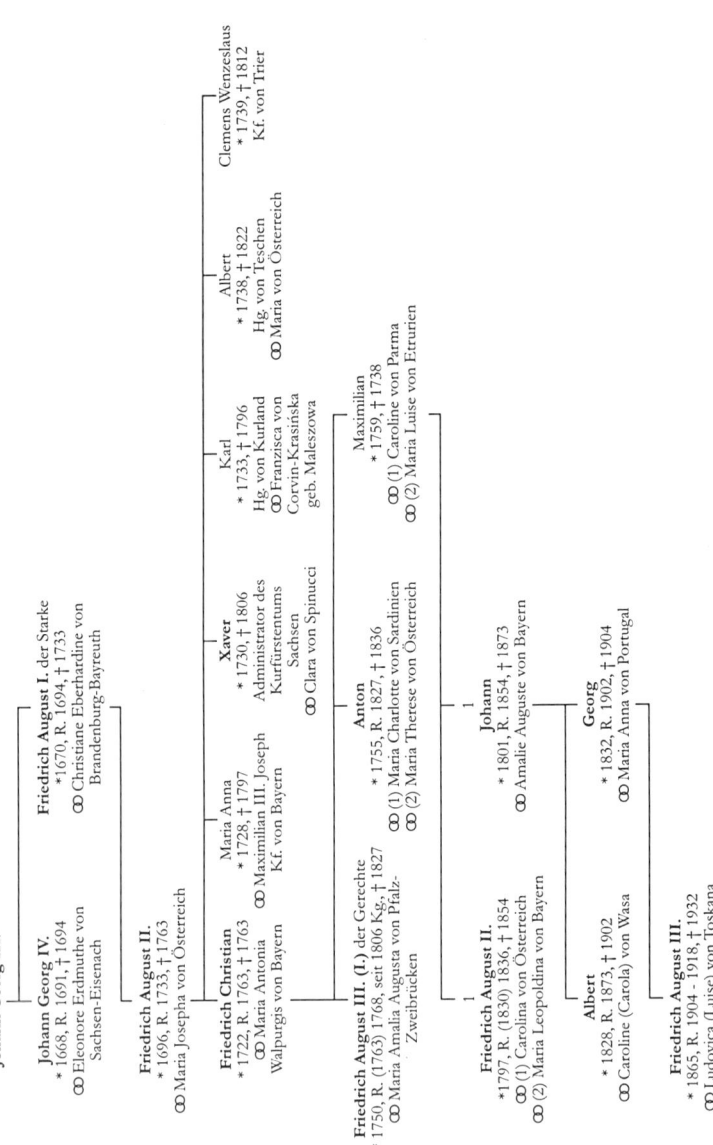

Johann Georg III.

Johann Georg IV.
*1668, R. 1691, † 1694
∞ Eleonore Erdmuthe von
Sachsen-Eisenach

Friedrich August I. der Starke
*1670, R. 1694, † 1733
∞ Christiane Eberhardine von
Brandenburg-Bayreuth

Friedrich August II.
*1696, R. 1733, † 1763
∞ Maria Josepha von Österreich

Maria Anna
*1728, † 1797
∞ Maximilian III. Joseph
Kf. von Bayern

Friedrich Christian
*1722, R. 1763, † 1763
∞ Maria Antonia
Walpurgis von Bayern

Xaver
*1730, † 1806
Administrator des
Kurfürstentums
Sachsen
∞ Clara von Spinucci

Karl
*1733, † 1796
Hg. von Kurland
∞ Franzisca von
Corvin-Krasińska
geb. Maleszowa

Albert
*1738, † 1822
Hg. von Teschen
∞ Maria von Österreich

Clemens Wenzeslaus
*1739, † 1812
Kf. von Trier

Maximilian
*1759, † 1738
∞ (1) Caroline von Parma
∞ (2) Maria Luise von Etrurien

Anton
*1755, R. 1827, † 1836
∞ (1) Maria Charlotte von Sardinien
∞ (2) Maria Therese von Österreich

Friedrich August III. (I.) der Gerechte
*1750, R. (1763) 1768, seit 1806 Kg., † 1827
∞ Maria Amalia Augusta von Pfalz-
Zweibrücken

Johann
*1801, R. 1854, † 1873
∞ Amalie Auguste von Bayern

Friedrich August II.
*1797, R. (1830) 1836, † 1854
∞ (1) Carolina von Österreich
∞ (2) Maria Leopoldina von Bayern

Georg
*1832, R. 1902, † 1904
∞ Maria Anna von Portugal

Albert
*1828, R. 1873, † 1902
∞ Caroline (Carola) von Wasa

Friedrich August III.
*1865, R. 1904 - 1918, † 1932
∞ Ludovica (Luise) von Toskana

Die Könige von Sachsen (1806-1918)

Friedrich August I. (1750-1827); Kurfürst (1763) 1768-1806, König 1806-1827
Anton (1755-1836), R. 1827-1836
Friedrich August II. (1797-1854); Mitregent 1830-1836, König 1836-1854
Johann (1801-1873), R. 1854-1873
Albert (1828- 1902), R. 1873-1902
Georg (1832-1904), R. 1902-1904
Friedrich August III. (1865-1932); R. 1904-1918, 9. November (Thronverzicht
   13. November)

Die Vorsitzenden des Königlichen Gesamtministeriums (1831-1918)

Dr. jur. Bernhard August Freiherr von Lindenau (1779-1854), 1831-1843
Julius Traugott Jakob von Könneritz (1792-1866), 1843-1848, 13. März
Dr. jur. Alexander Karl Hermann Braun (1807-1868), 1848, 16. März - 1849,
   24. Februar
Dr. jur. Gustav Friedrich Held (1804-1857), 1849, 24. Februar - 2. Mai
Dr. jur. Ferdinand (seit 1856 *von*) *Zschinsky* (1797-1858), 1849, 2. Mai - 1858,
   28. Oktober
Friedrich Ferdinand Freiherr (seit 1868 *Graf*) *von Beust* (1809-1886), 1858,
   28. Oktober - 1866, 15. August
Dr. Johann Paul Freiherr von Falkenstein (1801-1882), 1866, Oktober - 1871,
   1. Oktober
Richard Freiherr von Friesen (1808-1884), 1871, 1. Oktober -1876, 1. November
Alfred (seit 1884 *Graf*) *von Fabrice* (1818-1891), 1876, 1. November - 1891,
   25. März
Prof. Dr. jur. habil. Karl (seit 1878 *von*) *Gerber* (1823-1891), 1891, 25. März -
   23. Dezember
Hans von Thümmel (1824-1895), 1891, 23. Dezember - 1895, 12. Februar
Dr. jur. h.c. Rudolph Schurig (1835-1901), 1895, 12. Februar - 1901, 15. Juni
Georg von Metzsch-Reichenbach (1836-1927), 1901, 15. Juni - 1906, 30. April
Dr. jur. et Dr. med. h.c. Wilhelm (seit 1907 *von*) *Rüger* (1837-1916)
   1906, 30. April - 1910, 1. Dezember
Dr. jur. Viktor Alexander von Otto (1852-1912), 1910, 1. Dezember - 1912, 26. Juli
Max Freiherr von Hausen (1846-1922), 1912, 26. Juli - 1914, 21. Mai
Dr. jur., Dr.-Ing., Dr. theol. h.c. Heinrich (seit 1918 *von*) *Beck* (1854-1933)
   1914, 21. Mai - 1918, 23. Oktober
Dr. jur. Rudolf Heinze (1865-1918), I 1918, 26.-31. Oktober
   II 1918, 1.-13. November (geschäftsführend bis 15. November)

182

Die sächsischen Ministerpräsidenten

Die Bezeichnung der sächsischen Ministerpräsidenten in der Geschichte lautet: Vorsitzender des Rates der Volksbeauftragten (November 1918 - März 1919), Ministerpräsident (März 1919 bis Februar 1935), Der Reichsstatthalter in Sachsen als Führer der sächsischen Landesregierung (Februar 1935 - September 1936), Der Reichsstatthalter in Sachsen -Landesregierung (September 1936 - Mai 1945), Präsident der Landesverwaltung Sachsen (Juli 1945 - Dezember 1946), Ministerpräsident (Dezember 1946 - Juli 1952, November 1990 bis heute)

Richard Lipinski (1867-1936), USPD
    1918, 15. November - 1919, 16. Januar (geschäftsführend bis 21. Januar)
Dr. phil. Georg Gradnauer (1866-1946), SPD
    I 1919, 21. Januar - 14. März; II 1919, 14. März - 6. Oktober
    III 1919, 6. Oktober - 1920, 22. April (geschäftsführend bis 4. Mai)
Wilhelm Buck (1869-1945), SPD, 1926 ASPS
    I 1920, 4. Mai - 13. Dezember; II 1920, 13. Dezember - 1922, 4. Dezember
    III 1922, 4. Dezember - 1923, 30. Januar (geschäftsführend bis 21. März)
Dr. jur. Erich Zeigner (1886-1949), SPD
    I 1923, 21. März - 10. Oktober; II 1923, 10. Oktober - 29. Oktober
Dr. jur. Rudolf Heinze (1865-1928)
    1923, 29.-31. Oktober als Reichskommissar für Sachsen
Alfred Fellisch (1884-1973), SPD
    1923, 31. Oktober - 14. Dezember (geschäftsführend bis 1924, 4. Januar)
Max Heldt (1872-1933), SPD, 1927 ASPS
    I 1924, 4. Januar - 1926, 25. November (geschäftsführend bis 1927, 11. Januar);
    II 1927, 11. Januar - 14. Juni (geschäftsführend bis 5. Juli)
    III 1927, 5. Juli - 1929, 6. Juni (geschäftsführend bis 26. Juni)
Dr. jur. h.c. Wilhelm Bünger (1870-1937) DVP
    1929, 25.Juni - 1930, 18. Februar (geschäftsführend bis 6. Mai)
Walther Schieck (1874-1946), parteilos
    1930, 6. Mai - 10. Juli (geschäftsführend bis 1933, 10. März)
Manfred Freiherr von Killinger (1886-1944), NSDAP
    I 1933, 10. März - 6. Mai als »Reichsbeauftragter für Sicherheit und Ordnung in Sachsen«; II 1933, 6. Mai - 1935, 28. Februar
Martin Mutschmann (1879-1947), NSDAP
    1935, 28. Februar - 1945, 7. Mai
Dr. jur. h.c. Rudolf Friedrichs (1892-1947), SPD, 1946 SED
    I 1945, 4. Juli - 1946, 11. Dezember; II 1946, 11. Dezember - 1947, 13. Juni
Max Seydewitz (1892-1987), SED
    I 1947, 31. Juli - 1950, 24. November; II 1950, 24. November - 1952, 25. Juli
Prof. Dr. jur. habil., Dr. Dr. h.c. Kurt Biedenkopf (geb. 1930), CDU
    I 1990, 27. Oktober/8. November - 1994, *6. Oktober*; II 1994, *6. Oktober*

Empfehlende Bibliographie

Neues Archiv für sächsische Geschichte. Hrsg. von KARLHEINZ BLASCHKE.
Bd. 64 (1993)ff. Weimar 1994ff.

MAERKER, LUTZ, u. HELGE PAULIG: Kleine Sächsische Landeskunde.
Dresden 1993 (Kleine Sächsische Bibliothek. 4).
Sachsen. Eine politische Landeskunde. Hrsg. von SIEGFRIED GERLACH.
Stuttgart 1993, Ndr. 1994.
Sachsen. Hrsg. von der Stiftung Mitteldeutscher Kulturrat Bonn durch
HERMANN HECKMANN. 2. Aufl. Würzburg 1990 (Historische Landeskun-
de Mitteldeutschlands. [1]).

KÖTZSCHKE, RUDOLF, u. HELLMUT KRETZSCHMAR: Sächsische Geschichte.
Werden und Wandlungen eines Deutschen Stammes und seiner Heimat
im Rahmen der Deutschen Geschichte. 1-2. Dresden 1935.
2. Aufl. hrsg. von HARALD SCHIECKEL. Frankfurt a.M. 1965,
Ndr. Augsburg 1995.
Geschichte Sachsens. Hrsg. von KARL CZOK. Weimar 1989.
BLASCHKE, KARLHEINZ: Politische Geschichte Sachsens und Thüringens.
München 1991 (Hefte zur Bayerischen Geschichte und Kultur. 13).
NAUMANN, GÜNTER: Sächsische Geschichte in Daten. 2., überarb. Aufl.
München, Berlin 1994.

Sachsen. Hrsg. von WALTER SCHLESINGER. Stuttgart 1965, Ndr. 1990
(Handbuch der historischen Stätten Deutschlands. 8).
Historischer Führer. Stätten und Denkmäler in den Bezirken Leipzig, Karl-
Marx-Stadt. Hrsg. von LUTZ HEYDICK [u.a.]. Leipzig, Jena, Berlin 1981.
Historischer Führer. Stätten und Denkmäler in den Bezirken Dresden,
Cottbus. Hrsg. von LUTZ HEYDICK [u.a.]. Leipzig, Jena, Berlin 1982.

DEHIO, GEORG: Handbuch der Deutschen Kunstdenkmäler. Neubearbei-
tung. Sachsen I. Reg.-Bez. Dresden. Bearb. von BARBARA BECHTER,
WIEBKE FASTENRATH u.a. München 1996.- Sachsen II. Reg.-Bez. Leipzig
u. Chemnitz. Bearb. von BARBARA BECHTER, WIEBKE FASTENRATH,
HEINRICH MAGIRIUS u.a. München1998.
LÖFFLER, FRITZ: Die Stadtkirchen in Sachsen. Mit einer geschichtlichen
Einleitung von KARLHEINZ BLASCHKE und einem Beitrag zur romani-
schen und gotischen Architektur von HEINRICH MAGIRIUS. Berlin 1973.
MAGIRIUS, HEINRICH, HARTMUT MAI: Dorfkirchen in Sachsen. Mit
Aufnahmen von CHRISTOPH GEORGI. Berlin 1985.
BILLIG, GERHARD, HEINZ MÜLLER: Burgen — Zeugen sächsischer Geschichte.
Zeichnungen von RICHARD GRUHL. Neustadt a. d. Aisch 1998.

184

BLASCHKE, KARLHEINZ: Historisches Ortsverzeichnis von Sachsen. Leipzig 1957 (Schriften der Historischen Kommission der Sächsischen Akademie der Wissenschaften zu Leipzig).

Atlas zur Geschichte und Landeskunde von Sachsen. Hrsg. von der phil.-hist. Kl. der Sächs. Akademie der Wissenschaften zu Leipzig in Verb. mit dem Landesvermessungsamt Sachsen unter Mitw. zahlreicher Fachgelehrter. Wiss. Gesamtltg.: KARLHEINZ BLASCHKE [u.a.] Lfg. 1ff. Leipzig und Dresden 1998ff.

EICHLER, ERNST, HANS WALTHER: Städtenamenbuch der DDR. 2., durchges. Aufl. Leipzig 1988.

Atlas des Saale- und mittleren Elbegebietes. 2., völlig neubearb. Aufl. des Werkes Mitteldeutscher Heimatatlas. Unter Mitwirkung ... hrsg. von OTTO SCHLÜTER u. OSKAR AUGUST. [Nebst] Erläuterungen. T. 1-3. Leipzig 1959-1961.

POSSE, OTTO: Die Wettiner. Genealogie des Gesamthauses Wettin Ernestinischer und Albertinischer Linie mit Einschluß der regierenden Häuser von Großbritannien, Belgien, Portugal und Bulgarien. Reprint der Orig.-Ausg. Leipzig, Berlin 1897. Mit Berichtigungen u. Ergänzungen der Stammtafeln bis 1993 von MANFRED KOBUCH. Leipzig 1994.

Sachsen und die Wettiner - Chancen und Realitäten. Internationale wissenschaftliche Konferenz Dresden vom 27. bis 28. Juni 1989. Dresden 1990 (Dresdner Hefte. So.-Bd.).

BLASCHKE, KARLHEINZ: Der Fürstenzug zu Dresden. Denkmal und Geschichte des Hauses Wettin. Leipzig, Jena, Berlin 1991.

HAUPT, WALTHER: Sächsische Münzkunde. Text und Tafeln. Berlin 1974 (Arbeits- und Forschungsberichte zur sächsischen Bodendenkmalpflege. Beih. 10).

BLASCHKE, KARLHEINZ: Siegel und Wappen in Sachsen. Leipzig 1960.

BLASCHKE, KARLHEINZ: Geschichte Sachsens im Mittelalter. Berlin 1990.

SCHLESINGER, WALTER: Kirchengeschichte Sachsens im Mittelalter. 1-2. Köln, Graz 1962, Ndr. 1983 (Mitteldeutsche Forschungen. 27,1-2) .

BLASCHKE, KARLHEINZ, WALTHER HAUPT, HEINZ WIESSNER: Die Kirchenorganisation in den Bistümern Meißen, Merseburg und Naumburg um 1500. Weimar 1969.

HELBIG, HERBERT: Der wettinische Ständestaat. Untersuchungen zur Geschichte des Ständewesens und der landständischen Verfassung in Mitteldeutschland bis 1485. Münster, Köln 1955, Ndr. 1980 (Mitteldeutsche Forschungen. 4).

700 Jahre politische Mitbestimmung in Sachsen. Begleitheft zur Ausstellung aus Anlaß der Eröffnung der Neubauten des Sächsischen Landtags im Bürgerfoyer des Elbflügels. Hrsg. von KARLHEINZ BLASCHKE. Dresden 1994.

185

KRETZSCHMAR, HELLMUT: Vom Anteil Sachsens an der neueren deutschen
Geschichte. Ausgew. Aufsätze. Hrsg. von REINER GROSS u. MANFRED
KOBUCH. Stuttgart, Leipzig 1999.

BLASCHKE, KARLHEINZ: Sachsen im Zeitalter der Reformation. Gütersloh
1970 (Schriften des Vereins für Reformationsgeschichte. Nr. 185, Jg. 75
u. 76).

Das Jahrhundert der Reformation in Sachsen. Hrsg. von HELMAR
JUNGHANS. Berlin 1989.

KOBUCH, AGATHA: Zensur und Aufklärung in Kursachsen. Ideologische
Strömungen und politische Meinungen zur Zeit der sächsisch-polnischen
Union (1697-1763). Weimar 1988 (Schriftenreihe des Staatsarchivs
Dresden. 12).

SCHLECHTE, HORST: Die Staatsreform in Kursachsen 1762-1763. Quellen
zum kursächsischen Rétablissement nach dem Siebenjährigen Kriege.
Berlin 1958 (Schriftenreihe des Sächsischen Landeshauptarchivs
Dresden. 5).

Sachsen 1763-1832. Zwischen Rétablissement und bürgerlichen Reformen.
Hrsg. von UWE SCHIRMER. Beucha 1996 (Schriften der Rudolf-
Kötzschke-Gesellschaft.3).

SCHMIDT, GERHARD: Die Staatsreform in Sachsen in der ersten Hälfte des
19. Jahrhunderts. Weimar 1966 (Schriftenreihe des Staatsarchivs
Dresden. 7).

Sachsen im Kaiserreich. Politik, Wirtschaft und Gesellschaft im Umbruch.
Hrsg. von SIMONE LÄSSIG u. KARL HEINRICH POHL. Weimar, Köln,
Wien 1997.

LÄSSIG, SIMONE: Wahlrechtskampf und Wahlreform in Sachsen (1895-1909).
Weimar, Köln, Wien 1996 (Demokratische Bewegungen in Mitteldeutschland. 4).

RUDOLPH, KARSTEN: Die sächsische Sozialdemokratie vom Kaiserreich zur
Republik 1871-1923. Weimar, Köln, Wien 1995.

Sachsen und Mitteldeutschland. Politische, wirtschaftliche und soziale
Wandlungen im 20. Jahrhundert. Hrsg. von WERNER BRAMKE u. ULRICH
HESS. Weimar, Köln, Wien 1995.

KLEIN, THOMAS: Sachsen. Marburg/Lahn 1982 (Grundriß der deutschen
Verwaltungsgeschichte 1815-1945. Rhe B. Hrsg. von THOMAS KLEIN.
14).

Deutsche Verwaltungsgeschichte. Hrsg. von KURT G. A. JESERICH [u.a.].
Bd. 1-4. Stuttgart 1983-1985.

1. Vom Spätmittelalter bis zum Ende des Reiches. 1983. Darin: KLEIN,
THOMAS: Kursachsen. S. 803-843.

2. Vom Reichsdeputationshauptschluß bis zur Auflösung des Deutschen
Bundes. 1983. Darin: BLASCHKE, KARLHEINZ: Königreich Sachsen und

186

thüringische Staaten. S. 608-645.

3. Das Deutsche Reich bis zum Ende der Monarchie. 1984. Darin:
BLASCHKE, KARLHEINZ: Die Verwaltung in Sachsen und Thüringen.
S. 778-797.

4. Das Reich als Republik und in der Zeit des Nationalsozialismus.
1985. Darin: BLASCHKE, KARLHEINZ: Sachsen und Thüringen.
S. 586- 603.

DREHWALD, SUZANNE, CHRISTOPH JESTAEDT: Sachsen als Verfassungsstaat.
Hrsg. von THOMAS PFEIFFER. Leipzig 1998.

Der silberne Boden. Kunst und Bergbau. Erschienen anläßlich der Ausstel-
lung »Bergbau und Kunst in Sachsen« im Albertinum auf der Brühlschen
Terrasse, Dresden 29.4.-10.9.1989. Hrsg. von MANFRED BACHMANN.
Stuttgart 1990.

FORBERGER, RUDOLF: Die Manufaktur in Sachsen vom Ende des 16. bis zum
Anfang des 19. Jahrhunderts. Berlin 1958.

FORBERGER, RUDOLF: Die industrielle Revolution in Sachsen 1800 bis 1861.
Bd. 1,1-2. Berlin 1982.

KIESEWETTER, HUBERT: Industrialisierung und Landwirtschaft. Sachsens
Stellung im regionalen Industrialisierungsprozeß Deutschlands im 19.
Jahrhundert. Köln, Wien 1988 (Mitteldeutsche Forschungen. 94).

WEBER, ROLF: Die Revolution in Sachsen 1848/49. Entwicklung und
Analyse ihrer Triebkräfte. Berlin 1970.

Wirtschaft und Gesellschaft in Sachsen im 20. Jahrhundert. Hrsg. von
Werner Bramke u. Ulrich Hess. Leipzig 1998 (Leipziger Studien zur
Erforschung von regionalbezogenen Identifikationsprozessen.2).

BLASCHKE, KARLHEINZ: Bevölkerungsgeschichte von Sachsen bis zur
industriellen Revolution. Weimar 1967.

KÖTZSCHKE, RUDOLF: Ländliche Siedlung und Agrarwesen in Sachsen. Aus
dem Nachlaß hrsg. von HERBERT HELBIG. Remagen 1953 (Forschungen
zur deutschen Landeskunde. 77).

GROSS, REINER: Die bürgerliche Agrarreform in Sachsen in der ersten Hälfte
des 19. Jahrhunderts. Weimar 1968 (Schriftenreihe des Staatsarchivs
Dresden. 8).

Die Sorben in Deutschland. Sieben Kapitel Kulturgeschichte. Dieses Buch
begleitet die Ausstellung »Die Sorben in Deutschland«. Hrsg. von
DIETRICH SCHOLZE. Bautzen 1993.

REGISTER

INHALT

Bildnachweis:
Archiv des Verlages: 1, 3, 5, 6, 8, 9, 10, 11, 12, 13, 14, 15,
16, 17, 18, 19, 20, 21, 22, 23, 24, 25, 26, 27, 28, 29, 30, 31, 32, 33,
34, 35, 36, 37, 38, 39, 40, 41, 42, 43, 44, 46, 47, 48, 49
Sächsische Akademie der Wissenschaften, Leipzig: 2
Hannah-Arendt-Institut für Totalitarismusforschung Dresden: 45
Archiv des Bearbeiters: 4, 7

HELLERAU-VERLAG DRESDEN GMBH
Königstraße 12, D-01097 Dresden
Tel. + Fax (0351) 803 529 3
email: info@hellerau-verlag.de
Internet: http://www.hellerau-verlag.de